Hauke Bartusch

Ein Beitrag zur operativen Produktionsplanung metallurgischer Prozesse

Ein Beitrag zur operativen Produktionsplanung metallurgischer Prozesse

von
Hauke Bartusch

Dissertation, Karlsruher Institut für Technologie
Fakultät für Wirtschaftswissenschaften
Referenten: Prof. Dr. rer. nat. O. Rentz, Prof. Dr. S. Nickel
Tag der mündlichen Prüfung: 15.12.2011

Impressum

Karlsruher Institut für Technologie (KIT)
KIT Scientific Publishing
Straße am Forum 2
D-76131 Karlsruhe
www.ksp.kit.edu

KIT – Universität des Landes Baden-Württemberg und nationales
Forschungszentrum in der Helmholtz-Gemeinschaft

KIT Scientific Publishing 2012
Print on Demand

ISBN 978-3-86644-814-8

Danksagung

Die vorliegende Arbeit entstand während meiner Tätigkeit als wissenschaftlicher Mitarbeiter am Institut für Industriebetriebslehre und Industrielle Produktion des Karlsruher Instituts für Technologie. Herrn Prof. Dr. rer. nat. O. Rentz danke ich besonders für die wissenschaftliche Förderung, die stets vorhandene Diskussionsbereitschaft und für die Übernahme des Hauptreferates. Seine Vision von einer engen Verknüpfung von Ingenieurwissenschaften und Wirtschaftswissenschaften ist die Inspiration dieser Arbeit.

Für die freundliche Übernahme des Korreferates gebührt mein ganz besonderer Dank Herrn Prof. Dr. Nickel vom Lehrstuhl Diskrete Optimierung und Logistik

Dem Vorsitzenden des Prüfungskollegiums, Herrn Prof. Dr. Lindstädt, gilt ebenfalls mein Dank für die Leitung des Prüfungsgespräches und die angenehme Prüfungsatmosphäre.

Herrn Prof. Dr. rer. nat. F. Schultmann danke ich für die Möglichkeit meine Arbeit am IIP unter seiner Leitung fortsetzen zu können und für seine Bereitschaft als Prüfer das Prüfungskollegium zu vervollständigen.

Meinen Kollegen, insbesondere Frank Schwaderer, Rebecca Ilsen, Tina Comes und Rupert Hartel und den anderen Mitarbeitern am IIP danke ich für die Diskussionen und Anregungen, ohne die diese Arbeit nicht ihre jetzige Form erreicht hätte.

Von tiefstem Herzen aber danke ich meiner Familie, deren Rückhalt und Unterstützung mir vor allem in den letzten Monaten die Kraft gaben, diese Arbeit fertigzustellen.

Karlsruhe,   *Hauke Bartusch*
im Februar 2012

Inhalt

Kapitel 1

Einleitung

1.1 Bedeutung von Sekundärrohstoffen und Recyclingprozessen in der Stahl- und Zinkindustrie

Deutschland ist in Europa der größte und weltweit der sechstgrößte Stahlproduzent (U.S. Geological Survey 2010). In der Stahlerzeugung werden ca. 80.000 Mitarbeiter beschäftigt und ein Umsatz von über 25 Milliarden € erwirtschaftet. Unternehmen der deutschen Stahlindustrie liefern die Ausgangsprodukte für die Fahrzeug- und Maschinenbauindustrie und damit für die mit Abstand umsatzstärksten und für den Export wichtigsten deutschen Industriezweige (Statistisches Bundesamt Deutschland 2010a). Im Zusammenhang mit Stahl spielt das Nichteisen-Metall Zink eine wichtige Rolle, da es als Korrosionsschutzschicht auf Stahlbleche aufgebracht wird. Die Europäische Kommission schätzt auf einer Skala zwischen 0 und 10 die Wichtigkeit von Eisen für die Wirtschaft auf 8 und von Zink auf über 9 (European Commission 2010).

In der Stahlindustrie machen die Rohstoffkosten einen großen Teil der Erzeugungskosten aus. Eine effiziente Nutzung der Ressourcen ist seit langer Zeit ein wichtiges Ziel. Seit 1960 konnte der Eisen-Effizienzindikator, das Verhältnis vom in den Rohstoffen vorhandenen Eisen zu dem im Produkt gewonnenen Eisen, von 65 % auf knapp 90 % gesteigert werden (Verein Deutscher Eisenhüttenleute VDEh, 2008). Die derzeitige wirtschaftliche Entwicklung verstärkt die Bedeutung der Ressourceneffizienz für Eisen und Zink noch einmal erheblich. Unternehmen der deutschen Stahl- und Zinkindustrie verfügen über keine eigenen Zugänge zu Erzerzeugern und müssen Ihren Primärrohstoffbedarf am Markt decken. Sie sind somit in besonderem Maße von der Versorgungssituation abhängig. Dabei wird der Weltmarkt für Eisenerze durch nur drei Konzerne Vale, BHP Billiton und Rio Tinto beherrscht. China, welches alleine gut 40% der weltweit erzeugten Erze produziert (U.S. Geological Survey 2010), hat durch Beteiligungen und Übernahmen von Rohstoffproduzenten sowie Rohstoffzukäufe in den letzten Jahren diese Situation weiter verschärft. Seit 2008 haben sich die Preise für Eisenerze mehr als verdoppelt. Für die nähere Zukunft ist nicht mit ei-

1

ner Entspannung zu rechnen (RWI Essen, Fraunhofer-ISI und BGR 2006). Die Versorgungssituation mit Zinkkonzentrat ist ebenfalls zunehmend unsicher. Die Hälfte des Konzentrats wird in den drei Ländern China, Peru und Australien gewonnen. Die statistische Reichweite von Zink beträgt nur noch ca. 18 – 20 Jahre (U.S. Geological Survey 2010). Im Vergleich der Reichweiten der bedeutsamen metallischen und mineralischen Rohstoffe liegt sie unter den fünf kürzesten. Dies sagt zwar nichts über die tatsächliche zukünftige Verfügbarkeit aus, kann aber als Indikator für eine Verknappung und höhere Kosten bei der Zinkgewinnung angesehen werden. Davon unbenommen wird die Versorgungssicherheit von Zink derzeit noch nicht als kritisch angesehen, allerdings nur weil eine gute Wiederverwertbarkeit besteht (Bardt 2008). Dies unterstreicht die Bedeutung der Sekundärrohstoffe.

Die bestehende Verknappung von Eisen- und Zinkerz wird bereits in der öffentlichen Diskussion thematisiert (vgl. Busch et al. 2010, Kiani-Kreß 2010, Ludwig und Stratmann 2010). Die Abhängigkeit von Primärrohstoffen lässt sich durch Schließung von Stoffkreisläufen über Recyclingprozesse und verstärkte Nutzung von Sekundärrohstoffen reduzieren. Hierbei ist es von Vorteil, dass Stahl und Zink nahezu unbegrenzt wiederverwendet werden können. In Deutschland wird bereits ein Drittel des Bedarfs an Rohstahl durch die Wiederverwertung von Schrott im Elektrolichtbogenofenprozess erzeugt.

Ein weiterer Vorteil von Recyclingprozessen ist der häufig geringere Energiebedarf und die geringeren resultierenden Treibhausgasemissionen. Für Deutschland werden durch das Deutsche Institut für Wirtschaftsforschung bis 2050 Kosten in der Größenordnung von bis zu 800 Milliarden Euro durch den Klimawandel erwartet (Kemfert 2008). Im Vergleich zur Stahlerzeugung aus Primärrohstoffen lassen sich durch Einsatz von Sekundärrohstoffen über 60 % CO_2-Emissionen einsparen (Fraunhofer UMSICHT 2008).

Beim Einsatz von Sekundärrohstoffen spielt die enge Verbindung der Rohstoffströme von Stahl und Zink eine wichtige Rolle. Beim Recycling zinkbeschichteter Bleche im Elektrolichtbogenofen akkumuliert Zink als Zinkoxid in einem Reststoffstrom, dem sogenannten Elektrolichtbogenofenstaub. Während viele andere Reststoffe der Metallerzeugung im selben Werk intern verwertet werden können, muss dieser Stoffstrom in einem gesonderten Prozess, dem sogenannten Wälzrohr, weiterbehandelt werden. Das Wälzrohr stellt daraus ein Zinkoxid-Konzentrat, das Wälzoxid her, das in der Zinkindustrie als Sekundärrohstoff Verwendung findet. Der Wälzprozess nimmt daher eine Schlüsselposition an der Schnittstelle zwischen Zink- und Stahlindustrie ein. Die zukünftige Entwicklung der Metallindustrie in Deutschland wird mit der nachhaltigen Nutzung von Ressourcen und somit auch von Sekundärrohstoffen verknüpft sein. Dies erfordert leistungsfähige Recyclingprozesse.

1.2 Ein Ansatz zur operativen Produktionsplanung von Recyclingprozessen in der Metallindustrie

Die für den Wälzprozess eingesetzte Technologie beruht auf einem Verfahren, das seit langem zur Aufkonzentrierung von Zink und Blei genutzt wird. Erste Patente datieren auf das frühe 20. Jahrhundert (vgl. z. B. Fellner & Ziegler und von Escher 1919). Das Verfahren wurde stetig weiterentwickelt und ist ausgereift. Weitere technische Verbesserungen erfordern in der Regel hohe Investitionen bei geringem zusätzlichen Nutzen. Eine Verbesserung der Wirtschaftlichkeit einer Anlage lässt sich eher durch eine optimale Planung und Steuerung der Produktion erreichen. Der Produktionsprozess ist durch stark schwankende Mengen und Zusammensetzungen der Einsatzstoffe geprägt, was eine kontinuierliche Anpassung der Prozessfahrweise und der eingesetzten Hilfsstoffe erfordert. Dabei ist eine gleichbleibend hohe Qualität des Produktes zu erzielen, da es mit substitutiven Produkten anderer Prozesse konkurriert. Die Wirtschaftlichkeit der Anlage ist maßgeblich durch die Preise des produzierten Zinkkonzentrats, der eingesetzten Reststoffe und der Hilfsstoffe und die Reststoffzusammensetzung beeinflusst.

Diese Arbeit zeigt eine Methode auf, wie Instrumente der Ingenieurswissenschaften und der Wirtschaftswissenschaften verzahnt werden können, um unter detaillierter Berücksichtigung der Charakteristik des betrachteten Prozesses eine Entscheidungsunterstützung zur optimalen operativen Produktionsplanung zu ermöglichen. Dazu wird ein Simulationswerkzeug zur detaillierten Prozesssimulation eingesetzt. Dieses wird mit einem optimierenden Algorithmus verknüpft, der Prozessgrößen zur Erzielung eines möglichst hohen Deckungsbeitrags ermittelt. Die exemplarische Umsetzung erfolgt am Beispiel eines Zinkrecyclingunternehmens, das den Wälzrohrprozess einsetzt. Grundsätzlich ist die Methodik aber auch auf andere Unternehmen der

Prozessindustrie zu übertragen, deren Verfahren mittels der beschriebenen Methoden simuliert werden können. Es wird wie folgt vorgegangen:

Zunächst werden in Kapitel 2 die rechtlichen und wirtschaftlichen Rahmenbedingungen detaillierter betrachtet. In Kapitel 3 werden die wesentlichen Prozessgrößen, die den Deckungsbeitrag beeinflussen, identifiziert, und das zugrundeliegende Optimierungsproblem charakterisiert. Auf Basis dieser Informationen wird in Auswertung des Standes der Wissenschaft ein geeignet erscheinender Ansatz zur Lösung des beschriebenen Optimierungsproblems ermittelt. Zwar existieren seit längerer Zeit eine Reihe an unterschiedlichen Ansätzen zur Optimierung in der operativen Produktionsplanung, aber keine der Methode geht gleichzeitig detailliert auf den Prozess ein und ermöglicht trotzdem eine übergreifende, systematische Optimierung. Es wird daher zunächst eine der Prozesscharakteristik angemessene Methode zur Simulation des Prozesses gewählt. Dann wird ein damit kombinierbarer Optimieralgorithmus ermittelt und schließlich beschrieben, wie diese beiden Werkzeuge verknüpft werden können.

Nach Beschreibung der Grundlagen der gewählten Methodiken in Kapitel 4 wird zur exemplarischen Anwendung in Kapitel 5 ein Simulationsmodell des Prozesses entwickelt, welches die wesentlichen chemischen und thermodynamischen Vorgänge des Prozesses abbildet. Ausgehend von den Erfordernissen der Simulation und bereits bestehenden Arbeiten zum gewählten Optimierungsverfahren wird dann in Kapitel 6 eine dem hier behandelten Problem individuell angepasste Variante des Optimierungsalgorithmus entwickelt und erprobt. Um die Leistungsfähigkeit der entwickelten Entscheidungsunterstützungsmethode für die operative Produktionsplanung aufzuzeigen, werden in Kapitel 7 mehrere Szenarios untersucht. Es werden gute Prozessgrößen für den Einsatz unterschiedlicher Reststoffmischungen sowie bei Änderung wesentlicher wirtschaftlicher Faktoren ermittelt.

Weiterhin wird in Kapitel 8 basierend auf diesen Ergebnissen die Eignung der entwickelten Methode kritisch betrachtet und Schwachstellen aufgezeigt. Abschließend werden denkbare zukünftige zusätzliche Anwendungsfelder beschrieben.

Kapitel 2

Rechtliche und wirtschaftliche Rahmenbedingungen bei der Verwertung zinkhaltiger Reststoffe

2.1 Rechtliche Rahmenbedingungen bei der Verwertung zinkhaltiger Reststoffe

Die derzeitigen rechtlichen Rahmenbedingungen haben einen Einfluss auf die Produktionsplanung des Wälzprozesses. Die aktuellen abfallrechtlichen Bestimmungen verknüpfen durch die Forderung einer Verwertung der Reststoffe der Stahlindustrie in Kombination mit den nachfolgend beschriebenen wirtschaftlichen Rahmenbedingungen die Stoffströme von Zink und Eisen in der Industrie. Für den Wälzprozess ist somit grundsätzlich die Verfügbarkeit von Reststoffen gesichert. Rechtliche Bestimmungen zum Handel mit Emissionszertifikaten sind hingegen bei der Kalkulation des Deckungsbeitrages zu berücksichtigen und werden zukünftig voraussichtlich zu zusätzlichen Kosten führen.

2.1.1 Abfallrechtliche Rahmenbedingungen

Weltweit werden immer noch ca. 50 % des Elektrolichtbogenofenstaubes ohne eine Weiterbehandlung deponiert (vgl. Rütten 2009). Zink ist, wie auch andere in geringeren Mengen in diesem Staub enthaltenen Stoffe, ein Schwermetall. Die Umweltauswirkungen der Deponierung einer großen Menge des Staubes sind daher nicht zu vernachlässigen. In Europa und somit auch Deutschland existieren daher eine Reihe von Regelungen zum Umgang mit diesen Reststoffen.

Die zinkhaltigen Reststoffe, sowohl aus dem Staub des Elektrolichtbogenofenprozesses als auch aus anderen Prozessen z. B. der Galvanik, sind nach dem *Gesetz zur Förderung der Kreislaufwirtschaft und Sicherung der umweltverträglichen Beseiti-*

gung von Abfällen (Kreislaufwirtschafts- und Abfallgesetz - KrW-/AbfG) als Abfälle eingestuft.

Dies ist in der Regel auch im Interesse der Unternehmen, in denen die Reststoffe anfallen. Würden sie die Reststoffe als Produkt vermarkten wollen, unterlägen sie den Bestimmungen der *Verordnung (EG) Nr. 1907/2006 des Europäischen Parlamentes und des Rates vom 18. Dezember 2006 zur Registrierung, Bewertung, Zulassung und Beschränkung chemischer Stoffe (REACH)*. Dies würde eine Registrierung und Zulassung der Reststoffe als Produkt erfordern und hätte aufwändige und kostenträchtige Untersuchungen zu Inhaltsstoffen und deren Risiken für Mensch und Umwelt zur Folge. Abfälle hingegen sind im Artikel 2 Nr. 2 ausdrücklich von der REACH Verordnung ausgenommen.

Als Abfälle unterliegen die Reststoffe jedoch einer Reihe von nationalen und Europäischen Rechtsvorschriften bezüglich ihrer weiteren Verwendung. Mit dem Ziel der Erhaltung natürlicher Ressourcen und des Schutzes der Umwelt hat der Europäische Rat die *Richtlinie 1999/31/EG vom 26. April 1999 über Abfalldeponien* erlassen. Hierin heißt es:

„Artikel 6

Es werden nur behandelte Abfälle deponiert. Diese Bestimmung gilt nicht für Inertabfälle, bei denen eine Behandlung technisch nicht praktikabel ist, oder für andere Abfälle, bei denen eine solche Behandlung nicht durch eine Verringerung der Menge oder der Gefährdung der menschlichen Gesundheit oder der Umwelt zur Verwirklichung der Ziele des Artikels 1 beiträgt."

Danach sollen Abfälle, also auch zinkhaltige Reststoffe, zumindest nicht unbehandelt deponiert werde. Diese Grundsätze gelten in Deutschland nicht unmittelbar, sondern müssen in nationales Recht überführt werden. Der Gesetzgeber hat dies unter anderem im *Gesetz zur Förderung der Kreislaufwirtschaft und Sicherung der umweltverträglichen Beseitigung von Abfällen (Kreislaufwirtschafts- und Abfallgesetz - KrW-/AbfG)* berücksichtigt:

„§ 4 Grundsätze der Kreislaufwirtschaft

(1) Abfälle sind

1. in erster Linie zu vermeiden, insbesondere durch die Verminderung ihrer Menge und Schädlichkeit,

2. in zweiter Linie

> *a) stofflich zu verwerten oder*
>
> *b) zur Gewinnung von Energie zu nutzen (energetische Verwertung)."*

Der Grundsatz „Vermeiden vor Verwerten vor Entsorgen" ist inzwischen verbreitet im deutschen Umweltrecht. Ähnlich formuliert und mit einem Verweis auf das KrW-/AbfG findet er sich auch im *Gesetz zum Schutz vor schädlichen Umwelteinwirkungen durch Luftverunreinigungen, Geräusche, Erschütterungen und ähnliche Vorgänge (Bundes-Immissionsschutzgesetz - BImSchG)*:

> *„§ 5 Pflichten der Betreiber genehmigungsbedürftiger Anlagen*
>
> *(1) Genehmigungsbedürftige Anlagen sind so zu errichten und zu betreiben, dass zur Gewährleistung eines hohen Schutzniveaus für die Umwelt insgesamt [...]*
>
> *3. Abfälle vermieden, nicht zu vermeidende Abfälle verwertet und nicht zu verwertende Abfälle ohne Beeinträchtigung des Wohls der Allgemeinheit beseitigt werden; Abfälle sind nicht zu vermeiden, soweit die Vermeidung technisch nicht möglich oder nicht zumutbar ist; die Vermeidung ist unzulässig, soweit sie zu nachteiligeren Umweltauswirkungen führt als die Verwertung; die Verwertung und Beseitigung von Abfällen erfolgt nach den Vorschriften des Kreislaufwirtschafts- und Abfallgesetzes und den sonstigen für die Abfälle geltenden Vorschriften;"*

2.1.2 Handel von Emissionszertifikaten

Im Rahmen des Kyoto Protokoll wurde am 11. Dezember 1997 vereinbart, die Treibhausgasemissionen der Industrieländer zu senken. In der Europäischen Union wurde hierzu beschlossen, ein Emissionsrechtehandelssystem verpflichtend einzuführen (vgl. *Richtlinie 2003/87/EG des Europäischen Parlaments und des Rates vom 13. Oktober 2003 über ein System für den Handel mit Treibhausgasemissionszertifikaten in der Gemeinschaft [...]*). In Deutschland wurde diese Richtline durch das am 15. Juli

7

2004 in Kraft getretene *Gesetz über den Handel mit Berechtigungen zur Emission von Treibhausgasen (Treibhausgas-Emissionshandelsgesetz - TEHG)* in nationales Recht umgesetzt. Danach Bedarf die Emission von Treibhausgasen zunächst grundsätzlich einer Genehmigung (§4 (1)). Für Anlagen die dem BImSchG unterliegen ist diese Genehmigung in der BImSchG-Genehmigung enthalten. Entsprechend §6 (1) TEHG muss weiterhin eine Berechtigung zur tatsächlichen Emission von Treibhausgasen vorliegen. Diese „Emissionszertifikate" werden den Unternehmen entsprechend „nationaler Zuteilungspläne" (vgl. §7 TEHG) zugewiesen. Prinzipiell sinkt mit jeder neuen Stufe des Zuteilungsplans die zugeteilte Menge. Die Unternehmen können die Emissionszertifikate handeln und so überzählige Zertifikate veräußern bzw. fehlende hinzuerwerben. In Deutschland können Emissionszertifikate an der European Energy Exchange (EEX) in Leipzig gehandelt werden (vgl. Abbildung 1).

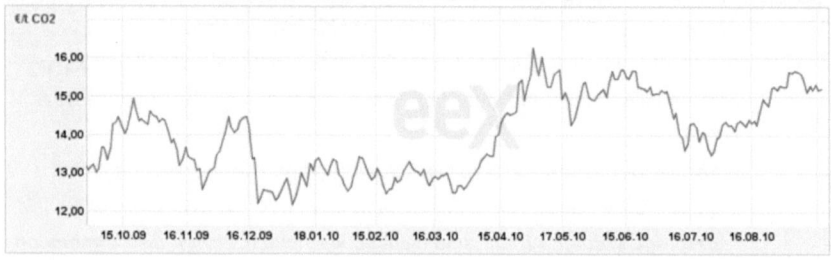

Abbildung 1: Preis je Tonne CO_2 für Emissionszertifikate (Emission Allowances) auf Spotmarkt an der EEX (vgl. EEX (2010))

Derzeit gilt der „Nationale Allokationsplan" für die Handelsperiode 2008 – 2012, nach dem die Emissionszertifikate den betroffenen Unternehmen der Industrie[1] in Höhe ihrer bisherigen Emissionen kostenlos zugeteilt werden. In der folgenden, dritten Handelsperiode 2013 – 2020 werden nach der *Richtline 2009/29/EG des Europäischen Parlaments und des Rates vom 23. April 2009 zur Änderung der Richtlinie 2003/87/EG zwecks Verbesserung und Ausweitung des Gemeinschaftssystems für*

---

[1] Im Unterschied zu den Industrieunternehmen, werden die Unternehmen der Energieerzeugung nur mit 91,2 % der benötigten Zertifikate kostenlos ausgestattet, die restlichen 8,8 % sind an der Börse zu erwerben.

den Handel mit Treibhausgasemissionszertifikaten die Mengen der vergebenen Zertifikate nicht mehr durch nationale Allokationspläne sondern zentral durch die Europäische Kommission bestimmt werden. Der Anteil der versteigerten Zertifikate soll zunächst 20 % betragen und bis 2025 auf 100 % erhöht werden. Die Vergabe der kostenlosen Zertifikate soll sich zukünftig nicht an den Emissionen der Vergangenheit sondern an der Besten Verfügbaren Technik orientieren. Exportorientierten Unternehmen, denen im Vergleich zu andern internationalen Unternehmen, die keinem Zertifikatehandel unterliegen, ein Nachteil entstehen würde, werden weiterhin kostenfrei Zertifikate zugeteilt. Ob und in welcher Menge die in dieser Arbeit betrachteten Unternehmen nach 2012 Zertifikate erwerben müssen, steht derzeit noch nicht fest. Auch wenn die Zuteilung zukünftig kostenfrei sein sollte, hätten die Unternehmen die Möglichkeit, die Zertifikate zu veräußern und damit einen Erlös zu erzielen. Jedoch nur, wenn die Zertifikate nicht für eigene Emissionen verwendet werden müssen. Aus diesem Grund werden in dieser Arbeit die Emissionen von Kohlenstoffdioxid (CO_2), mit Opportunitätskosten bewertet.

2.2 Wirtschaftliche Rahmenbedingungen im Netzwerk der Stahl- und Zinkindustrie in Deutschland

Die aktuellen wirtschaftlichen Rahmenbedingungen beeinflussen die operative Produktionsplanung des Wälzprozesses ganz erheblich. Dabei ist die bereits einleitend beschriebene Verknüpfung von Eisen- und Zinkstoffströmen in der Wirtschaft zu berücksichtigen. Eisen ist das in Deutschland am meisten produzierte Metall. Eisenlegierungen mit weniger als 2,1 % Kohlenstoffgehalt werden dabei als Stahl bezeichnet (vgl. Oeters (1989)). Im Jahr 2009 wurden nach Angaben des Statistischen Bundesamtes (2010b) 32,7 Mio. t Rohstahl erzeugt. Die bisher größte jährliche erzeugte Rohstahlmenge datiert mit 48,5 Mio. t auf das Jahr 2007.

Das wichtigste Verfahren zur Stahlerzeugung ist die Route über den Sauerstoffblaskonverter im integrierten Hüttenwerk. Hier wird Eisenerz zunächst gesintert oder pelletisiert, im Hochofen zu schmelzflüssigem Roheisen reduziert und im Konverter zu Stahl raffiniert („Oxygenstahl"). Dieses Verfahren beruht auf dem Einsatz von Primärrohstoffen. Eisenschrott als Sekundärrohstoff wird hingegen in erster Linie im

Elektrolichtbogenofen zu Rohstahl geschmolzen[2] („Elektrostahl"). Beim derzeitigen Stahlverbrauch durch die Industrie bestehen beide Verfahren nebeneinander, da der Rohstoffbedarf, bei nach wie vor steigendem Stahlverbrauch, nicht allein aus Sekundärrohstoffen gedeckt werden kann. In Deutschland gewinnt jedoch die Route über den Elektrolichtbogenofen seit den 50er Jahren ständig an Bedeutung (vgl. Abbildung 2). Im Jahr 2009 wurden 11,3 Mio. t Rohstahl (2007: 15,0 Mio. t) im Elektrolichtbogenofenverfahren gewonnen (vgl. Statistisches Bundesamt (2010)). Damit beträgt der Anteil von Elektrostahl an der Gesamtstahlerzeugung bereits 34,6%.

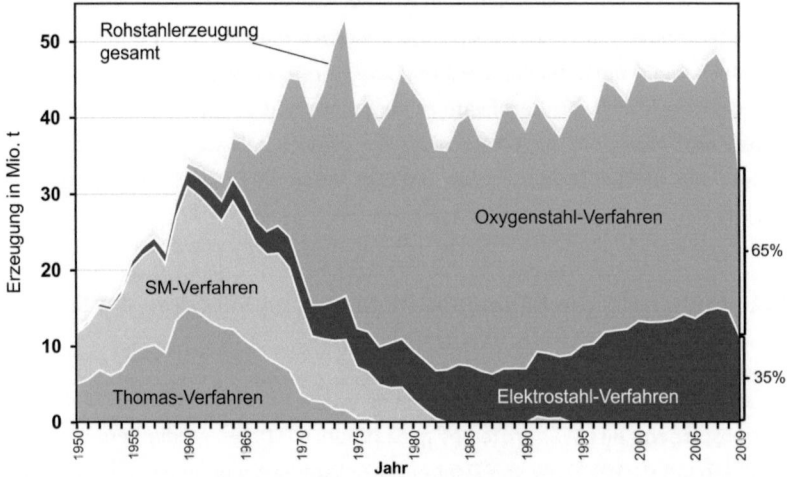

Abbildung 2: Rohstahlerzeugung in Deutschland nach Verfahren
(vgl. Stahlinstitut VDEh und Wirtschaftsvereinigung Stahl (2010))

Ein zunehmender Teil des recycelten Schrotts besteht aus verzinktem Stahl. Zink wird durch Feuerverzinken oder elektrolytisch bzw. galvanisch als dünne Schicht auf Stahlblech aufgebracht. Diese Schicht reagiert an der Oberfläche bei Kontakt mit Luft und CO_2 zu Zinkcarbonat und inhibitiert dann eine Oxidation tiefer gelegener Schich-

---

[2] Auch bei der Stahlerzeugung aus Erz werden im Konverter ca. 18 % (vgl. Stubbe et al., 2008) Schrott zu Kühlzwecken zudosiert.

ten. Die Zinkbeschichtung dient somit dem Korrosionsschutz. Die Nutzung verzinkter Bleche ist in den letzten 30 Jahren stark angestiegen. Heute wird gut ein Drittel der Zinkproduktion zur Verzinkung eingesetzt (vgl. Abbildung 3). Hauptanwendungsfeld ist der Automobilbau. Bereits 80% der neu hergestellten PKW enthalten verzinktes Blech. Weitere Anwendungsfelder sind die Bauindustrie (z. B. Dach- und Fassaden- verkleidungen) und der Verkehrswegebau (z. B. Leitplanken, Straßenlaternen) (vgl. EUROFER und IZA-Europe, 2002). Je nach Anwendung sind die verzinkten Produkte ca. 10 (Automobil) bis 100 Jahre (Bauwerke) in Nutzung. Der größte Teil des jetzt re- cycelten Schrotts enthält also noch geringere Anteile verzinkten Materials, so dass der Zinkanteil im Schrott zukünftig noch stark steigen wird.

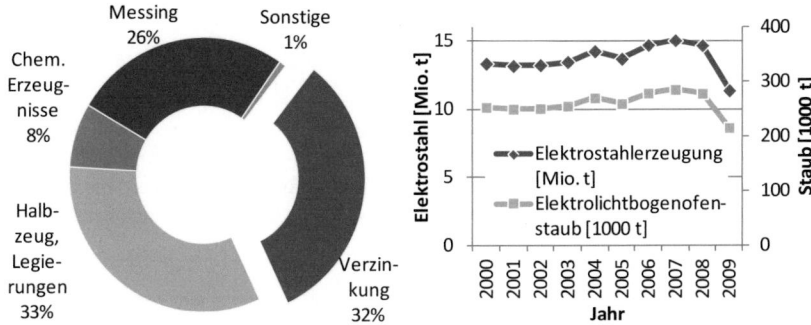

Abbildung 3: Verwendung des produzierten Zinks in Deutschland (2009) (vgl. Wirtschaftsvereinigung Metalle 2010)

Abbildung 4: Elektrostahlproduktion und ab- geleitete Elektrolichtbogenofenstaubmasse (vgl. Statistisches Bundesamt Deutschland 2010)

Abhängig von der erzeugten Stahlsorte und den eingesetzten Schrottsorten fallen im Elektrolichtbogenofen ca. 15 – 23 kg Elektrolichtbogenofenstaub pro Tonne er- zeugtem Rohstahl an. Dieser enthält den in den Ofen mit dem Schrott eingetragenen Zink. Bei einer jährlichen Masse von 11,3 Mio. t Elektrostahl entspricht dies ca. 215.000 t Staub. Der Zinkgehalt beträgt im Mittel ca. 27% (vgl. Schmitz und Ruh, 2009). Danach sind in den Stäuben pro Jahr ca. 58.000 t Zink enthalten. Die jährliche Entwicklung der anfallenden Staubmassen zeigt Abbildung 4.

Die Konzentrationen von Zink und anderen Verbindungen in den Stahlwerkstäu- ben sogar desselben Unternehmens schwanken erheblich. Exemplarisch zeigt dies

Abbildung 5 am Beispiel der Konzentrationen von Zink (Zn) und Eisenoxid (FeO) im Staub eines Stahlwerkes im Verlauf eines Monats. Für beide Datenreihen treten auch bei direkt hintereinander analysierten Proben z. T. Konzentrationsschwankungen um ca. fünf Prozentpunkte auf. Über den gesamten Monat sind auch Schwankungen von über zehn Prozentpunkten zu beobachten.

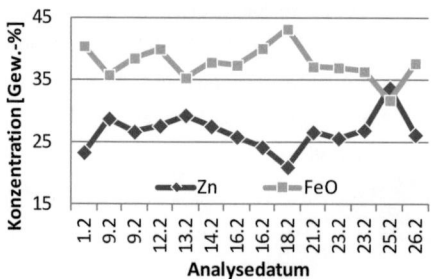

Abbildung 5: Konzentrationsschwankungen von Zink (Zn) und Eisenoxid (FeO) im Stahlwerkstaub eines Stahlwerkes innerhalb eines Monats (Quelle: Unternehmensdaten)

Durch die Kreislaufführung von Stahl und dessen Nutzung als Sekundärrohstoff und durch die Anwendung von Zink als Korrosionsschutz auf Stahlblechen sind demzufolge die Eisen- und Stahlindustrie und die Zinkindustrie zu einem Stoffstromnetzwerk verknüpft. Eine zentrale Stellung nehmen das Elektrostahlwerk und der Wälzprozess ein. Im Elektrostahlwerk wird auf der einen Seite während des Walzens Zink auf das Stahlblech aufgebracht und als Produkt verkauft. Auf der anderen Seite akkumuliert der im Schrott enthaltene Zink auch wieder im Staub. Der Wälzprozess ist das mit Abstand am häufigsten für das Recycling von Stahlwerkstäuben genutzte Verfahren. In Deutschland werden ca. 80 % der recycelten Stahlwerkstäube im Wälzverfahren behandelt (vgl. Rütten 2009). Das Produkt des Wälzrohres wird in der Zinkindustrie als Sekundärrohstoff eingesetzt. Eine schematische Darstellung dieses Netzwerkes zeigt Abbildung 6, wobei der äußere Stoffstromring die Nutzung von Primärrohstoffen und die Herstellung von fertigen Produkten darstellt und der innere Ring die Aufbereitung von Sekundärrohstoffen abbildet. Auf der linken Seite sind Stoffströme von Eisen und zinkbeschichtetem Eisen aufgeführt, während die rechte Seite Zink und zinkhaltige Stoffströme zeigt.

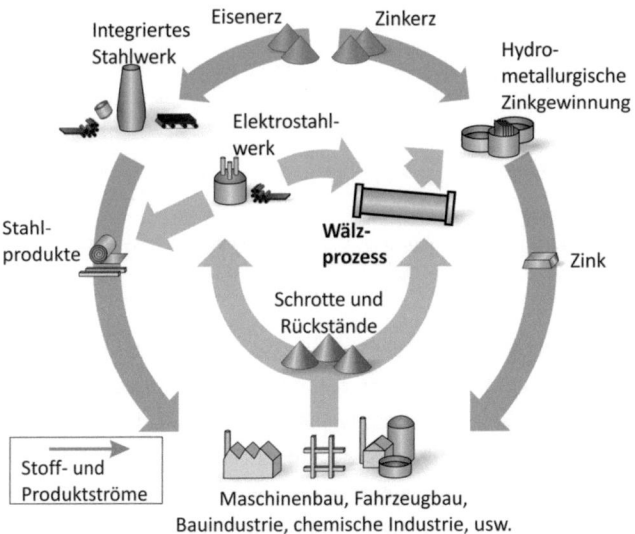

Abbildung 6: Verknüpfung der Eisen- und Stahlindustrie mit der Zinkindustrie über Produkt- und Stoffströme

Fertig produziertes Zink wird an der Londoner Metallbörse (London Metall Exchange (LME)) gehandelt. Der Preis für Zink schwankte über lange Jahre bis ungefähr zur Mitte 2005 kaum und bewegte sich auf einem Niveau um ca. 1.000 $/t (vgl. Abbildung 7). Mit Beginn des Nachfragebooms im zweiten Halbjahr 2005 nach Stahl und somit auch nach verzinktem Stahl, aber auch durch Spekulation, hat sich der Preis für Zink innerhalb von nur 1,5 Jahren um den Faktor 4,5 auf 4.500 $/t auf der Spitze des Booms erhöht. Im Verlauf der anschließenden Wirtschaftskrise sank er bis zum Ende des Jahres 2008 wieder auf das ursprüngliche Niveau von ca. 1.000 $/t. Seit 2009 steigt der Preis wieder und liegt im September 2010 bei ca. 2.000 $/t.

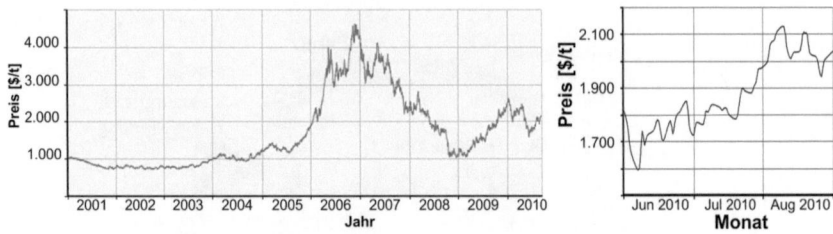

Abbildung 7: Entwicklung des Zinkpreises (Cash seller) von 2001 bis 2010
und im Jun.-Aug. 2010 (London Metal Exchange Limited (2010))

Seit dem Jahr 2006 hat auch die Volatilität des Zinkpreises zugenommen. In den Monaten Juni bis August 2010 waren mehrfach Schwankungen von über 100 $/t innerhalb einer Woche zu beobachten (vgl. Abbildung 7 rechts). Da sich der Wert des Produktes Wälzoxid des Wälzprozesses aus dem Zinkpreis ergibt, sind die Anlagenbetreiber dieses Verfahrens, nach einer langen Zeit recht konstanter Preise nun einem deutlich volatileren Markt ausgesetzt. Bei einem überschlägigen Einsatz von 14 t/h Reststoffen können sich unter Berücksichtigung der in einer Woche beobachteten Konzentrationsschwankungen von ca. 5 Prozentpunkten Zink in den Reststoffen und einer Schwankung des Zinkpreises von 100 $/t im Extremfall Wertdifferenzen für das Produkt von bis zu 280.000 $ in einer Woche ergeben[3] (vgl. Tabelle 1).

---

[3] Die tatsächlichen Schwankungen der Erlöses für das Zinkkonzentrat sind geringer, da die Lagerhaltung und das Mischen von Reststoffen sowie längerfristig vertraglich vereinbarte Preise ausgleichend wirken.

Tabelle 1: Berechnung des Wertes des in den Reststoffen enthaltenen Zinks in einer Woche unter Berücksichtigung möglicher Konzentrations- und Preisschwankungen

Reststoffmasse	Zinkgehalt	Zinkpreis	Wert des Zinks
14 t/h	20 Gew.-%	1.900 $/t	893.760 $/Woche
14 t/h	25 Gew.-%	2.000 $/t	1.176.000 $/Woche
		Differenz	282.240 $/Woche

Dies hat einen erheblichen Einfluss auf die operative Produktionsplanung. Bei hohen Zinkpreisen lohnt es sich, auch höhere Kosten für Einsatzstoffe zu akzeptieren, wenn damit die Zinkausbeute des Prozesses verbessert werden kann. Um einen möglichst hohen Deckungsbeitrag zu erwirtschaften, muss somit der Prozess seit Mitte 2005 mit stärker variierenden Prozessgrößen betrieben werden. Ein systematischer wissenschaftlicher Ansatz zur Ermittlung solcher, jeweils dem Zinkpreis angepasster, Prozessgrößen als Entscheidungsunterstützung bei der operativen Produktionsplanung fehlt bisher.

2.3 Bewertung der wirtschaftlichen und rechtlichen Rahmenbedingungen

Wie aus den vorangegangenen Erläuterungen ersichtlich wird, besteht unter rechtlichen Gesichtspunkten seitens der Unternehmen der Metallindustrie, bei denen die Reststoffe anfallen, eine Notwendigkeit, deren Verwertung zu prüfen, wenn eine Vermeidung oder Verminderung nicht möglich ist. Im „Reference Document on Best Available Techniques (BREF)", welches im Rahmen der Arbeiten zur Umsetzung der „Integrated Pollution Prevention and Control (IPPC)" Richtlinie 96/61/EG[4] erstellt wurde, ist der Wälzprozess als beste verfügbare Technik (BVT) eingestuft (vgl. European Commission 2001). Somit liegt eine technisch mögliche Verwertung vor, woraus

---

[4] inzwischen novelliert durch die Richtline 2008/1/EG – Die Überarbeitung der BREFs dauert zum aktuellen Zeitpunkt noch an. Das derzeit gültige BREF entspricht daher noch dem Stand von 2001 (European Commission, 2001).

sich in Deutschland eine Notwendigkeit der Verwertung ergibt. Vor dem Hintergrund der in den in Deutschland anfallenden Reststoffen enthaltenen Zinkmassen von ca. 58.000 t/a und einem Zinkpreis von ca. 2.000 €/t (vgl. London Metal Exchange Limited 2010), hat der enthaltene Zink einen Wert von 166 Mio. €/a. Damit ist auch ein wirtschaftliches Interesse zur Verwertung dieser Reststoffe gegeben.

Kapitel 3

Herleitung einer geeigneten Methodik zur Entscheidungsunterstützung bei der operativen Produktionsplanung

Ziel dieser Arbeit ist es, dem betrachteten Unternehmen, bei stark schwankenden Zusammensetzungen der Eingangsstoffe und volatilen Preisen, eine systematische Methode zur Entscheidungsunterstützung für die Erzielung eines möglichst hohen Deckungsbeitrages im Rahmen der Produktionsplanung bereitzustellen.

Hierzu ist zunächst ein der Charakteristik des betrachteten Prozesses adäquater Ansatz zur Produktionsplanung zu wählen. Daraufhin ist anhand einer Aufstellung aller durch den Prozessablauf beeinflussten Kosten und Erlöse ein Ansatz zur Berechnung des Deckungsbeitrages zu entwickeln. Hierauf aufbauend ist auf Grundlage bestehender Verfahren eine geeignete Methodik zur systematischen Verbesserung des Deckungsbeitrages zu identifizieren und ein Konzept zur anwendungsfallorientierten Umsetzung zu entwickeln.

3.1   Abgrenzung der Planungshorizonte der Produktionsplanung und Identifikation eines geeigneten Ansatzes zur operativen Produktionsplanung

Das klassische Produktionsmanagement ist nach dem betrachteten Planungshorizont in mehrere Ebenen untergliedert. Die Unterteilung erfolgt in eine strategische Ebene (vorrausschauend für ca. 5 Jahre), eine taktische Ebene (vorrausschauend für ca. 1 -5 Jahre) und die operative Ebene (für das kommende Jahr) (vgl. z. B. Dyckhoff und Spengler, 2010, S. 30). Die Betrachtungsgegenstände der Ebenen können nicht vollständig voneinander getrennt werden und stehen zueinander in Wechselwirkungen, weshalb auch die Jahresangaben orientierend zu verstehen sind. Sie schwanken in der Literatur je nach Autor. Die strategische und taktische Ebene werden auch zusammengefasst betrachtet (vgl. Nebl, 2007). Während dem strategischen Produktionsmanagement die Aufgabe der langfristigen Anpassung des Produktionssystems an die sich ändernde Umwelt zukommt, wird im taktischen Produktionsmanagement inhaltlich konkretisiert, wie hierzu die Leistungsfelder, Produktionspotentiale und die Produktionsorganisation auszugestalten sind. Im operativen Produktionsmanagement, unterteilt in Programmplanung, Faktor- bzw. Mengenplanung und Ablaufplanung werden basierend auf den Vorgaben der vorangegangenen Ebenen Entscheidungen zur Planung des direkten Produktionsprozesses getroffen.

Gegenstand der Betrachtungen in dieser Arbeit sind die Auswirkungen der Schwankungen der Preise der Produkte und Hilfsstoffe und der Zusammensetzung der zu verwertenden Reststoffe auf den Produktionsprozess. Diese Schwankungen sind für das Unternehmen nicht langfristig voraussehbar, sondern können, wie in Kapitel 2.2 beschrieben, ein Zeitintervall von Wochen betreffen. Eine Reaktion auf diese Schwankungen ist kurzfristig nur durch eine Anpassung der Produktionsplanung möglich und betrifft daher die Phase des operativen Produktionsmanagements (vgl. Abbildung 8).

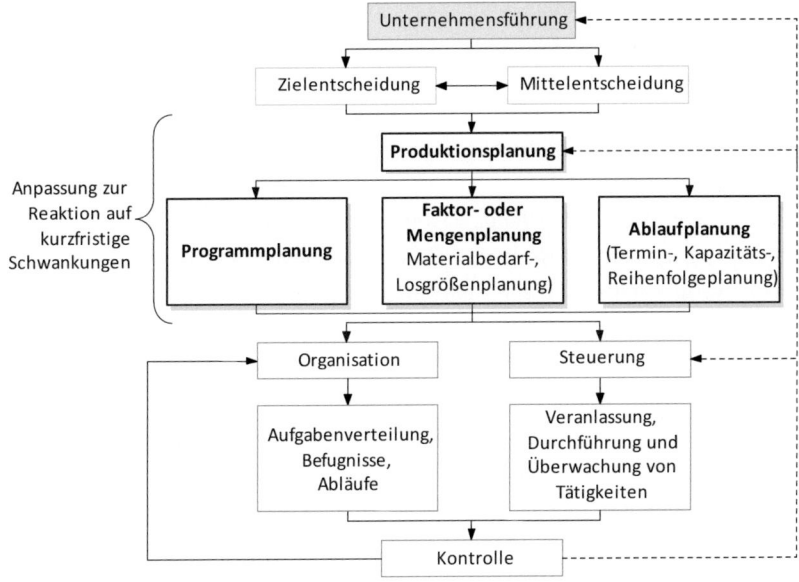

Abbildung 8: Aufgaben des Produktionsmanagements (in Anlehnung an Nebl (2007, S.604))

Das Ziel der operativen Produktionsplanung ist die Maximierung des Deckungsbeitrages (vgl. Nebl 2007, S. 626 - 632). Auch die hier behandelten Schwankungen der Preise von Produkt und Hilfsstoffen verändern direkt die Erlöse oder variablen Kosten des Unternehmens. Änderungen in der Zusammensetzung der verwerteten Reststoffe erfordern eine Anpassung des Produktionsprozesses in Form zuzuführender Hilfsstoffe und Energien sowie möglicher Durchsätze der Anlage. Dies beeinflusst die Ablauf- sowie Faktor- und Mengenplanung, was wiederum zu einer Änderung des Deckungsbeitrages führt.

Aus diesen Überlegungen heraus ergibt sich das Ziel der Arbeit, eine Methode zur Entscheidungsunterstützung zur Erzielung eines möglichst hohen Deckungsbeitrages durch Anpassung der operativen Produktionsplanung zu entwickeln.

Im, in der Praxis üblichen, sukzessiven Ansatz (vgl. Zäpfel 1982, S. 297 – 325) werden die drei Aufgabenbereiche des operativen Produktionsmanagements nacheinander in Stufen durchlaufen, wobei es jeweils spezifische Planungsziele gibt. Die Ergebnisse der vorangegangenen Stufe dienen dabei als Rahmen für die jeweils detaillierteren Planungsstufen. Die Produktionsprogrammplanung basiert auf den Entscheidungen aus der strategischen und taktischen Planung zum bestehenden Anlagenbestand und Produktsortiment. In der Programmplanung wird festgelegt, welche der möglichen Produkte in welchen Mengen in welcher Planungsperiode gefertigt werden sollen. Die anschließende Faktor- oder Mengenplanung (bzw. Materialwirtschaft) ermittelt darauf basierend, welche Materialien in welchen Mengen wann beschafft werden müssen. Die Ablaufplanung führt dann die detaillierte Terminplanung, Kapazitätsplanung und Reihenfolgeplanung durch[5]. Die Festlegungen der operativen Produktionsplanung werden durch die Organisation und Steuerung der Produktion umgesetzt. Störungen in der Produktion führen zu einer Rückkopplung und Anpassung der operativen Produktionsplanung und ggf. auch der höheren Planungsebenen (Regelkreisgedanke, vgl. Zäpfel 1989, Dyckhoff und Spengler 2010, S. 7). Diese Herangehensweise eignet sich vor allem zur Produktionsplanung in der Fertigungsindustrie. Da hier der Zeit- und Ressourcenaufwand der Umformprozesse und festgelegter Fertigungsschritte konstant ist, ist eine gute Planbarkeit gegeben. Die Vielzahl der zur Herstellung möglicher Produkte benötigten Ressourcen und notwendigen Arbeitsschritte erfordern jedoch das Vorgehen in Stufen mit den jeweils definierten Planungszielen.

Der Stand der Produktionswirtschaft in der Prozessindustrie, zu der auch der Wälzprozess zu rechnen ist, ist stark geprägt durch die Randbedingungen in der chemischen Industrie. Hier werden häufig ebenfalls Anlagenkonfigurationen eingesetzt, deren Aggregate, ähnlich wie in der Fertigungsindustrie, zur Produktion mehrerer unterschiedlicher Erzeugnisse nach unterschiedlichen Rezepturen geeignet sind. Während in der Fertigungsindustrie jedoch in der Regel aus vielen Komponenten wenige Produkte erzeugt werden, wird in der Prozessindustrie aus wenigen Rohstoffen eine Vielzahl an Produkten hergestellt, wobei Kuppelproduktion, Kreislaufführungen und Energieübertragungen zwischen den einzelnen Produktionsschritten

---

[5] Detaillierte Ausführungen zu Inhalten und Methoden der verschiedenen Planungsstufen beschreiben z.B. Dyckhoff und Spengler 2010, Nebl 2007, Corsten 2004, Kistner und Steven 2001, Zäpfel 1982.

zu beachten sind. Nichtlineare Prozessverläufe und stärkere Schwankungen der Prozessgrößen machen die Planung der Produktion methodisch deutlich anspruchsvoller (vgl. u. a. Packowski 1996). Aufgrund der methodischen Schwierigkeiten ist es jedoch auch in der Praxis der Prozessindustrie ein gängiger Ansatz, zunächst das Produktionsprogramm festzulegen und erst drauf aufbauend die Terminplanung durchzuführen (vgl. Mendez et al. (2006) und Kallrath (2002, S. 229)). Dabei bleiben Verbesserungsmöglichkeiten ungenutzt, da die nach der Programmplanung erfolgende Terminplanung durch die je nach Rezeptur nötige Belegung unterschiedlicher Behälter zu unterschiedlichen Zeitpunkten mit unterschiedlichen Reaktionszeiten und Aufwendungen zur Reinigung ebenfalls einen erheblichen Einfluss auf den Deckungsbeitrag hat, was aber in der bereits feststehenden Programmplanung unberücksichtigt bleibt. Ein monolithisches Vorgehen (vgl. Zäpfel 1982, S. 297 - 304, Kistner und Steven 2001, S. 191 – 208) bei dem Programm-, Faktor- und Ablaufplanung gemeinsam erfolgen, wäre somit sinnvoll (Schoner 2008), ist allerdings in der Regel aufgrund der Komplexität der zu behandelnden Fragestellungen und der Vielzahl der zu berücksichtigenden Zusammenhänge schwer zu realisieren. Den monolithischen Ansätzen werden aus theoretischen Erwägungen heraus insbesondere zwei Einwände entgegengestellt (vgl. Zäpfel 1982, S. 303, Kistner und Steven 2001, S. 207f). Zum einen sind die erforderlichen Modelle als gemischt-ganzzahlige Probleme[6] sehr umfangreich und damit rechentechnisch schwer lösbar. Hinzu kommt, dass sehr umfangreiche Daten über den Produktionsprozess erhoben werden und in kurzen Abständen aktualisiert werden müssen. Zum anderen entspricht der monolithische Ansatz nicht der Struktur, in der Unternehmen aufgebaut sind. Der monolithische Ansatz geht von einer zentralen Entscheidungsfindung unter Berücksichtigung aller Details aus, während Unternehmen in der Regel hierarchisch aufgebaut sind und die Informationen über Details des Produktionsprozesses erst in den unteren, produktionsnahen Organisationsebenen vorliegen, weshalb auch hier erst die entsprechenden Detailentscheidungen zur Produktion getroffen werden.

Für Recyclingprozesse in der Metallindustrie, wie auch den Wälzprozess, gelten hinsichtlich der Produktionsplanung und der Prozesssteuerung ähnliche Vorausset-

---

[6] Grundlagen zur gemischt-ganzzahligen Optimierung vgl. z.B. Hilier und Liebermann (2002, S. 25 - 116), Neumann und Morlock (2002, S. 35 - 171).

zungen wie in der übrigen Prozessindustrie. Es sind schwankende Mengen und Zusammensetzungen der Eingangsstoffe und daraus resultierende nichtlineare Änderungen von Reaktionsgeschwindigkeiten und benötigten Hilfsstoffmassen zu berücksichtigen. Im Unterschied zur chemischen Industrie werden im Wälzprozess, wie auch einigen anderen Recyclingprozessen der Metallindustrie, jedoch nur wenige Produkte auf hierauf spezialisierten Anlagen hergestellt, so dass Programm-, Faktor- und Ablaufplanung weniger komplex sind. Insbesondere für diese Prozesse kann den oben beschriebenen Einwänden gegen den monolithischen Ansatz deshalb entgegengebracht werden, dass die Annahme eines linearen-ganzzahligen Planungsmodells inzwischen nicht mehr dem aktuellen Stand entspricht (vgl. Kapitel 3.3, insbesondere Floudas und Gounaris, 2009 sowie Zhigljavsky und Žilinskas, 2008). Außerdem ermöglicht die Entwicklung der Rechentechnik heute sowohl die Datenerhebung und Verarbeitung im Unternehmen als auch die Lösung von Problemen, die vor 10 bzw. 30 Jahren kaum vorstellbar waren. Auch der Einwand der unrealistischen zentralen Entscheidungsstruktur gilt in dieser Form für die hier betrachteten Unternehmen nur abgeschwächt, da es sich in der Regel um Unternehmen mit mittelständischen Strukturen handelt, die nicht stark hierarchisch untergliedert sind und in denen auch in der Unternehmensführung Detailkenntnisse zur Produktion verfügbar sind. Dies ermöglicht einen monolithischen Planungsansatz, bei dem das Produktionsprogramm, benötigte Ressourcen und der Ablauf gleichzeitig betrachtet werden. Dabei konzentriert sich der hier vorgeschlagene Ansatz auf die Beeinflussung des Deckungsbeitrages durch das eigentliche Produktionsaggregat, das Wälzrohr, sowie direkt vor- und nachgeschaltete Anlagenteile, wie die Mischung und Prozessgasbehandlung, da zu diesem Themenbereich bisher keine Arbeiten vorliegen. Aspekte wie beispielsweise die Lagerhaltung oder Logistik sollen aber integrierbar sein (vgl. Kapitel 8.2.1).

Für den monolitischen Ansatz der operativen Produktionsplanung sind konkrete Informationen über Preise von Produkten und Hilfsstoffen und verfügbare Reststoffmassen und Zusammensetzungen erforderlich. Die genauen Reststoffmassen sind aufgrund der geringen Lagerkapazitäten bei den Lieferanten erst ungefähr eine Woche im Voraus bekannt. Auch die in Kapitel 2.2 beschriebenen Preisschwankungen erfordern ein Planungsintervall von ca. einer Woche.

3.2 Prozessbeschreibung des Wälzprozesses und Herleitung eines Ansatzes zur Berechnung des Deckungsbeitrages

Aus dem Ziel der Realisierung eines möglichst hohen Deckungsbeitrages kann abgeleitet werden, welche Informationen und Abhängigkeiten für den hier exemplarisch behandelten Wälzprozess zu berücksichtigen sind. Nach der Definition des Deckungsbeitrages als Differenz der variablen Kosten und Erlöse sind zunächst für den konkret betrachteten Prozess die variablen Kosten und Erlöse und deren Beeinflussung durch die Prozessgrößen zu identifizieren. Dies erfolgt anhand einer systematischen Erfassung aller im Prozess aufgewendeten Stoffe und Energien, der erzeugten Massen und Qualitäten von Produkten, Kuppelprodukten und Emissionen sowie deren Preisen.

Wie in Kapitel 1 dargestellt, ist der Wälzprozess ein Verfahren zur Behandlung von zinkhaltigen Reststoffen wie Stäuben und Schlämmen aus der Elektrostahlgewinnung und der Verzinkung. Hauptaggregat des Prozesses ist ein Drehrohrofen („Wälzrohr"). Dabei handelt es sich um einen langsam drehenden (ca. 1 U/min), leicht schräg gelagerten Reaktor mit 40 - 60 m Länge und 3 - 4 m Durchmesser (Mager und Meurer 2000, S. 338) mit angeschlossenem Abgasreinigungssystem, in dem auch das Produkt „Wälzoxid" als Staub abgeschieden wird.

Die behandelten Reststoffe enthalten einen Zinkanteil von ca. 17 – 32 Gew.-% (Schmitz und Ruh 2009), wobei Zink in der Regel vor allem mit Sauerstoff gebunden als Zinkoxid (ZnO) vorliegt. Es sind jedoch auch andere Beimengungen wie Oxide des Eisens (FeO), Calciums (CaO), Siliziums (SiO_2), Bleis (PbO), Magnesiums (MgO) sowie Chloride und Alkalien ($NaCl$, KCl) enthalten.

23

Ziel des Prozesses ist die Aufteilung der Inhaltstoffe der Reststoffe in eine zink-oxidhaltige Fraktion, das Wälzoxid, und eine weitere Fraktion, die Wälzschlacke, welche die verbleibenden Substanzen enthält (vgl. Tabelle 2).

Tabelle 2: Mittlere Zusammensetzung des Haupteinsatzstoffes sowie des Produktes und Nebenproduktes des Wälzprozesses (basierend auf Schmitz und Ruh (2009))

Stoff	ZnO	FeO	CaO	MgO	SiO_2	C	PbO	Cl	Na_2O*	K_2O*	S
Einheit	Gew.-%										
Stahlwerk-staub	33,5	30,5	7,8	3,1	2,9	2,6	1,7	1,7	1,1	1	0,6
Wälzoxid (gelaugt)	82,8	4,5	3,2	0,5	1,2	k.A.	5,3	0,1	0,2	0,1	0,3
Schlacke	<5,0	45	<26,0	<6,0	<10,0	k.A.	0,6	<0,1	0,6	0,1	1,5

* Im Stahlwerkstaub liegen die Alkalien hauptsächlich als Chloride (NaCl und KCl) vor, werden in metallurgischen Analysen jedoch in der Regel als Oxidgehalt (Na_2O, K_2O) ausgewiesen.

Erreicht wird diese Trennung durch die Ausnutzung des für Metalle sehr niedrigen Siedepunktes von elementarem Zink, von nur 907°C unter Normalbedingungen. Die Verfahrensführung ist pyrometallurgisch und findet bei Temperaturen von ca. 1.000°C statt.

Als Hilfsstoffe werden Kalk und Koks eingesetzt. Kalk wird benötigt um die gewünschten chemisch – physikalischen Eigenschaften der Feststoffphase zu erzielen. Koks besteht vor allem aus Kohlenstoff (C) und dient gleichzeitig als Energieträger und Reduktionsmittel. Die Reststoffe, Kalk und Koks werden gemischt und als Mikropellets mit Umgebungstemperatur in das obere Ende des Drehrohres gegeben. Im Gegenstrom wird Prozessluft geführt, welche sich zunächst im unteren Rohrende erhitzt. Diese Wärme wird mit dem Luftstrom transportiert und wärmt die von oben herab rutschenden Mikropellets an.

Bei ausreichender Temperatur reagiert der Kohlenstoff in den Mikropellets mit dem Sauerstoff der Prozessluft. Diese Oxidationsreaktionen sind exotherm und geben Energie frei, was zusammen mit anderen Reaktionen die hohen Prozesstemperaturen ermöglicht. Kohlenstoffmonoxid (CO) reagiert mit vielen Metalloxiden, wie auch Zinkoxid, und reduziert diese zum elementaren Metall. Elementares Zink verdampft und reagiert dann wieder mit dem Sauerstoff der Prozessluft zu Zinkoxid. Das Zinkoxid wird als Staub mit dem Prozessluftstrom aus dem Rohr ausgetragen, abgekühlt und als Wälzoxid abgeschieden.

Wälzoxid enthält neben dem Zinkoxid auch Verunreinigungen wie Bleiverbindungen und Chloride. Zurück bleiben die nicht verdampfenden Metalle und andere Verbindungen als Wälzschlacke. Die Schlacke verlässt glühend, aber im festen Aggregatzustand, das Rohr am unteren Ende.

Die Verfahrensführung und eine systematische Aufstellung aller zu berücksichtigenden Kosten und Erlöse (a – m) zeigt Abbildung 9 auf Grundlage eines vereinfachten Prozessschemas.

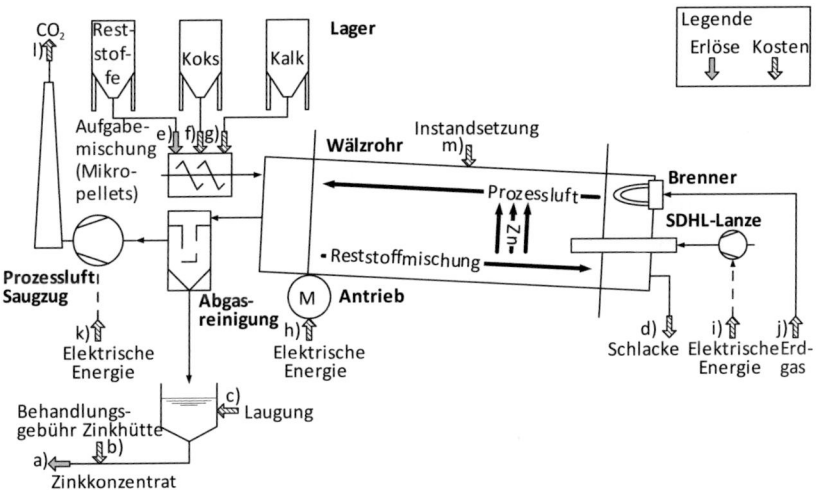

Abbildung 9: Vereinfachtes Prozessschema und zu berücksichtigende Kosten und Erlöse (a – m)

Der Haupterlös des Unternehmens wird aus der im Wälzoxid enthaltenen Zinkmasse erzielt (vgl. Abbildung 9 a)), wobei die Zinkhütte in Abhängigkeit der Gesamtmasse des Wälzoxides eine Behandlungsgebühr (vgl. Abbildung 9 b)) erhebt.

Verunreinigungen erhöhen die Gesamtmasse des Wälzoxides und damit die Kosten, ohne das die Zinkmasse und damit der Erlös steigt. Eine wesentliche Verunreinigung des Wälzoxides stellen Chloride dar. Chloride stören die Gewinnungselektrolyse in der Zinkhütte. Ihre Konzentration wird daher noch vom Wälzrohrbetreiber durch eine Wäsche, Laugung genannt, verringert. Für die Laugung fallen abhängig von der Wälzoxidmasse Kosten (vgl. Abbildung 9 c)) an.

Bei der Wälzschlacke handelt es sich um ein eisenoxid- und calciumoxidhaltiges poröses Material, dass derzeit im Deponiebau verwertet wird, wofür eine Gebühr (vgl. Abbildung 9 d)) anfällt[7].

Ein weiterer Erlös wird für die Annahme der zinkhaltigen Reststoffe erzielt, während für die Hilfsstoffe Koks und Kalk Kosten anfallen (vgl. Abbildung 9 e), f), g)). Um die mit Koks und Kalk vermengten Reststoffe als Pellets von oben nach unten durch das schräg gelagerte Rohr zu fördern, wird dieses in eine Drehbewegung versetzt. Diese wird mittels eines Elektromotors erzeugt, für dessen Strombedarf in Abhängigkeit des Durchsatzes Kosten entstehen (vgl. Abbildung 9 h)).

Zum Erreichen der Prozesstemperatur von ca. 1.000°C muss Energie eingetragen werden. Dies ist neben der Koksbeimischung auch durch den Einsatz von SDHL-Luft[8] oder eines Erdgasbrenners möglich. Für den Kompressor des SDHL-Luftgebläses wird elektrische Energie benötigt, für die ebenfalls Kosten entstehen (vgl. Abbildung 9 i)). Für den Erdgasverbrauch des Brenners fallen ggf. weitere Kosten an (vgl. Abbildung 9 j)).

Die im Gegenstrom zur Pelletschüttung geführte Prozessluft wird mittels eines Saugzuges durch den Ofen gezogen. Hierbei handelt es sich um den Hauptverbraucher für elektrische Energie, deren Bereitstellung ebenfalls zu Kosten führt (vgl. Abbildung 9 k)).

Weiterhin bedingt die Verwendung von Koks Kohlenstoffdioxid (CO_2) Emissionen. Hierfür werden Emissionszertifikate benötigt. Diese könnten, wenn sie aufgrund geringerer Emissionen nicht benötigt werden, veräußert werden. Um diesen Einfluss-

---

[7] Verfahren zur stofflichen Wiederverwendung des enthaltenen Eisens sind Gegenstand wissenschaftlicher Untersuchungen (vgl. Fröhling et al. (2009), Lützerath und Friedrich (2009)) aber noch nicht Stand der Technik.

[8] SDHL: Patentinhaber für die Prozessmodifikation: S̲aage, D̲ittrich, H̲asche, L̲angbein

faktor zu berücksichtigen, werden die CO_2 Emissionen mit den entsprechenden Zertifikatskosten belegt (vgl. Abbildung 9 l)).

Zuletzt führen zu hohe Prozesstemperaturen zu kürzeren Intervallen für die Instandsetzung und zu Produktionsausfällen. Diese Kosten werden ebenfalls berücksichtigt (vgl. Abbildung 9 m)). Eine detailliertere Beschreibung des chemischen und thermodynamischen Prozessablaufs findet sich in Kapitel 5.

Zusammenfassend berechnet sich der Deckungsbeitrag DB des Wälzprozesses demnach aus den folgenden Kosten K und Erlösen E:

$$
\begin{aligned}
DB = \quad & E_{Zinkerlös,\ a} && + \ E_{Reststoffannahme,\ e} \\
& - \ K_{Energie\ Rohrantrieb,\ h} \ - \ K_{Koks,\ f} && \qquad\quad - \ K_{Energie\ Prozesssaugzug,\ k} \\
& - \ K_{Energie\ SDHL\text{-}Gebläse,\ i} \ - \ K_{Erdgas,\ j} \\
& - \ K_{Laugung\ Wälzoxid,\ c} \quad - \ K_{Behandlung\ Zinkhütte,\ b} \ - \ K_{Schlackeverwertung,\ d} \\
& - \ K_{Kalk,\ g} \qquad\qquad - \ K_{Emissionszertifikat,\ l} \quad - \ K_{Instandhaltung,\ m}
\end{aligned}
$$

Mit Ausnahme der temperaturabhängigen Kosten für die Instandhaltung ergeben sich alle identifizierten Kosten und Erlöse aus dem Produkt zu oder abgeführter Massen- bzw. Volumenströme und des Preises. Dabei ist zwischen Prozessgrößen zu unterscheiden, die direkt durch die operative Produktionsplanung beeinflusst werden und solchen, die sich aus diesen Größen durch die thermodynamischen und chemischen Prozessvorgänge ergeben. Größen, die direkt durch die operative Planung beeinflusst werden, werden im Folgenden mit der Variable x^n als Prozesseingangsgrößen bezeichnet, wobei n die jeweilige Größe kennzeichnet. Größen, die sich aus den Eingangsgrößen ergeben, werden mit der Variable y^m als Prozessausgangsgrößen gekennzeichnet[9]. Eine Zusammenstellung zeigt Tabelle 3.

---

[9] Die Indizes werden hochgestellt um sie von später eingeführten Indizes zu unterscheiden. Die hochgestellten Indizes werden, wo zum Verständnis nicht erforderlich weggelassen, x und y sind in diesem Fall als Vektoren zu verstehen.

Tabelle 3: Den Deckungsbeitrag bestimmende Prozesseingangs- und -ausgangsgrößen

Prozesseingangsgrößen		Prozessausgangsgrößen	
Variable	Variablenbelegung	Variable	Variablenbelegung
x^1	Zugeführte Reststoffmasse [t/h]	y^1	Erzeugte Produktmasse [t/h]
x^2	Zugeführte Koksmasse [t/h]	y^2	Zinkgehalt im Produkt [t/h]
x^3	Zugeführte Prozessluft [m³/h]	y^3	Anfallende Schlacke [t/h]
x^4	Zugeführte SDHL-Luft [m³/h]	y^4	Benötigter Kalk [t/h]
x^5	Zugeführtes Erdgas [m³/h]	y^5	CO_2-Emission [t/h]
		y^6	Prozesstemperatur [°C]

Für die mittels Gebläse geförderten Prozess- und SDHL-Luftströme muss berücksichtigt werden, dass sich der Energieverbrauch eines Gebläses gegenüber dem Ausgangsenergieverbrauch E_0 mit der dritten Potenz ändert, wenn ein vom Ausgangsvolumenstrom V_0 abweichender Volumenstrom für x^3 oder x^4 erzeugt wird.

Hinzu kommt, dass sich in Abhängigkeit von der Prozesstemperatur veränderliche Kosten für die Instandsetzung des Feuerfestmaterials des Rohrs sowie für die Wartung oder schlimmstenfalls Stillstände ergeben. Eine zu hohe Temperatur führt dazu, dass Bestandteile der Pelletschüttung schmelzen. In Folge der Drehbewegung des Rohrs bilden sich dann große kugelförmige „Verbackungen". In den Verbackungen laufen wesentliche Reaktionen aufgrund der schlechten Durchgasbarkeit langsamer ab. Ferner können sie an der Rohrwand anhaften, den Rohrquerschnitt damit einengen und auch das Feuerfestmaterial mechanisch beschädigen. Anhaftungen müssen entfernt werden, was im Extremfall einen Stillstand der Anlage zur Folge haben kann. Dieser Zusammenhang wird mittels einer exponentiell von der Temperatur y^6 abhängigen Kostenfunktion überschlägig berücksichtigt[10]. Die darin enthaltenen Konstanten β_1... β_3 wurden so gewählt, dass sich bei geringen Temperaturen die erhobenen mittleren Wartungskosten ergeben und bei Temperaturen über ca. 1.150 °C die Kosten schnell den Erlös aus produziertem Zink übersteigen.

---

[10] Dieser Ansatz folgt dem Konzept der „Straffunktion" (vgl. Kapitel 4.1.2.1)

Zusammenfassend berechnet sich der Deckungsbeitrag als Zielfunktion entsprechend Gl. (1).

$$DB = \underbrace{x^1 \cdot \left(p_{Annahme} - p_{EAntrieb} \right)}_{\text{Annahmeerlös - Rohrantriebskosten}} - \underbrace{x^2 \cdot p_{Koks}}_{\text{Kokskosten}} - \underbrace{\frac{E_{0,Saugzug}}{\left(\dfrac{V_{0,Saugzug}}{x^3} \right)^3}}_{\text{Energiekosten Saugzug}} - \underbrace{\frac{E_{0,SDHL}}{\left(\dfrac{V_{0,SDHL}}{x^4} \right)^3}}_{\text{Energiekosten SDHL}}$$

(1)

$$\underbrace{- x^5 \cdot p_{Erdgas}}_{\substack{\text{Erdgaskosten} \\ \text{Brenner}}} \underbrace{- y^1 \cdot \left(p_{Behandlung} + p_{W\ddot{a}sche} \right)}_{\substack{\text{Behandlungs-} \quad \text{Kosten Wälz-} \\ \text{gebühr Zinkhütte} \; \text{oxidwäsche}}} + \underbrace{y^2 \cdot p_{Zink}}_{\text{Zinkerlös}} \underbrace{- y^3 \cdot p_{Schlacke}}_{\substack{\text{Kosten Schlacke-} \\ \text{verwertung}}}$$

$$\underbrace{- y^4 \cdot p_{Kalk}}_{\text{Kalkkosten}} \underbrace{- y^5 \cdot p_{CO_2}}_{\substack{\text{Kosten } CO_2 - \\ \text{Emissionszert.}}} \underbrace{- \beta_1 + \beta_2 \cdot e^{\beta_3 \cdot y^6}}_{\substack{\text{temperaturabh.} \\ \text{Wartungskosten}}}$$

29

3.3 Identifikation einer geeigneten Methodik zur Verbesserung des Deckungsbeitrags des Wälzprozesses im Rahmen der operativen Produktionsplanung

3.3.1 Einfluss der Eigenschaften der Zielfunktion auf die Wahl geeigneter Methoden zur Verbesserung des Deckungsbeitrags

Die in Gl. (1) beschriebene Zielfunktion lässt sich nicht direkt berechnen, da die funktionellen Zusammenhänge zwischen den Prozesseingangsgrößen und -ausgangsgrößen nicht bekannt sind. Es ist daher eine Methodik zu entwickeln, wie zunächst der Deckungsbeitrag für gegebene Prozesseingangsgrößen berechnet werden kann und wie dann systematisch Prozesseingangsgrößen identifiziert werden können, die, in Abhängigkeit der Preise und Zusammensetzung der verfügbaren Reststoffe, die Erzielung eines möglichst hohen, idealerweise maximalen, Deckungsbeitrages ermöglichen. Die Eignung der Methodik soll dabei anhand der folgenden Aspekte beurteilt werden:

↳ hinreichend genaue Beschreibung des Einflusses der Prozesscharakteristik auf den Deckungsbeitrag,

↳ sinnvolles Verhältnis von zeitlichem und rechentechnischem Aufwand der Methodik zur in der Praxis erzielbaren Verbesserung des Deckungsbeitrages,

↳ Übertragbarkeit auf vergleichbare Produktionsprozesse und Anwendbarkeit in der Praxis.

Zur Identifikation eines geeigneten Ansatzes zur Erzielung eines möglichst hohen Deckungsbeitrages ist ein genaueres Verständnis der Abhängigkeiten des Deckungsbeitrages von den Prozessgrößen erforderlich. Hierbei ist zunächst zu berücksichtigen, dass die Kosten und Erlöse direkt vom Ablauf chemischer Reaktionen im Prozess abhängen. Der Erlös für die Zinkmasse im Wälzoxid hängt beispielsweise davon ab, wie viel Zinkoxid mit Kohlenmonoxid reagiert hat, damit zu elementarem Zink gewandelt wurde und dann verdampfen konnte. Die Geschwindigkeit mit der solche Reaktionen ablaufen und aus der sich ergibt, welche Masse an Reaktionsprodukten gebildet wird, ist eine nichtlineare Funktion. Ferner hängt die Verdampfung von Zink auch von der Temperatur des Prozesses ab. Diese wird durch den Energieeintrag in den Prozess beeinflusst. Der Energieeintrag ergibt sich unter anderem über die zugeführte Koksmasse x^2, den SDHL-Luft Volumenstrom x^4 und den Erdgasvolumenstrom

x^5. Bei Temperaturen unter dem Siedepunkt von Zink verdampft kein Zink, mit Erhöhung der Temperatur über die Siedetemperatur steigt die Masse des verdampfenden Zinks stark an, bis ein Großteil des Zinks gasförmig ist. Wenn der gesamte Zinkanteil verdampft ist, bleibt die Masse des verdampften Zinks konstant. Diese Abhängigkeit zwischen Energiezufuhr und Zinkmasse im Wälzoxid ist nichtkonvex. Daraus folgt, dass auch der Deckungsbeitrag nichtlinear und nichtkonvex von den Prozessgrößen abhängt.

Aus dem bekannten Prozessverhalten lässt sich weiter ableiten, dass nicht nur, wie bereits beschrieben, die Prozessausgangsgrößen y^m von den Prozesseingangsgrößen x^n abhängen, sondern auch Abhängigkeiten zwischen den einzelnen Prozesseingangsgrößen x^n bestehen. Eine höhere Einsatzmasse von Reststoffen zum Beispiel erfordert auch eine größere Zudosierung von Koks und Kalk. Weiterhin existieren unterschiedliche Möglichkeiten, Energie in den Prozess einzutragen und damit die Prozesstemperatur zu beeinflussen (vgl. Kapitel 3.2). Diese muss in einem richtigen Bereich liegen, damit der Prozess bestimmungsgemäß arbeitet. Zu niedrige Temperaturen ermöglichen keine Zinkverflüchtigung, wodurch keine Erlöse für Zink erzielt werden. Zu hohe Temperaturen führen zu höheren Kosten. Die Prozesseingangsgrößen, die Energie in den Prozess eintragen, müssen daher aufeinander abgestimmt sein, um den Prozess im richtigen Temperaturbereich zu betreiben. Sie sind damit voneinander abhängig. Zur grafischen Darstellung dieser Abhängigkeiten wurden diese mittels eines Simulationsmodells[11] berechnet. Es wurde jeweils eine Größe x^n variiert, wohingegen die jeweils anderen konstant auf dem Wert einer guten Verfahrensführung (Basisfall, vgl. Kapitel 7.1) gehalten wurden. Die Diagramme in Abbildung 10 zeigen den sich dann ergebenden Deckungsbeitrag.

---

[11] Die Berechnungen erfolgten mit dem in Kapitel 5 beschriebenen Fließschemasimulationsmodell.

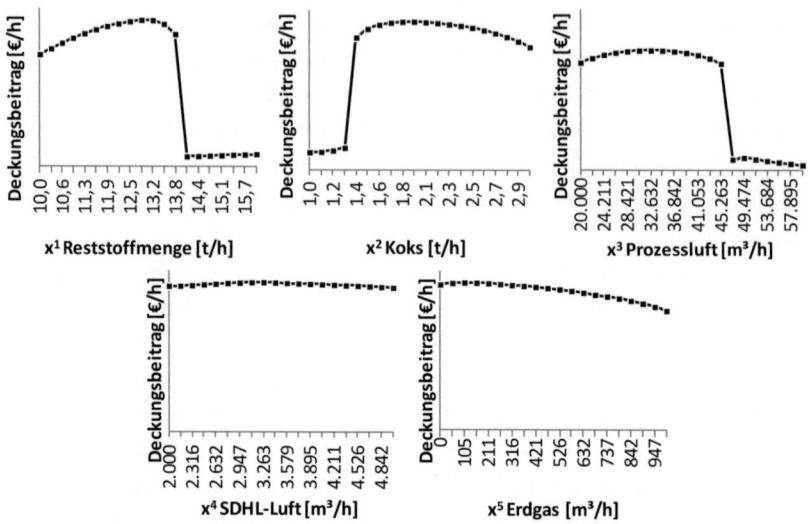

Abbildung 10: Einfluss der Variation jeweils einer Prozesseingangsgröße auf den Deckungsbeitrag

Hier kann ebenfalls beobachtet werden, dass der Deckungsbeitrag nichtlinear von allen variierten Prozesseingangsgrößen abhängt und dass ein Teil der funktionellen Zusammenhänge nichtkonvex ist. Solche Optimierungsprobleme sind in der Prozessindustrie häufig anzutreffen. In der Regel kommen weitere nichtlineare Abhängigkeiten durch die Mischung von Stoffströmen hinzu, wenn in den Stoffströmen die Massenströme der einzelnen enthaltenen Komponenten betrachtet werden sollen. Diese berechnen sich aus dem Produkt der Konzentrationen mit dem Massestrom, wobei alle Größen Entscheidungsvariablen sind. Dieser Aspekt wird als „pooling Problem" (Fieldhouse 1993) bezeichnet.

Ein häufig verwendeter Lösungsansatz ist die näherungsweise Beschreibung durch lineare Modelle oder die Zerlegung des ursprünglichen nichtlinearen, nichtkonvexen Problems, in mehrere dann lineare, konvexe Teilprobleme (Kallrath 2002, S. 220). Das Auffinden globaler Optima bei solchen Problemen ist Gegenstand der „globalen Optimierung". Eine Übersicht der in der globalen Optimierung verwendeten Ansätze beschreiben u. a. Floudas und Gounaris (2009) sowie Zhigljavsky und Žilinskas (2008).

Bei diesen Ansätzen erfolgt die Berechnung der im Prozess stattfindenden Transformationen von Stoff- und Energieströme im Optimierungsmodell. Dieses Vorgehen ist möglich, da in der Chemieindustrie häufig nur wenige Reinstoffe oder Stoffe mit geringen oder vernachlässigbaren Verunreinigungen eingesetzt werden, was zu einer überschaubaren Anzahl an chemischen Reaktionen führt, deren Ablauf in der Regel aus Laboruntersuchungen, Pilotanlagen oder vergleichbaren Prozessen bekannt und damit berechenbar ist. Um diesen Ansatz auch bei Prozessen mit sehr vielen Transformationen anwenden zu können, beschreiben z. B. Byrne und Bogle (2000) und Balendra und Bogle (2009) eine Methode der globalen Optimierung unter Einbeziehung des Fließschemas einer Anlage und der stattfindenden Misch-, Trenn- und Umwandlungsprozesse, wobei die resultierende Beschreibung der im Prozess ablaufenden Transformationen weiterhin direkt in das Optimierungsmodell integriert ist.

Unter Berücksichtigung der ablaufenden chemischen und thermodynamischen Vorgänge sind die Prozesse der Eisen- und Stahlindustrie mit den hier behandelten Recyclingprozessen eher vergleichbar, als die der chemischen Industrie. In der Eisen- und Stahlindustrie beschäftigen sich Arbeiten zur operativen Produktionsplanung jedoch nur mit einem Teil der Produktionsprozesse, vor allem aus dem Bereich der Sekundärmetallurgie und des anschließenden Walzens. Diese Prozesse sind durch unterschiedliche Losgrößen sowie unterschiedliche Abmessungen und Qualitäten der Produkte gekennzeichnet, woraus sich auch unterschiedliche Kosten ergeben. Der Wechsel zwischen Produkten führt weiterhin zu Umrüstkosten (vgl. Tang et al. (2001)). Diese Arbeiten sind jedoch methodisch eher mit denen der Chargenprozesse der chemischen Industrie verwandt.

3.3.2 Einfluss der chemischen und thermodynamischen Abläufe im Prozess auf die Wahl geeigneter Methoden zur Prozessabbildung

Die bisher in der Eisen- und Stahlindustrie und die in der chemischen Industrie genutzten Methoden eignen sich unter den zu Beginn dieses Kapitels angeführten Gesichtspunkten wenig für die in dieser Arbeit behandelten Recyclingprozesse in der Metallindustrie. In der chemischen Industrie sind die Probleme der operativen Planung dadurch gekennzeichnet, dass viele unterschiedliche chemische Vorgänge, die jeder für sich gut bekannt sind, in vielen Anlagen und Prozessstufen zu berücksichtigen sind. Bei den hier betrachteten Recyclingprozessen sind nur wenige Aggregate zu betrachten aber die zu beschreibenden Vorgänge sind komplex. Dies begründet sich vor allem im Einsatz von Reststoffen statt Reinstoffen. Diese beinhalten eine Vielzahl von Beimengungen und Verunreinigungen, die den Prozessablauf erheblich beeinflussen. In Abhängigkeit der Zusammensetzung der eingesetzten Reststoffe finden unterschiedliche Reaktionen statt. Zur Veranschaulichung sind in den Gleichungen unter (2) vier wesentlichen Reaktionen des Zinks dargestellt und jeweils beschrieben, in welchem Massenstrom die zinkhaltige Verbindung der Reaktionsprodukte in Folge der Reaktion verbleibt.

$$
\begin{aligned}
ZnO + CO \;&\rightleftharpoons\; Zn + CO_2 && \Rightarrow Zn \rightarrow \text{Wälzoxid} \\
ZnO + Fe_2O_3 \;&\rightleftharpoons\; ZnFe_2O_4 && \Rightarrow Zn \rightarrow \text{Schlacke} \\
Zn + Cl_2 \;&\rightleftharpoons\; ZnCl_2 && \Rightarrow Zn \rightarrow \text{Wälzoxid (verunreinigt)} \\
Zn + S \;&\rightleftharpoons\; ZnS && \Rightarrow Zn \rightarrow \text{Schlacke}
\end{aligned}
$$

(2)

Die erste Reaktionsgleichung beschreibt die Reduktion von Zinkoxid durch Kohlenmonoxid. Diese Reaktion ist im Prozess gewünscht und führt zur Bildung elementaren Zinks, das dann bei ausreichend hohen Temperaturen verdampft und im Wälzoxid enthalten ist. Die weiteren Reaktionen können stattfinden, wenn beispielsweise Eisen(III)-oxid (Hämatit), Chlor (Cl) oder Schwefel (S) als Reaktanden vorliegen. Abhängig davon, welche Reaktionspartner in welchen Mengen vorhanden sind, gelangt das Zink in das Wälzoxid, in Verbindung mit Verunreinigungen in das Wälzoxid oder verbleibt in der Schlacke. Bei allen Reaktionen hängt das Gleichgewicht zwischen Reaktanden und Produkten von den Konzentrationen der Reaktanden, der Temperatur und dem Druck ab. Dies gilt nicht nur für die Reaktionen des Zinks, sondern für die Reaktionen aller Verbindungen in den Reststoffen. In einer röntgenspektrometrischen Untersuchung haben Sofilic et al. (2005) 27 unterschiedliche Verbindungen im Elektrolichtbogenofenstaub einer Probe einer Anlage festgestellt. Dabei beeinflussen sich die Reaktionen der unterschiedlichen Verbindungen gegenseitig. Blei und Eisen reagieren beispielsweise eher mit Kohlenmonoxid, so dass dann weniger Kohlenmonoxid zur Reduktion von Zinkoxid vorhanden ist (vgl. Kapitel 5.2.3). Wollte man die Methoden aus der chemischen Industrie direkt auf diesen Anwendungsfall übertragen, so wären alle oben beispielhaft aufgeführten Abhängigkeiten in Form von Gleichungen zu beschreiben, was einen hohen Aufwand bedeuten würde. Dabei ist eine exakte Beschreibung des Prozesses nicht möglich. Ein Grund ist, dass die Zusammensetzung der Reststoffe nicht vollständig bekannt ist. Betrachtet man z. B. die in Tabelle 2 dargestellte Analyse der Stahlwerkstäube, so fällt auf, dass die Summe der Konzentrationen nur 86,5 % beträgt. Die Verbindungen, die die restlichen 13,5 % ausmachen, werden von der in der Produktion eingesetzten Standardanalytik nicht erfasst. Die Standardanalytik misst darüber hinaus nicht die Konzentration einer Verbindung, sondern lediglich die Konzentration eines chemischen Elements. Die Ausweisung als Verbindung, z. B. Zinkoxid, erfolgt auf der Basis von Erfahrungswerten. Dabei wird zur Vereinfachung in Kauf genommen, dass diese Angabe nicht vollständig ist. Es ist beispielsweise bekannt, dass in Stahlwerkstäuben nur ca. 70 – 85 % des Zinks als ZnO vorliegen (Sofilic et al. 2005), obwohl in der chemischen Analyse 100 % des enthaltenen Zinks als ZnO ausgewiesen werden. Eine chemische Analyse, die nahezu vollständig alle enthaltenen Verbindungen messen würde, wäre zwar möglich, jedoch für den täglichen Einsatz unter Produktionsbedingungen unverhältnismäßig aufwendig.

Weiterhin sind von den tatsächlich stattfindenden thermodynamischen und chemischen Vorgängen im Wälzrohr nur die wesentlichen bekannt und nur näherungsweise berechenbar. Eine exakte Abbildung aller Vorgänge würde eine Berechnung der komplexen Umwälzbewegung der Mikropellets im Rohr in Abhängigkeit der Zusammensetzung der Feststoffphase, der Temperatur und des Drucks sowie der turbulenten Luftströmung durch die Freiräume der Pelletschüttung inklusive aller dort stattfindenden Grenzflächenreaktionen und Energieübertragungen erfordern. Eine Abbildung, die dies annähernd exakt beschreibt, leisten nur sehr komplexe Strömungsmodelle. Der Einsatz solcher Modelle im Rahmen eines Optimierungsmodells für die operative Produktionsplanung ist aufgrund des Rechenaufwandes derzeit nicht vorstellbar. Demzufolge ist eine Aggregation notwendig. Ein hierfür geeignetes Werkzeug zur Prozessbeschreibung ist ein Simulationsmodell. Simulationsmodelle liefern ein adäquates Abbild der wesentlichen Vorgänge des in Realität deutlich komplexeren Prozesses (Alan und Pritsker, 1998 sowie Marquardt, 1995).

Ein solches Modell ermöglicht die Berücksichtigung der komplexen chemischen Transformationsvorgänge im Prozess bis auf die Ebene einzelner chemischer Reaktionen und ihrer Reaktionsgeschwindigkeiten, was erforderlich ist, um den Einfluss von Prozesseingangsgrößen auf den Deckungsbeitrag zu ermitteln. Dies wird durch Penkuhn (1997, S. 45 - 60), Schultmann (2003) und Rentz et al. (2006, S. 36 - 55) bestätigt. Sie vergleichen eine Reihe von produktionstheoretischen Ansätzen zur Abbildung der benötigten Tansformationsfunktionen unter dem Gesichtspunkt der Eignung zur Beschreibung von Prozessen der Metallindustrie. Sie kommen zu dem Schluss, dass die benötigte Abbildungsgenauigkeit nur durch den Einsatz von Simulationsmodellen erreicht wird.

3.3.3   Bisherige Ansätze der Verwendung von Fließschemasimulation in der Produktionsplanung

Eine ausreichend detaillierte Prozessimulation ermöglicht grundsätzlich die Berechnung der stattfindenden chemischen und thermodynamischen Vorgänge in geeigneter Genauigkeit, ist aber, wie bereits dargestellt, komplex und umfangreich. Um eine Prozessimulation direkt, beispielsweise in Form von Nebenbedingungen in ein Modell zur Verbesserung des Deckungsbeitrages im Rahmen der operativen Produktionsplanung zu integrieren, müssten zunächst Vorschriften zur Berechnung aller benötigten Stoffdaten aller relevanten Verbindungen definiert werden. Dann müssten Funktionen zur Berechnung aller potentiell stattfindenden chemischen und thermodynamischen Vorgänge hinterlegt werden. Dies erscheint vom erforderlichen Aufwand wenig für eine praktische Umsetzung geeignet. In den Ingenieurwissenschaften und der Prozessindustrie existieren zur Abbildung von Prozessen kommerzielle Fließschemasimulationsprogramme. In diesen Programmen ist durch den Anwender der Prozess zu definieren. Unterprogramme zur Berechnung von Stoffdaten sowie grundlegender chemischer und thermodynamischer Vorgänge sind bereits enthalten (vgl. Kapitel 4.2).

Die Anwendung dieser Programme ist seit längerer Zeit Stand der Technik. Für viele Anlagen liegt damit bereits ein Simulationswerkzeug vor. Fließschemasimulationsprogramme werden auch eingesetzt, um Fragestellungen der Produktionswirtschaft zu untersuchen. So betrachten Spengler et al. (1998) Planungsprobleme beim Recycling von Reststoffen aus der Eisen- und Stahlindustrie unter Einbeziehung des Wälzprozesses und nutzten Fließschemasimulation zur Quantifizierung der zu betrachtenden Stoffströme. Sieverdingbeck untersucht (2001) die Kuppelproduktströme ausgewählter Prozesse der Eisen- und Stahlindustrie und entwickelt, basierend auf den Ergebnissen von Fließschemamodellen der Prozesse, ein techno-ökonomisches Planungssystem zur emissionsarmen Produktion. Engels (2003) nutzt ein Fließschemasimulationsmodell eines Elektrolichtbogenofens, um ein Planungsmodell für Batterie-Recycling Systeme zu erstellen. Schultmann et al. (2004) nutzen Fließschemasimulationsmodelle einer Sinteranlage und eines Hochofens zur ökonomischen Bewertung des Einsatzes von Recyclingstoffen in integrierten Hüttenwerken. In diesen Arbeiten wird Fließschemasimulation eingesetzt, um Abhängigkeiten zu ermitteln, die später in allgemeinere Transformationsfunktionen integriert werden. Eine grundsätzliche Eignung der Fließschemasimulation zur Betrachtung von Fragestellungen der Produktionsplanung auf der strategischen Ebene besteht daher.

Auch Fragestellungen der taktischen Ebene der Produktionsplanung wurden bereits bearbeitet. Eine detailliertere Einbeziehung der Simulation nutzen Fröhling et al. (2009) bei der Betrachtung von Stoffströmen im Netzwerk der Eisen- und Stahl- und Zinkindustrie. Fröhling et al. (2010) optimieren integriert die Produktions- und Logistikplanung mehrerer Wälzrohrstandorte. Fröhling und Rentz (2010) betrachten Fragestellungen der Produktionsplanung eines auf einem modifizierten Hochofen basierenden Verfahrens zum Recycling von Reststoffe aus der Eisen- und Stahlindustrie mit geringeren Zinkkonzentrationen. Diese Arbeiten nutzen jedoch keine direkte Verknüpfung zwischen Simulation und Optimierung. Fließschemasimulation wird zur Berechnung von Prozessausgangsgrößen bei systematischer, unabhängiger Variation der wesentlichen Prozesseingangsgrößen eingesetzt. Aus den so erzeugten Datenreihen werden durch multiple Regression lineare Transformationsfunktionen bestimmt. Diese sind als Nebenbedingungen in den verwendeten linearen und gemischt-ganzzahligen Optimierungsmodellen integriert. Die Modelle werden genutzt, um Fragestellungen mit Planungshorizonten von einem Jahr oder mehr zu betrachten. Der Schwerpunkt der Prozessabbildung liegt auf allgemeinen, wenig variierenden Prozessbetriebsweisen. Dieser Ansatz erscheint aufgrund der Anwendung von linearen Transformationsfunktionen für die Entscheidungsunterstützung in der operativen Produktionsplanung zumindest dann weniger geeignet, wenn Schwankungen von Prozesseingangsgrößen über größere Wertebereiche und deren Einfluss auf den Deckungsbeitrag zu berücksichtigen sind. Eine direkte Kombination von Fließschemasimulation und Optimierung wäre hierzu anzustreben.

3.3.4   Ansätze zur direkten Kopplung von Fließschemasimulation mit einer Methode zur Verbesserung des Deckungsbeitrages in der operativen Produktionsplanung

Einen Ansatz der direkten Verknüpfung von Fließschemasimulation und Optimierung zur Prozessteuerung unter Nutzung von Fließschemasimulationsprogrammen beschreiben z. B. Biegler und Hughes (1982), Lang und Biegler (1987) sowie Penkuhn et. al (1997). Zur Lösung des nichtlinearen Optimierungsproblems nutzen die Autoren die Sequentiell Quadratische Programmierung (SQP). Zur Optimierung mittels SQP müssen durch den Algorithmus zwei Aufgaben gelöst werden. Wenn das Fließschema Rückströme oder Auslegungsvorschriften (vgl. Kapitel 4.2.2.3) enthält, muss in der Simulation iterativ eine Konvergenz aller Stoff- und Energieströme erreicht werden (vgl. Kapitel 4.2.1). Die Optimierung erfolgt dann ebenfalls iterativ. Weiter entwickelte SQP Varianten lösen beide Iterationen gleichzeitig (Lang und Biegler (1987, S. 146). Bei komplexer werdenden Fließschemata wird dieser Ansatz zunehmend aufwändiger zu lösen. Die Folge sind sehr lange Rechenzeiten. In Extremfällen liefert der Algorithmus unzulässige Lösungen, weil keine Konvergenz erreicht wurde. Außerdem lassen sich auf diese Art nur Zusammenhänge in die Optimierung mit einbeziehen, die innerhalb der Fließschemasimulation abgebildet sind. Aspekte wie Lagerhaltung und Logistik können nur schwer berücksichtigt werden. Dieser Ansatz erscheint daher nur für eine Teilmenge der Fragestellungen der operativen Produktionsplanung geeignet.

Um auch Aspekte zu betrachten, die nicht im Fließschemasimulationsmodell abgebildet sind und um die Lösung der Konvergenz im Fließschemasimulationsmodell zu vereinfachen, erscheint es daher vielversprechend, die Optimierung nicht innerhalb der Fließschemasimulation durchzuführen. Vielmehr sollte die Fließschemasimulation eine möglichst realistische Prozessabbildung leisten und dann direkt an einen optimierenden Algorithmus gekoppelt sein. Mit der Kombination von allgemeinen Simulationsmodellen und Optimierung beschäftigen sich Frazier (2010), Fu und Chen (2008) und Andradottir (1998a). Eine Zusammenfassung der bisher in diesem Themenbereich erfolgten Arbeiten geben April et al. (2003), Swisher et al. (2000) und Andradottir (1998b). Nach Fu (2002) werden hierbei häufig zur Kombination von Simulation und Optimierung Meta-Heuristiken genutzt. „Eine Meta-Heuristik ist ein iterativer, übergeordneter Prozess, der den Ablauf einer untergeordneten Heuristik führt und modifiziert, um effizient Lösungen von einer guten Qualität zu finden [...]" (Voß 2001, S. 5). Diese iterative Vorgehensweise von Meta-Heuristiken erscheint gut für die Verknüpfung mit der Fließschemasimulation geeignet. Sie ermöglicht ein Vorgehen, nach dem in jedem Iterationsschritt der Fließschemasimulation ein Satz von Belegungen für die Prozesseingangsgrößen übergeben wird. Die Simulation berechnet die Prozessausgangsgrößen. Daraus lässt sich die Güte der Lösung bestimmen, woraus wiederum Rückschlüsse für die Belegung der Prozesseingangsgrößen des nächsten Iterationsschrittes gezogen werden können. Gegenüber exakten Verfahren besteht der Nachteil, dass Meta-Heuristiken zwar zielgerichtet einen immer besseren Zielfunktionswert suchen, aber nicht zwangsläufig das globale Optimum finden. Vielmehr bleibt die Lage des globalen Optimums unbekannt. Eine Reihe von Untersuchungen an bekannten Testfunktionen zeigt aber (Clerc 2006, S.51 - 58), dass auch bei ungünstigen Zielfunktionen in der Regel sehr nah am globalen Optimum gelegene Ergebnisse erzielt werden können. Daher wird dieser Nachteil nicht als Ausschlussgrund gesehen, sondern zugunsten einer möglichst realistischen Prozessabbildung akzeptiert[12].

Eine Anwendung dieses Konzeptes in der operativen Produktionsplanung in der Prozessindustrie fehlt bisher. Eine Arbeit auf der strategisch – taktischen Planungsebene beschreiben Paul und Chanev (1998). Sie koppeln ihr Simulationsmodell an eine Meta-Heuristik in Form eines Genetischen Algorithmus und behandeln die Optimierung eines Stahlwerklayouts. Da auf dieser Planungsebene eine sehr genaue Prozessabbildung noch nicht erforderlich ist, aggregiert die Simulation komplette Anlagen und berechnet nicht die detaillierten chemischen Vorgänge innerhalb der Anlagen. Auch in der operativen Planung der chemischen Industrie beschreiben Kallrath (2002, S. 237) sowie auch Mendez et al. (2006, S. 938), dass für komplexe, schwer lösbare Probleme zur Optimierung erfolgreich Meta-Heuristiken eingesetzt werden. Tang et al. (2001, S.8) führen hierzu ebenfalls Arbeiten in der Stahlherstellung auf. Eine Optimierung eines mittels einer Fließschemasimulation beschriebenen Prozesses durch Einsatz einer Meta-Heuristik stellen Biswas et al. (2009) vor. Sie setzen einen Genetischen Algorithmus ein, um eine optimale Prozessführung für die

---

[12] Aus diesem Grund wird in dieser Arbeit lediglich von einer „systematischen Verbesserung des Deckungsbeitrages" und nicht von einer „Optimierung" ausgegangen.

hydrometallurgische Gewinnung von Mangan und anderen Metallen aus Mangan-
knollen zu ermitteln. Das Problem behandeln sie als Mehrzielentscheidung, wobei sie
eine Maximierung der Metallausbeute und eine Minimierung des Einsatzes chemischer Hilfsstoffe anstreben. Zwar erfolgt die Prozessbeschreibung auf Basis eines
Fließschemamodells, jedoch wird das Prozessmodell dahingehend vereinfacht, dass
es als lineares Gleichungsmodell beschrieben werden kann, welches wieder direkt in
der Optimierung genutzt wird. Grundsätzlich ist es demnach möglich, Probleme der
Produktionsplanung mittels Meta-Heuristiken zu lösen.

   Über eine direkte Verknüpfung von Meta-Heuristiken und Fließschemasimulation
ist noch keine Arbeit bekannt. Hier soll daher die Eignung einer solchen direkten
Kopplung von Fließschemasimulation und Optimierung mittels einer Meta-Heuristik
zur Entscheidungsunterstützung in der operativen Produktionsplanung untersucht
werden. Ziel ist die Verbesserung des Deckungsbeitrags des untersuchten Prozesses
unter detaillierter Berücksichtigung der Einflüsse der zugrunde liegenden thermodynamischen und chemischen Prozessabläufe. Ein Vorteil der Verwendung von Meta-
Heuristiken ist dabei, dass die Formulierung des zu optimierenden Problems lediglich
die bereits erfolgte Aufstellung der Zielfunktion erfordert. Anforderungen an die Zielfunktion, wie Konvexität, bestehen nicht. Den Lösungsraum bilden Werte für die Prozesseingangsgrößen x^n innerhalb technisch sinnvoller Grenzen. Die Beschreibung der
im Prozess stattfindenden Transformationen wird in die Fließschemasimulation integriert.

   In der Anwendung von Optimierungsverfahren in der Produktionsplanung wird
beobachtet, dass häufig eine Diskrepanz zwischen den wissenschaftlich Ansätzen und
den in der Praxis verwandten Verfahren besteht. Während in der Wissenschaft systematisch optimierende Ansätze verfolgt werden, wird in der Praxis oft eine eher
empirische Herangehensweise verfolgt (Klatt und Marquardt 2009, S. 540). Eine Ursache hierfür dürfte darin liegen, dass für viele wissenschaftliche Ansätze ein ma-
thematisches Expertenwissen erforderlich ist, dass in vielen Unternehmen nicht verfügbar ist. Ein technisches Expertenwissen seitens der Prozessingenieure ist jedoch in
den Unternehmen vorhanden. Falls in einem Unternehmen noch kein Fließschemasimulationsmodell der betrachteten Anlagen vorhanden ist, ist demnach zu erwarten, dass das Expertenwissen zur Erstellung einer solchen Simulation verfügbar ist.
Da es sich bei den Meta-Heuristiken um vergleichsweise universell einsatzbare Algo-

rithmen handelt (vgl. Kapitel 4.1), sollte es nach Anpassung der Meta-Heuristik auf die Kopplung an ein Fließschemasimulationsmodell möglich sein, den hier verfolgten Ansatz auf ähnliche Prozesse zu übertragen. Ein weiterer Grund, der für die gute Eignung des gewählten Ansatzes spricht, ist somit auch eine gute erwartbare Anwendbarkeit in der Praxis.

3.4 Einsatz von Meta-Heuristiken in der Produktionsplanung und Auswahl eines geeigneten Algorithmus

Da bisher keine Arbeit zur Verwendung von Meta-Heuristiken mit Fließschemasimulation bekannt ist, liegen auch keine Erfahrungen vor, welche der bekannten Meta-Heuristiken hierfür gut geeignet ist. Die Auswahl für die im Rahmen dieser Arbeit vorgesehene Anwendung muss daher anhand anderer Kriterien erfolgen. Hierzu wird zunächst eine allgemeine Übersicht, der von den jeweiligen Meta-Heuristiken genutzten Suchstrategien, aufgestellt und anwendungsfallbezogen geprüft, welche Gruppe von Meta-Heuristiken nach dem verfolgten Konzept am besten für die Kopplung mit Fließschemasimulation geeignet erscheint.

Bezüglich der Suchstrategie können Meta-Heuristiken in zwei Gruppen unterteilt werden. Solche, die basierend auf *einer* Lösung versuchen, diese ständig zu verbessern, und solche, die in einem Iterationsschritt *mehrere* Lösungen, „Population" genannt, erzeugen und aus dem Abgleich der Güte der Lösungen verbesserte Positionen für den nächsten Iterationsschritt ableiten. Die „einzellösungsbasierten" Meta-Heuristiken sind in der Regel in der Lage die Position eines Maximums genauer zu bestimmen, wohingegen die „populationsbasierten" Meta-Heuristiken eine breitere Suche im Lösungsraum ermöglichen (vgl. Abbildung 11) (Talbi 2009, S. 25). Weiterhin benötigen populationsbasierte Ansätze in der Regel weniger Iterationsschritte hintereinander, da pro Iterationsschritt mehrere Lösungen parallel erzeugt werden.

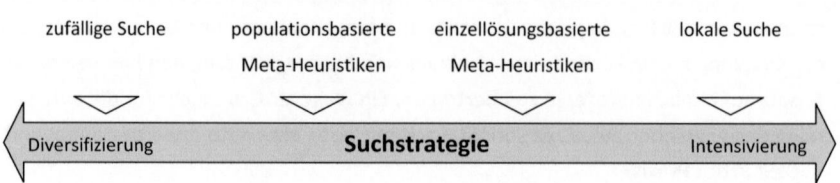

Abbildung 11: Gegenläufige Ziele von Meta-Heuristiken - breite Suche im Lösungsraum gegenüber genauem Auffinden von Maxima (in Anlehnung an Talbi 2009)

Eine Übersicht häufig angewandter Meta-Heuristiken, untergliedert in einzellösungsbasierte und populationsbasierte Verfahren, zeigt Abbildung 12. Deren grundlegende Funktionsmechanismen werden, basierend auf Zäpfel et al. (2010), Gendreau und Potvin (2010), Talbi (2009), Siarry und Michalewicz (2008), Branke (2006) sowie Nissen (1997) dargestellt.

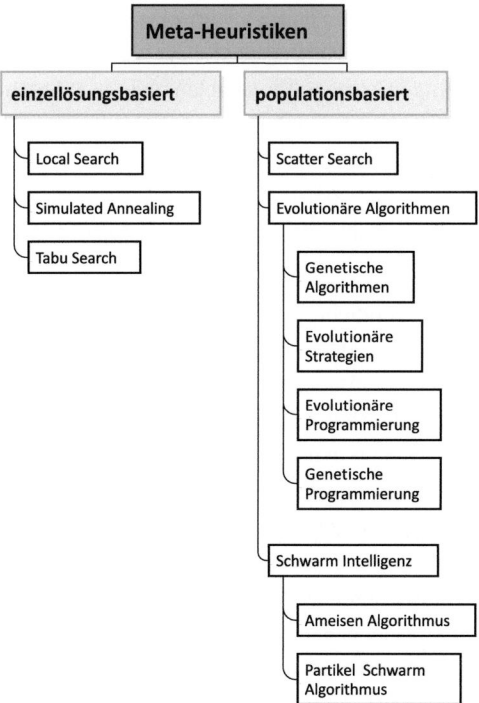

Abbildung 12: Häufig eingesetzte einzellösungsbasierte und populationsbasierte
Meta-Heuristiken

Einzellösungsbasierte Algorithmen:

↳ *Local Search (auch: Hill Climbing, etc.)* (LS) ist eine der ältesten Meta-Heuristiken. Sie sucht in der Basisvariante nach Positionen in der Nachbarschaft, die einen besseren Zielfunktionswert haben. Findet sie keinen, endet der Algorithmus, unabhängig davon, ob es sich um ein lokales oder globales Optimum handelt. Neuere Varianten eignen sich zur Überwindung lokaler Optima und damit der Suche nach globalen Optima.

↳ *Simulated Annealing* (SA) funktioniert nach dem Prinzip der Kristallbildung in Metallen beim Abkühlen. Der Algorithmus sucht ebenfalls in der Nachbarschaft. Wird eine bessere Lösung gefunden, so wird diese gewählt, wird kei-

43

ne bessere Lösung gefunden, so wird eine schlechtere mit einer gewissen Wahrscheinlichkeit, in Abhängigkeit einer sich mit fortlaufender Iterationszeit verringernden Temperaturvariablen und der Differenz zwischen der bisherigen besten Lösung und der schlechteren akzeptiert. Damit kann der Algorithmus auch lokale Optima überwinden.

↳ *Tabu Search* (TS) funktioniert ähnlich wie SA, verwaltet aber ein Gedächtnis bisher besuchter Positionen, welches diese für den weiteren Iterationsverlauf verbietet.

Populationsbasierte Algorithmen:

↳ *Scatter Search* (ScS) kombiniert den Einsatz einer Population mit den Suchverfahren der einzellösungsbasierten Algorithmen. In regelmäßigen Abständen wird aus den bisher gefundenen Lösungen eine neue Population gebildet, deren Individuen dann unabhängig voneinander nach einzellösungsbasierten Algorithmen weitersuchen.

↳ *Evolutionäre Algorithmen*[13] (EA) verändern die Population von Lösungen nach dem Prinzip der Evolution. In jedem Iterationsschritt werden aus der Population Individuen gewählt, aus deren Merkmalen neue Individuen erzeugt werden. Dabei haben Individuen, die eine bessere Lösung repräsentieren, eine höhere Wahrscheinlichkeit gewählt zu werden. Der Algorithmus endet, wenn keine Verbesserung mehr erreicht wird.

↳ Der *Ameisen Algorithmus* (AA) bildet das Bewegungsverhalten von Ameisenvölkern, die sich an Pheromonspuren orientieren, nach. Eine Ameise hinterlässt auf ihrem Weg eine Spur. Nachfolgende Tiere folgen dieser Spur mit einer gewissen Wahrscheinlichkeit. Günstige Wege werden so häufiger gewählt, wodurch die Spur intensiver wird. Der Algorithmus eignet sich gut für Logistikprobleme (z. B. Traveling Salesman Problem).

↳ Die *Partikel-Schwarm Optimierung* (PSO) imitiert das Suchverhalten von Tierschwärmen nach Nahrung. Ein Partikel der Population bewegt sich in Abhängigkeit der eigenen Geschwindigkeit und der bisher besten eigenen und von

---

[13] Für eine genauere Unterteilung und die Unterschiede zwischen Genetischen Algorithmen, Evolutionären Strategien, Evolutionärer Programmierung und Genetischer Programmierung siehe Nissen (1997).

der Population gefunden Position durch den Lösungsraum. Der Algorithmus endet, wenn sich die Lösung nicht mehr verbessert (siehe Kapitel 4.1).

Die Auswahl eines geeigneten Optimierungsalgorithmus richtet sich nach den Erfordernissen der angestrebten Kombination mit der Fließschemasimulation. Diese stellt im Wesentlichen drei Anforderungen, die bei der Auswahl des übergeordneten optimierenden Algorithmus beachtet werden müssen und durch die unterschiedlichen Algorithmen unterschiedlich gut erfüllt werden.

i. Der geschwindigkeitsbestimmende Schritt ist die Dauer der Simulation. Es sollten daher möglichst wenige Iterationsschritte hintereinander erforderlich sein.

ii. Ferner besteht die Möglichkeit, dass das Fließschemasimulationsmodell keine Konvergenz erreicht und daher fehlerhafte Ergebnisse erzeugt. Der Algorithmus muss daher robust gegen fehlerüberlagerte Ergebnisse, im Folgenden „Rauschen" genannt, sein.

iii. Wird eine Population eingesetzt, ist für jedes Individuum eine Instanz der Fließschemasimulation erforderlich. Die Populationsgröße sollte daher möglichst klein sein, um die Hardwareanforderungen gering zu halten.

Nach dem ersten Kriterium i. erscheinen populationsbasierte Verfahren gegenüber den einzellösungsbasierten Algorithmen besser geeignet[14], da in Hinblick auf den rechenzeitintensiven Schritt der Fließschemasimulation der Vorteil besteht, dass pro Iterationsschritt mehrere unabhängige Simulationsläufe parallel durchgeführt werden können, was eine breitere Suche im Lösungsraum ermöglicht (April et al. 2003, S. 73) und weniger Iterationsschritte nacheinander erfordert. Bezüglich des zweiten Kriteriums ii. haben populationsbasierte Algorithmen den Vorteil, besser in der Lage zu sein, ein „Rauschen" des Zielfunktionswertes zu kompensieren (Branke 2006, S. 9). Nach den ersten beiden Kriterien i. und ii. ist eine gute Eignung für den hier betrachteten Anwendungsfall eher für die populationsbasierten Algorithmen zu erwarten. Für diese Algorithmen existieren mehrere Varianten, die jeweils auf spezielle Fragestellungen angepasst sind. Weiterhin sind Parameter der Algorithmen mög-

---

[14] Auch im Bereich der einzellösungsbasierten Algorithmen, vor allem der „Local Search" Varianten existiert eine Reihe an Anwendungen im Bereich der Programm- und Terminplanung (vgl. z. B. Nareyek 2001).

lichst gut für den jeweiligen Anwendungsfall anzupassen. Dies geschieht üblicher Weise durch eine Anzahl an Versuchen unter unabhängiger Variation des Algorithmus und der Parameter. Im Fall der Kopplung des Algorithmus mit rechenzeitintensiver Fließschemasimulation ist die Anzahl möglicher Versuche sehr begrenzt, weshalb hier möglichst umfangreich auf Untersuchungen anderer Arbeiten zurückgegriffen werden soll. Hierbei sollen besonders Arbeiten, die sich mit der Funktionsweise des Algorithmus auseinandersetzten und solche die Aspekte der Produktionsplanung oder der Kopplung an Simulation behandeln, ausgewertet werden. Daher wird zunächst geprüft, ob und in welchem Maße für den jeweiligen Algorithmus bereits entsprechende Arbeiten verfügbar sind.

Dabei werden die Ameisen Algorithmen vor allem im Bereich logistischer Fragestellungen eingesetzt, weshalb sie hier nicht weiter verfolgt werden. Der Scatter Search Algorithmus baut auf Prinzipien auf, die bereits durch Glover (1977) vorgestellt und in Glover (1998) als generelle Optimierungsmethode präzisiert wurden. Eine Anwendung im Bereich der operativen Planung von Chemie- und Bioprozessen stellen Egea et. al (2008) vor. Dabei untersuchen sie die Eignung verschiedener Varianten und kommen zu dem Schluss, dass der Algorithmus sich grundsätzlich für die Optimierung von sogenannten „Black Box – Modellen", in denen der optimierende Algorithmus keine Information über das Optimierungsproblem hat, eignet. Die Autoren stellen allerdings analog zu Talbi (2009, S. 233) fest, dass der Algorithmus sich noch in der Entwicklung befindet. Die Anzahl auswertbarer Arbeiten ist gegenüber den Evolutionären Algorithmen und der Partikel-Schwarm Optimierung erheblich kleiner.

Die Evolutionären Algorithmen werden hingegen inzwischen vielfach angewandt. Sehr häufig werden dabei die Genetischen Algorithmen (GA) eingesetzt. Die GA gehen auf eine Veröffentlichung von Holland aus dem Jahr 1975 zurück, welche später in zweiter Auflage erschien (Holland 1992). Wesentlich zur Verbreitung trug auch Goldberg (1989) bei. Der Algorithmus wurde in vielen Variationen weiterentwickelt. Eine Übersicht über den derzeitigen Stand vermitteln beispielsweise Munawar et al. (2008) sowie Srinivas und Patnaik (2004). Im Bereich der Prozessindustrie stellen Garrad und Fraga (1998) eine Methode vor, wie mittels eines GA komplizierte Netzwerke für Kuppelproduktströme in Chemieanlagen, sogenannte Massenaustausch-Netzwerke, möglichst gut konfiguriert werden können. Dabei konnte der GA für dieses nichtkonvexe Problem bessere Ergebnisse als ein gemischt-ganzzahliges lineares Optimierungsmodell erzielen. Morad und Zalzala (1999) lösen mittels eines GA integriert ein Programm- und Terminplanungsproblem der operativen Produktionsplanung und umgehen die in Kapitel 3.1 beschriebenen Nachteile des sonst üblichen stufenweisen Ansatzes. Shen et al. (2007) nutzen eine Kombination aus einem neuralen Netzwerk zur Prozessimulation und einem GA zur Ermittlung optimaler Prozessbedingungen hinsichtlich Druck und Temperatur sowie Zeitdauer für das Füllen, Nachbefüllen und Formöffnen beim präzisen Druckguss von Plastikbauteilen mit komplizierten Geometrien. Die erzielten Ergebnisse ließen sich in der Praxis bestätigen.

Die Partikel-Schwarm Optimierung (PSO) geht auf Kennedy und Eberhard (1995) zurück. Damit handelt es sich im Bereich der Meta-Heuristiken noch um einen relativ jungen Ansatz. Davon unbenommen gibt es bereits sehr viele Anwendungen. Poli (2008) hat bis zum Jahr 2006 bereits über 1.100 Publikationen zu dem Thema erfasst und davon ca. 700 ausgewertet. Das Haupteinsatzfeld der PSO liegt im Bereich der Elektrotechnik und Informationsverarbeitung. Jedoch beschäftigen sich auch 5,6 % der Veröffentlichungen mit dem Themenfeld der Terminplanung. 1,3 % behandeln Probleme aus dem Bereich der Metallindustrie. Beispielsweise nutzen Mahfouf et al. (2004) die gute Eignung der PSO für die Mehrzieloptimierung. Sie verwenden eine dahingehend modifizierte PSO und überprüfen die Eignung ihrer Modifikation an gängigen Testfunktionen. Dann verwenden sie den modifizierten Algorithmus um Metalllegierungen hinsichtlich ihrer Widerstandsfähigkeit gegen Zugkraft und ihrer Biegsamkeit bei gleichzeitig jeweils möglichst großen Vertrauensintervallen für die Wahrscheinlichkeit, dass es zu keiner Rissbildung kommt, zu optimieren. Zhao und Rong (2005) nutzen die PSO um eine Terminplanung für ein Mischungsproblem in der Prozessindustrie durchzuführen. Dabei ist es das Ziel, eine möglichst robuste Abfolge mit geringer Anfälligkeit gegen Störungen zu ermitteln. Guo et al. (2009a, 2009b) entwerfen einen PSO Algorithmus um eine integrierte Programm- und Terminplanung vorzunehmen. Dabei berücksichtigen sie den Einfluss von möglichen Störungen, Wartungsarbeiten, Neuaufträgen und untersuchen anhand von Testszenarios, wie robust die gefundenen Lösungen gegen solche Einflüsse sind[15].

Die Auswertung der oben beschriebenen Arbeiten ergibt, dass sowohl GA als auch die PSO grundsätzlich in der Lage sind, komplexe Probleme aus dem Bereich der operativen Produktionsplanung in der Prozessindustrie und in Kopplung mit Simulation zu lösen. Für beide Algorithmen existieren Arbeiten, deren Ergebnisse für die Wahl vielversprechender Varianten und Parameter genutzt werden können. Weiterhin bestehen Arbeiten, die sowohl GA als auch PSO zur Lösung jeweils eines Problems einsetzen. Diese sollen für die Entscheidung für einen der beiden Algorithmen herangezogen werden. Betrachtungsgegenstand der nachfolgenden Auswertungen ist demnach die Fragestellung, welcher Algorithmus bei dem hier bestehenden Anwendungsfall in Auswertung der Kriterien i. – iii. (vgl. S. 45) genutzt werden soll. Die Fragestellung, welcher der beiden Algorithmen grundsätzlich „besser" ist, wird nicht betrachtet – vor dem Hintergrund der konzeptionellen Unterschiede der Algorithmen und der unterschiedlichen einzustellenden Parameter erscheint dies auch generell nicht sinnvoll. So weist z. B. Clerc (2006) darauf hin, dass es wenig sinnvoll ist, einen GA und einen PSO zu vergleichen und dabei dieselbe Populationsgröße zu verwenden, da PSO typischerweise mit weniger Individuen arbeiten.

Silberholz und Golden (2010) haben einen Leitfaden zum Vergleich von Meta-Heuristiken entwickelt. Sie empfehlen, gleiche, wenn möglich vollständig veröffentlichte, Testprobleme zu nutzen. Diese sollten entsprechend große Probleme beschreiben, da dies das Hauptanwendungsfeld von Meta-Heuristiken ist. Dabei sollte das globale Optimum oder zumindest eine sehr gute Näherung bekannt sein. Wenn zwei Algorithmen ähnliche Ergebnisse erzielen, sollte derjenige verwendet werden, der mit weniger Parametern n auskommt, da bei m Parametervariationen die Anzahl der Versuche n^m zur Identifikation problemangepasster Parameter exponentiell steigt. Wichtige Kriterien in Bezug auf das erzielte Ergebnis der Algorithmen sind die Qualität der gefundenen Lösung, d. h. deren Entfernung zum globalen Optimum und die benötigte Rechenzeit. Da sich GA und PSO, je nach Variante, in der Parameteran-

---

[15] Die Auswahl der Arbeiten beschränkt sich auf Anwendungen des Basis PSO. Es existieren weitere Anwendungen von PSO im genannten Themenbereich, hierbei handelt es sich jedoch in der Regel um erweiterte (hybride) PSO.

zahl nicht nennenswert unterscheiden, werden die folgenden Vergleiche aus der Literatur hier vor allem nach zwei Aspekten bewertet:

↳ Wie schnell, d. h. nach wie vielen Iterationsschritten, erreicht ein Algorithmus einen Bereich guter Lösungen?

↳ Wie gut ist die am Ende des Durchlaufes gefundene beste Lösung?

Eberhart und Shi (1998) stellen die ersten vergleichenden Betrachtungen zwischen GA und PSO an. Sie kommen zu dem Schluss, dass die Konzepte hinter GA und PSO sich grundsätzlich ähneln und regen an, einige Methoden der GA auch auf PSO zu übertragen. Angeline (1998) vergleicht PSO und „Evolutionäre Programmierung" (EP) und kommt zu dem Schluss, dass PSO zu Anfang der Iterationen schneller in den Bereich guter Lösungen gelangen, EP aber insgesamt bessere Ergebnisse liefert. Kennedy und Spears (1998) untersuchen verschiedene Varianten von GA und PSO und kommen zu dem Schluss, dass die PSO gegenüber dem Standard GA schneller gute Positionen erreicht und auch bessere Ergebnisse erzielt, wobei die Größe des Problems kaum einen Einfluss auf das Verhalten der PSO hat. In jedem Durchlauf erreicht die PSO das Optimum. Rahmat-Samii (2003) vergleicht GA und PSO beim Optimieren einer Antennenabmessung und kommen zu dem Schluss, dass GA zunächst bessere Ergebnisse zeigen, aber dann von PSO überholt werden. Boeringer und Werner (2004) untersuchen ebenfalls Antennenformen mit GA und PSO. In ihren Untersuchungen erreicht die PSO schneller gute Ergebnisse, während in zwei Anwendungen das Endergebnis der GA besser als das der PSO ist. Rameshkumar et al. (2005) nutzen eine auf diskrete Probleme angepasste Standard PSO, um Reihenfolgeplanungsprobleme nach dem Flow-Shop Modell zu lösen. Dabei untersuchen sie die Eignung für 14 Benchmarkprobleme und vergleichen die Ergebnisse u. a. mit den bekannten für einen Standard GA. Dabei erzielt die PSO sowohl bei einfacheren als auch komplexeren Problemen bessere Ergebnisse. Panda und Padhy (2008) ermitteln mit GA und PSO die Auslegung eines Steuerungsgerätes für Stromversorgungen und stellen fest, dass die PSO schneller bessere Ergebnisse liefert, während beide Algorithmen vergleichbar gute Endergebnisse erreichen. In ihren bereits oben erwähnten Veröffentlichungen zur integrierten Programm- und Terminplanung vergleichen Guo et al. (2009a, 2009b) die Eignung von GA, PSO und SA und kommen zu dem Schluss, dass für ihre Testprobleme PSO in Bezug auf die Rechenzeit, die Güte der gefundenen Lösung und ihre Robustheit in den meisten Fällen den anderen beiden Algorithmen überlegen ist.

Zhang et al. (2010) lösen ein Reihenfolgeplanungsproblem mit PSO und GA. Beide Algorithmen finden gleich gute Lösungen, allerdings erreicht die PSO zu Anfang schneller bessere Zielfunktionswerte. Eine Zusammenfassung der Vergleiche mehrerer Meta-Heuristiken in der Literatur zeigt Tabelle 4. Es wird deutlich, dass die überwiegende Mehrzahl der Autoren mit der PSO schneller zu guten Ergebnissen gekommen ist. In einigen Fällen werden jedoch mit Methoden der Evolutionären Algorithmen insgesamt bessere Lösungen gefunden.

Tabelle 4: Vergleichende Studien für mehrere Meta-Heuristiken zur Geschwindigkeit bis zum Erreichen guter Lösungen und zur Qualität der besten gefundenen Lösung

	Betrachtete Meta-Heuristiken				Geschwindigkeit bis zum Erreichen guter Lösungen	Güte der besten gefundenen Lösung
Autoren	PSO	GA	SA	EP		
Angeline (1998)	x			x	PSO	EP
Kennedy und Spears (1998)	x	x			PSO	PSO
Rahmat-Samii (2003)	x	x			GA	PSO
Boeringer und Werner (2004)	x	x			PSO	GA
Rameshkumar et al. (2005)	x	x			-	PSO
Panda und Padhy (2008)	x	x			PSO	PSO + GA
Guo et al. (2009a, 2009b)	x	x	x		PSO	PSO
Zhang et al. (2010)	x	x			PSO	PSO + GA

Abkürzungen: PSO: Partikel-Schwarm Optimierung, GA: Genetische Algorithmen, SA: Simulated Anealing, EP Evolutionäre Programmierung

Die oben genannten Autoren benötigten wenigstens einige hundert bis zu über 10.000 Iterationsschritte. Entsprechend der auf S. 45 definierten Kriterien i. – iii. ist es wichtig, dass die hier einzusetzende Meta-Heuristik mit möglichst wenigen Iterationsschritten und kleiner Population schon gute Ergebnisse liefert. In Auswertung der in Tabelle 4 zusammengestellten Arbeiten erscheint für den hier verfolgten Anwendungszweck unter den Kriterien i. und iii. daher vor allem die PSO gut geeignet. Die Robustheit gegen Rauschen entsprechend Kriterium ii. wurde von Parsopoulos und Vrahatis (2001) untersucht und nachgewiesen. Die gute Parallelisierbarkeit der PSO wurde von Schutte et al. (2004) aufgezeigt. Im weiteren Verlauf dieser Arbeit wird daher das Konzept der Verwendung von PSO mit Fließschemasimulation verfolgt.

Kapitel 4

Grundlagen der Partikel-Schwarm Optimierung und der Fließschemasimulation

4.1 Funktionsweise und Ablauf der Partikel-Schwarm Optimierung

4.1.1 Basisvariante der Partikel-Schwarm Optimierung

Die Inspiration zur Entwicklung der PSO beschreibt Kennedy (2006). Die PSO beruht auf einer Suchstrategie nach guten Zielfunktionswerten im Lösungsraum, die aus dem Bewegungsverhalten von Tierschwärmen auf der Futtersuche abgeleitet wurde. So nennen Kennedy und Eberhard (1995) in der ersten Veröffentlichung des Algorithmus die Arbeiten von Reynolds (1987) und Heppner und Grenander (1990) zum Verhalten von Vogelschwärmen sowie von Wilson (1975) zum Verhalten von Fischschwärmen als wesentliche Quelle für die Entwicklung des Partikel-Schwarm Algorithmus. Die Tiere eines Schwarms werden durch die Partikel $i=\{1,...,I\}$ repräsentiert, die aktuelle Position jedes Tieres entspricht in der PSO der Position im Lösungsraum mit $n = \{1, ..., N\}$ Dimensionen eines Partikels i, die als Vektors $x \in \mathbb{R}^n$ dargestellt wird.

4.1.1.1.   Initialisierung des Algorithmus

Die Größe der Population, d. h. die Anzahl der Partikel l im Schwarm ist dem Problem anzupassen. Je komplexer der Lösungsraum strukturiert ist, desto mehr Partikel sind sinnvoll, da so der Lösungsraum intensiver durchsucht wird und die Wahrscheinlichkeit sinkt, dass der Algorithmus im Bereich einer nur lokal guten Lösung endet. Allerdings erfordern mehr Partikel in der Regel auch einen höheren Rechenaufwand zur Evaluation ihrer Position. Übliche Schwarmgrößen liegen bei 20 bis 50 Partikeln (vgl. Tabelle 5).

Tabelle 5: In der Literatur genannte Schwarmgrößen

Autor	Schwarmgröße l
de Vegt (2008), S. 19	40
Poli et al. (2007), S. 35	$20 - 50$
Clerc (2006), S. 49	$20 - 40$
Hu et al. (2004), S. 92	$20 - 50$

Zu Beginn der Iterationsschritte in der ersten Periode $t = 0$ müssen die Startpositionen der Partikel belegt werden (Initialisierung). In der Regel existieren obere und untere Schranken für jede Dimension, so dass für jedes Partikel im Hyper-Quader der Form $[x_{min}, x_{max}]^n$ eine Position $x^{n,0}$ zugewiesen wird. Für die Wahl von $x^{n,0}$ $\forall$ i sind mehrere Konzepte denkbar:

$\hookrightarrow$ Alle Partikel starten vom Nullpunkt (bzw. $x^{n,0} = x^n_{min}$ falls $x^n_{min} > 0$).

$\hookrightarrow$ Die Partikel werden systematisch über den Lösungsraum verteilt.

$\hookrightarrow$ Die Partikel werden zufällig über den Lösungsraum verteilt.

Dabei behandeln Pant et al. (2009) unterschiedliche pseudo-zufällige[16] Verteilungsmuster, wie Gaus'sche Verteilung, exponentielle Verteilung und log-Normalverteilung sowie quasi-zufällige[17] Verteilungsmuster. Sie untersuchen diese Startva-

---

[16] die Verteilung kann nur „pseudo"-zufällig sein, da eine deterministische Maschine wie ein Computer nicht in der Lage ist, echte Zufallszahlen zu erzeugen (siehe auch Kapitel 6.2.6)

[17] Die Autoren nutzen Van der Corput Folgen und Sobol Folgen.

rianten an einer Serie unterschiedlicher Testfunktionen. Je nach Kombination von Initialisierungsmethode und Testfunktion erreichen die Initialisierungsmethoden, die pseudo-zufällig aber nicht gleichverteilt sind und die quasi-zufälligen, bessere Ergebnisse als die übliche, pseudo-zufällig gleichverteilte Initialisierung. Allerdings sind die Ergebnisse nicht verallgemeinerbar, da je nach Testfunktion jeweils andere Initialisierungsmethoden vorteilhaft sind.

4.1.1.2. Die Bewegungsgleichung

Der Kern des Algorithmus ist die Bewegungsleichung. Sie bewirkt das Suchverhalten der Partikel im Lösungsraum. In der von Shi und Eberhart (1998a) eingeführten und derzeit aktuellen Standardform ergibt sich die Bewegungsrichtung eines Partikels i in der Iterationsperiode t in Form eines Vektors v_i^t aus drei sich überlagernden einzelnen Bewegungsvektoren. (Gl. (3)):

(3) $$v_i^t = \underbrace{w \cdot v_i^{t-1}}_{\substack{\text{Schwungkraft-}\\\text{komponente}}} + \underbrace{c_1 \cdot R \cdot \left(pB_i - x_i^{t-1}\right)}_{\text{kognitive Komponente}} + \underbrace{c_2 \cdot R \cdot \left(gB - x_i^{t-1}\right)}_{\text{soziale Komponente}}$$

Die „Schwungkraftkomponente" bewegt das Partikel gewichtet um das „inertia weight" w in der Richtung weiter, aus der es gekommen ist. Bei dem inertia weight kann es sich um eine Konstante oder eine Funktion, üblicher Weise in Abhängigkeit des Fortschreitens der Iterationsschritte $w = f(t)$, handeln (vgl. Kapitel 4.1.1.3).

Die „kognitive Komponente" repräsentiert das individuelle Gedächtnis eines Partikels und bewegt es gewichtet um die Beschleunigungskonstante c_1 und unter einem gleichverteilten stochastischen Einfluss R, in die Richtung der Position pB, in der es seinen bisher besten Zielfunktionswert ermittelt hat. Die Matrix R mit $z = \{1, ..., Z\}$ Zeilen und $s = \{1, ..., S\}$ Spalten mit $Z = S = N$ ist auf der Hauptdiagonalen $z = s$ mit gleichverteilten pseudo-Zufallszahlen $(R)_{z,s} \in U[0,1]$ und allen andern Positionen $z \neq s$ mit $(R)_{z,s} = 0$ belegt.

Die „soziale Komponente" bewegt das Partikel, ebenfalls gewichtet mit einer Beschleunigungskonstante c_2 und pseudo-zufälligen Komponente, in die Richtung der Position gB des bisher vom gesamten Schwarm gefundenen besten Zielfunktionswertes.

Das Zusammenspiel dieser drei Komponenten führt zu dem Suchverhalten des Partikel-Schwarms. Die Position im aktuellen Iterationsschritt x_i^t wird im Folgenden für jeden Iterationsschritt t und jedes Partikel i durch Addition des sich aus der Bewegungsgleichung (Gl. (3)) ergebenen Vektors v_i^t auf die Position des letzten Iterationsschrittes x_i^{t-1} bestimmt (Gl. (4)).

$$(4) \quad x_i^t = x_i^{t-1} + v_i^t$$

Zusammenfassend stellt Abbildung 13 dar, wie sich aus der Summe der einzelnen Vektoren der Bewegungsgleichung die neue Position eines Partikels ergibt:

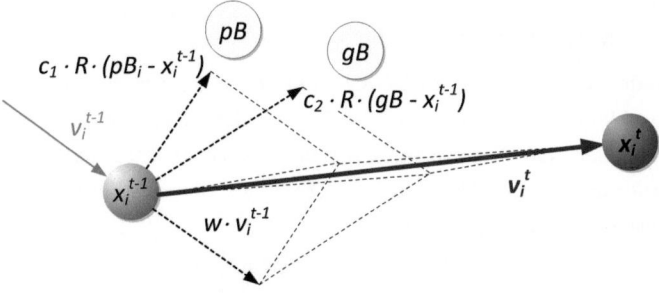

Abbildung 13: Bewegung eines Schwarm Partikels i im Iterationsschritt t

4.1.1.3. Parametrisierung der Bewegungsgleichung

Wie bereits im vorangegangenen Kapitel dargestellt, hat der Partikel-Schwarm Algorithmus neben der Schwarmgröße I drei weitere Parameter, mit denen sich das Suchverhalten beeinflussen lässt. Dabei handelt es sich um:

↳ das inertia weight w,

↳ die Gewichtungskonstante des kognitiven Terms c_1

↳ und die Gewichtungskonstante des sozialen Terms c_2.

Je nach Belegung dieser Parameter ergibt sich für den Gesamtschwarm eher ein exploratives Verhalten, bei dem die Partikel sich schnell in einem größeren Bereich des Lösungsraums bewegen, oder ein schnell konvergierendes Verhalten, bei dem sich die Partikel früher im bis dahin besten gefundenen Bereich des Lösungsraums ansammeln. Je nach Gestalt des zu optimierenden Problems ist eine Wichtung zwischen diesen beiden Extremverhalten sinnvoll.

Bisher ist es nicht vollständig gelungen zu erklären, wie und warum der Algorithmus konvergiert (Hu et al. 2004, S.95, Poli et al. 2007, S. 46). Dies ist vor allem durch die komplexe Interaktion der Partikel untereinander und durch den stochastischen

Einfluss begründet. Es existieren aber eine Reihe von Arbeiten, die sich einem Verständnis der Funktionsweise annähern, indem sie vereinfachte Algorithmusvarianten untersucht haben. Aus diesen Arbeiten lassen sich auch Empfehlungen für sinnvolle Parameterbelegungen ableiten.

In der ersten Version der PSO von Kennedy und Eberhart (1995) existiert noch kein inertia weight w. Die Parameter c_1 und c_2 sind mit dem Wert 2 belegt. Hintergrund ist der Gedanke, dass bei einer Multiplikation mit einer gleichverteilten Zufallszahl aus [0,1] das Partikel sich mit derselben Wahrscheinlichkeit über das Ziel hinaus bewegt, wie davor zu bleiben.

Die erste theoretische Annäherung an das Schwarmverhalten ist von Kennedy (1998) beschrieben. Er reduziert den Algorithmus auf ein Partikel in einer Dimension ohne Zufallseinfluss. Das inertia weight w war zu dem Zeitpunkt noch nicht eingeführt. In diesem Fall existiert nur $c = c_1 + c_2$ da es kein Unterschied zwischen globaler und eigener bester Position gibt. Dies reduziert die Bewegungsleichung zu Gl. (5).

(5)
$$v^t = v^{t-1} + c \cdot \left(pB - x^{t-1} \right)$$

Kennedy setzt die beste Position pB konstant und testet mehrere Einstellungen für c. Bis c < 4 stellt er ein oszilierendes Verhalten des Partikels um pB fest. Ab c $\geq$ 4 kommt es zum „explosiven" Verhalten und das Partikel entfernt sich oszilierend immer weiter von pB.

Van den Bergh (2001) untersucht u. a. die Konvergenz des PSO mit inertia weight und kommt zu dem Ergebnis, dass die Einhaltung der Relation $w > 0,5 \cdot (c_1 + c_2) - 1$ mit 0 < w < 1 zur Konvergenz führt.

Ausgehend von Überlegungen von Kennedy (1998) und Clerc (1999) wurde von Clerc und Kennedy (2002) eine Variante der Bewegungsgleichung mit „constriction factor" χ entwickelt welche auch bereits in Eberhart und Shi (2001) dargestellt ist (Gl. (6)). Wenn die Bedingungen in Gl. (7) und Gl. (8) eingehalten sind, ist ein explodierendes Schwarmverhalten ausgeschlossen.

(6)
$$v_i^t = \chi \left(v_i^{t-1} + c_1 \cdot R \cdot \left(pB_i - x_i^{t-1} \right) + c_2 \cdot R \cdot \left(gB - x_i^{t-1} \right) \right)$$

(7)
$$c = c_1 + c_2 > 4$$

(8)
$$\chi = \frac{2}{c - 2 + \sqrt{c^2 - 4c}}$$

Eberhart und Shi (2001) und Clerc und Kennedy (2002) nennen als üblichen Wert für $c = 4,1$. Für $c_1 = c_2$ ergibt sich $c_1 = c_2 = 2,05$ und $\chi \approx 0,729$. Die Gl. (6) lässt sich durch ausmultiplizieren von χ auf die Bewegungsgleichung mit inertia weight (Gl (3)) übertragen, woraus sich $w = \chi = 0,729$ und $c_1 = c_2 = 0,729 \cdot 2,05 = 1,49445$ ergibt. Die Gleichung mit constriction factor ist also ein Spezialfall der allgemeineren Gleichung mit inertia weight. Nach Ergebnissen der Überprüfung an neun Testfunktionen kommt diese Variation mit der oben beschriebenen Standardparametrisierung dann ohne problembezogene Anpassung der Parameter aus.

Trelea (2003) untersucht das oszillierende Verhalten eines Partikels mit Annahmen wie bei Kennedy (1998) und kommt zum selben Ergebnis wie van den Bergh (2003). Basierend auf seinen Ergebnissen wählt er $w = 0,6$ und $c_1 = c_2 = 1,7$ und kann an fünf Testfunktionen zeigen, dass er zu besseren Ergebnissen kommt als mit den aus dem constriction factor abgeleiteten Parameterbelegungen von Clerc und Kennedy (2002).

Eine Zusammenfassung der theoretischen Arbeiten zur Funktion der PSO ist in Poli et al. (2007, S. 46 - 50) enthalten. Eine Zusammenfassung der Empfehlungen zur Parameterbelegung in der Literatur zeigt Tabelle 6.

Tabelle 6: Vorschläge für die Parameterwahl der PSO

Autor	w	c1	c2
Kennedy und Eberhart (1995)	-	2	2
Shi und Eberhart (1998b)	0,8 linear abnehmend von 0,9 über 1500 Schritte auf 0,4	2	2
Eberhart und Shi (2001), Clerc und Kennedy (2002)	0,729	1,49445	1,49445
Trela (2003)	0,6	1,7	1,7
Clerc (2006)	]0,1[Vorschlag 0,7	um 1,5 Vorschlag 1,43	um 1,5 Vorschlag 1,43

4.1.1.4. Nachbarschaftsmodelle – Informationsaustausch zwischen den einzelnen Schwarm-Partikeln

Einen ebenfalls sehr wesentlichen Einfluss auf die Konvergenzgeschwindigkeit des Schwarms hat die Informationsverfügbarkeit über die beste bisher gefundene Position im Schwarm. In der Form der Bewegungsgleichung in Gl. (3) verfügen alle Partikel über diese Information. In der Folge tendieren alle Partikel unter anderem auch in diese Richtung. Daraus resultiert eine schnelle Konvergenz des Schwarms (Hu et al. 2004). Clerc (2006, S. 49) empfiehlt dieses Modell daher nur für Probleme mit genau einem Optimum. Ein explorativeres Verhalten kann erreicht werden, wenn nicht alle Partikel über dieselben Informationen verfügen, sondern nur die $j = \{1, 2, \dots J\}$ besten Positionen von Nachbarn inklusive der eigenen kennen. In diesem Fall wird gB in der Bewegungsgleichung durch $lB_{i,j}$, die beste Position von J Nachbarn des Partikels i, ersetzt. Bereits in Kennedy und Eberhart (1995) wird sowohl eine Version mit globaler Information, als auch eine mit $J = 2$ vorgestellt.

Erste Untersuchungen zum Einfluss der Struktur der Nachbarschaft im Partikel-Schwarm nimmt Kennedy (1999) vor. Er untersucht eine Ringstruktur ($J = 2$), eine Radstruktur ($J = I$, $i = 1$; $J = 1$, $i = \{2,\dots,I\}$), eine Version mit globaler Information ($J = I$) (vgl. Abbildung 14) und eine, in der die Nachbarschaft zufällig zugewiesen wird. Bei der Ring- und Radstruktur erlaubt er zusätzlich zwischen 0 und 5 zufällige Informationsverbindungen als Abkürzungen. Diese Strukturen untersucht er mit der constriction factor Variante der Bewegungsgleichung an vier Testfunktionen. Die Ergebnisse unterscheiden sich, je nachdem welche Testfunktion betrachtet wird. In der Mehrzahl sind Ringstrukturen dabei jedoch den Radstrukturen überlegen.

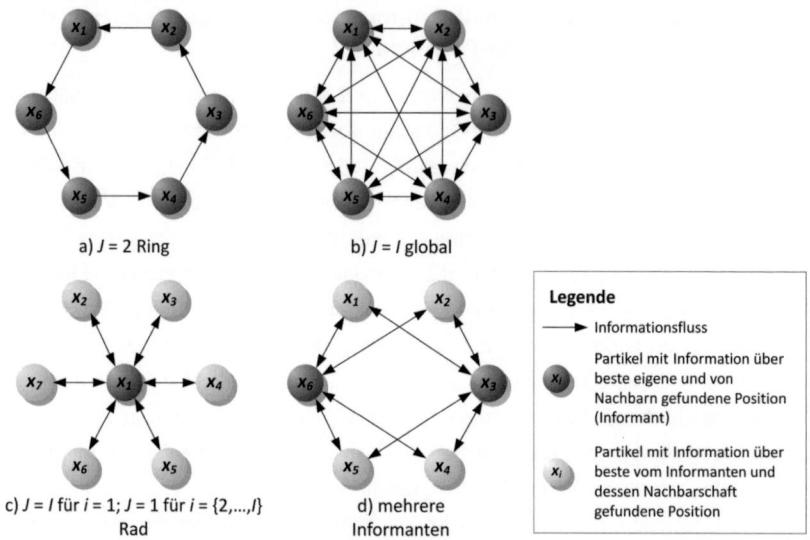

a) $J = 2$ Ring

b) $J = I$ global

c) $J = I$ für $i = 1$; $J = 1$ für $i = \{2,...,I\}$
Rad

d) mehrere
Informanten

Legende

→ Informationsfluss

x_i Partikel mit Information über beste eigene und von Nachbarn gefundene Position (Informant)

x_i Partikel mit Information über beste vom Informanten und dessen Nachbarschaft gefundene Position

Abbildung 14: Informationsaustausch - übliche Nachbarschaftsstrukturen in der PSO

Kennedy und Mendes (2002) setzten diese Untersuchungen in einem größeren Maßstab fort. Sie untersuchen über 1.000 zufällig generierte und einige per Hand erzeugte Strukturen an fünf Testfunktionen. Die Ergebnisse sind ebenfalls nicht eindeutig, es zeigt sich jedoch, dass unter den erfolgreichsten Strukturen eine hohe Anzahl an solchen vorhanden ist, für die $J = 5$ gilt.

Einen dynamischen Ansatz untersuchen Peram et al. (2003) und Veeramachaneni et al. (2003). Dabei wird die Bewegungsgleichung mit inertia weight und globaler Information (Gl. (3)) um einen vierten Term erweitert. Jedes Partikel i bewegt sich zusätzlich, gewichtet mit der Konstante c_3, noch in Richtung der besten gefundenen Position des benachbarten Partikels mit dem höchsten Fitness-Distanz-Verhältnis (Fitness-Distance-Ratio (FDR)). Hierbei handelt es sich um den Quotienten aus der Differenz des besten bisher gefundenen Zielfunktionswerts des benachbarten Partikels j ZF(pB_j) und des eigenen derzeitigen Zielfunktionswertes ZF(x_i^t) und des Betrages der Differenz in jeder Dimension n der Position des besten gefundenen Zielfunktionswertes des benachbarten Partikels pB_j^n und der eigenen Position $x_i^{n,t}$ (vgl. Gl. (9)).

$$(9) \qquad FDR_{i,j}^{n} = \frac{ZF(pB_j) - ZF(x_i^t)}{\left| pB_j^n - x_i^{n,t} \right|}$$

Unterschiedliche Gewichtungen von c_1, c_2, c_3 wurden mit dem Standard PSO und anderen Meta-Heuristiken an sechs verschiedenen Funktionen getestet. Dabei erwies sich die Variante mit FDR als am leistungsfähigsten, wobei jedoch je nach Testfunktion unterschiedliche Gewichtungen der Beschleunigungskonstanten günstiger waren.

4.1.1.5. Ablauf der Optimierung

Der Ablauf der Optimierung ist bereits in Kennedy und Eberhart (1995) beschrieben. Nach Festlegung einer Parametrisierung und Wahl einer geeigneten Nachbarschaftsstruktur kann der Algorithmus gestartet werden. Hierzu sind zunächst in der Initialisierung (vgl. Kapitel 4.1.1.1) die Startpositionen der Partikel festzulegen.

Nach der Initialisierung der Positionen $t = 0$ und nach jedem Iterationsschritt $t > 0$, wird die Güte der neuen Position jedes Partikels durch Berechnen der Zielfunktion bestimmt. Falls der Lösungsraum beschränkt ist und untere und obere Schranken für x^n existieren, ist nach der Bewegung zu überprüfen, ob sich jedes Partikel noch im zulässigen Lösungsraum befindet. Falls nicht, sind Korrekturen wie z. B. das zurücksetzen des Partikels auf den Rand des Lösungsraums (vgl. Gl. (10)) oder eine „Bestrafung" durch Addition eines Strafwertes auf den Zielfunktionswert möglich.

$$(10) \qquad x_i^n \notin [x_{min}, x_{max}]^n \Rightarrow \begin{cases} v_i^n \leftarrow 0 \\ x_i^n < x_{min}^n \Rightarrow x_i^n \leftarrow x_{min}^n \\ x_i^n > x_{max}^n \Rightarrow x_i^n \leftarrow x_{max}^n \end{cases}$$

Nach der Initialisierung wird für jedes Partikel i einmalig der Zielfunktionswert als bester bisher gefundener Wert BZF_i und die Position der Initialisierung als zugehörige Position pB_i gespeichert. In den nachfolgenden Iterationsschritten wird dann jeweils nach Berechnung des Zielfunktionswertes geprüft, ob dieser größer als der bisher beste gefundene Zielfunktionswert BZF_i des Partikels ist. Falls ja, wird die bisher beste gefundenen Position des Partikels pB aktualisiert (vgl. Gl. (11)).

$$(11) \qquad ZF(x_i^t) > BZF_i \Rightarrow \begin{cases} BZF_i \leftarrow ZF(x_i^t) \\ pB_i \leftarrow x_i^t \end{cases}$$

im Fall einer globalen Nachbarschaftsstruktur wird für die beste Position des Schwarms analog vorgegangen. Nach der Initialisierung wird die Position des besten Partikels und dessen Zielfunktionswert gespeichert. Nachfolgend wird in jedem Iterationsschritt für jedes Partikel geprüft, ob dessen Zielfunktionswert besser als der bisher global beste gefundene $GBZF$ ist. Gegebenenfalls werden dann der beste gefundene Zielfunktionswert und die zugehörige Position gB aktualisiert (vgl. Gl. (12)). Falls nicht mit globaler Information gearbeitet wird, muss während der Berechnung der Bewegungsgleichung für jedes Partikel die beste bisher von der Nachbarschaft gefundenen Position $lb_{i,j}$ durch Abgleich der besten bisher gefundenen Positionen pB_i der Partikel, die zur Nachbarschaft gehören, ermittelt werden.

(12)
$$ZF(x_i^t) > GBZF \Rightarrow \begin{cases} GBZF \leftarrow ZF(x_i^t) \\ gB \leftarrow x_i^t \end{cases}$$

Dann beginnt der Zyklus von vorne mit dem nächsten Iterationsschritt $t = t + 1$ und der Bewegung zur nächsten Position.

Der Algorithmus endet, wenn ein Zielkriterium erreicht wurde. Einfache Zielkriterien sind das Erreichen einer gewissen Zahl von Iterationsschritten $t = T$, einer festgelegten Rechenzeit oder eines definierten Zielfunktionswertes. Letzteres ist nur sinnvoll, wenn der optimale Zielfunktionswert bekannt ist, z. B. wenn Algorithmusvariationen an Testfunktionen erprobt werden (Poli et al. 2007, Hu et al. 2004). Wenn nicht bekannt ist, welchen Betrag ein guter Zielfunktionswert hat oder keine Erfahrungen bestehen, wie lange der Algorithmus bei einem Problem bis zur Konvergenz benötigt, kann als Abbruchkriterium auch der Zeitpunkt genutzt werden, in dem alle Partikel sich in einem engen Bereich des Lösungsraums angesammelt haben. Ferner können auch mehrere Abbruchkriterien kombiniert werden. So kann beispielsweise das Erreichen eines Zielfunktionswertes mit dem Erreichen einer definierten Anzahl von Peridoden $t = T$ kombiniert werden, um im Fall des nicht Erreichens des Zielfunktionswertes eine Endlichkeit des Algorithmus zu garantieren.

Die folgende Abbildung 15 veranschaulicht den gesamten beschriebenen Ablauf noch einmal in Pseudocode.

```
Partikel-Schwarm Pseudocode
1. Teil: Initialisierung

GBZF = -∞
for i=1 to I (jedes Partikel)
    initialisiere Position
    initialisiere Geschwindigkeit
    berechne ZF(xᵢ)
    BZFᵢ = ZF(xᵢ)
    pBᵢ = xᵢ
    if BZFᵢ > GBZF
        gB = xᵢ
        GBZF = BZFᵢ
    end if
end for


2. Teil: Iterationsschleife

while Abbruchkriterium nicht erreicht
    for i = 1 to I (jedes Partikel)
        berechne vᵢ
        berechne xᵢ
        berechne ZF(xᵢ)
        if ZF(xᵢ) > BZFᵢ
            BZFᵢ = ZF(xᵢ)
            pBᵢ = x
        end if
        if BZFᵢ > GBZF
            gB = xᵢ
            GBZF = BZFᵢ
        end if
    end for
end while
```

Abbildung 15: Pseudocode des Partikel-Schwarm Algorithmus (Maximierung)

4.1.2 Einsatz der Partikel-Schwarm Optimierung in der Praxis und Weiterentwicklungen

Für die PSO wurden auch Varianten für Optimierungsprobleme mit Nebenbedingungen und für dynamische oder diskrete Probleme entwickelt. Außerdem eignet sich der Algorithmus gut für Mehrzieloptimierungsprobleme. In heutigen Anwendungen der PSO werden häufig hybride Algorithmen eingesetzt. Diese kombinieren das Prinzip des Partikel-Schwarmes mit Konzepten aus anderen Meta-Heuristiken, um die Sucheigenschaften zu verbessern. Eine weitere Gruppe von Autoren beschäftigt sich mit Ansätzen, den Algorithmus in der Form zu vereinfachen, dass er mit weniger zu belegenden Parametern auskommt. Einen guten Überblick über die genannten Bereiche vermitteln Poli et al. (2008), Poli et al. (2007) Kennedy (2006) und Hu et. al (2004) auf deren Arbeiten die folgenden Kapitel 4.1.2.1 und 4.1.2.2 beruhen.

4.1.2.1. Spezialisierung der Partikel-Schwarm Optimierung

Nebenbedingungen

Nebenbedingungen lassen sich in den Partikel-Schwarm Algorithmus auf viele Arten implementieren (Clerc 2006, S. 151 - 165). Zwei einfache Ansätze sollen im Folgenden vorgestellt werden. Eine Methode beschreiben Hu et al. (2003). Dabei erfolgt der Optimierungsablauf wie im Standardfall, jedoch werden für pB und gB (oder lB) nur zulässige Positionen gespeichert und unzulässige werden verworfen. Die Funktionsfähigkeit dieses Algorithmus zeigen die Autoren an einem Auslegungsproblem für einen Druckbehälter.

Eine weitere Variante der Implementierung von Nebenbedingungen beschreiben Parsopoulos und Vrahatis (2002). Hier wird eine unzulässige Lösung durch Addition eines Straffunktionswertes auf den Zielfunktionswert gegenüber einer zulässigen Lösung benachteiligt. Der Betrag des Strafffunktionswertes sollte nach den Autoren zum einen problemabhängig sein und zum anderen mit fortlaufender Iteration steigen. Die Eignung des Ansatzes wird an mehreren Testfunktionen gezeigt.

Coath und Halgamuge (2003) vergleichen beide Ansätze und kommen zu dem Schluss, dass die Variante mit der Straffunktion schneller zur Konvergenz führt.

Dynamische Probleme

Eberhart und Shi (2001) untersuchen die Eignung der PSO für die Optimierung dynamischer Systeme. Dazu nutzen Sie eine Testfunktion, die sich in regelmäßigen Abständen ändert. Da unter diesen Umständen nicht vorhersehbar ist, ob exploratives Verhalten oder Anstreben schneller Konvergenz eine sinnvolle Strategie ist, nutzen sie ein inertia weight mit Zufallskomponente $w = 0,5 + U[0,1] / 2$. Diese Funktion wurde gewählte, da der Erwartungswert bei 0,75 und somit im Bereich von Clercs constriction factor (vgl. Kapitel 4.1.1.3) liegt. Bei Änderung der Zielfunktion bleiben die Partikelpositionen unverändert, aber pB wird gelöscht. Der Algorithmus ist in der Lage, dem Optimum einer sich ändernden Testfunktion mit 10 Dimensionen zu folgen.

Um Änderungen der Zielfunktion zu erkennen, testen Hu und Eberhart (2002) mehrere Methoden. Sie überwachen die Position der besten gefunden Lösung gB sowie diejenige der zweitbesten. Wenn sich diese über einen definierten Zeitraum nicht ändern, gehen Sie davon aus, dass der Schwarm der Dynamik nicht mehr folgen kann. In einem zweiten Ansatz reevaluieren sie in regelmäßigen Abständen gB. Wenn sich ein anderer Zielfunktionswert ergibt, gehen sie von einer Änderung der Zielfunktion aus. Im Falle einer geänderten Zielfunktion testen sie in mehreren Varianten einen Teil der Partikel zufällig auf neue Positionen zu setzten. In einigen Szenarios wird zusätzlich gB auf eine zufällig Position gesetzt. Alle Ansätze erwiesen sich als tauglich.

Die bisher beschriebenen Methoden eignen sich vor allem um ein sich bewegendes Optimum zu verfolgen. Wenn sich aber das globale Optimum in Folge der Dynamik der Zielfunktion in ein lokales ändert, und dann das globale Optimum an einer weit entfernten Position liegt, besteht die Gefahr, dass der Algorithmus trotzdem auf dem dann nur noch lokalen Optimum verharrt (Blackwell und Branke 2006, S. 459). Parsopoulos und Vrahatis (2004) betrachten die Eignung von PSO, um nicht nur ein globales Optimum, sondern ggf. alle aufzufinden. Dazu vergleichen sie die Positionen der Partikel mit denen bereits bekannter Optima und stoßen Partikel auf bekannten Optima weg. Die Eignung des Ansatzes wurde an mehreren Testfunktionen gezeigt. Diese Methode eignet sich ebenfalls zum Verfolgen dynamischer Zielfunktionen mit stärkeren Änderungen in der Topologie (Poli et al. 2007).

Einen ähnlichen Ansatz verfolgen Blackwell und Bentley (2002). Sie imitieren die Abstoßung elektrostatisch gleich geladener Partikel und unterscheiden zwischen geladenen Partikeln und neutralen Partikeln. Die Bewegungsgleichung wird um einen weiteren Term ergänzt, der gleichgeladene Partikel voneinander weg bewegt. Somit können nur neutrale Partikel konvergieren, geladene werden abgestoßen und durchsuchen weiter den Lösungsraum.

In Blackwell und Branke (2004) wird dieser Ansatz um ein Multi-Schwarmkonzept erweitert. Hier wird der Lösungsraum von mehreren unabhängigen Schwärmen durchsucht. Kommen sich zwei Schwärme zu nahe, wird derjenige mit dem schlechteren Zielfunktionswert von gB zufällig neu verteilt. Dieses erweiterte Konzept ermöglicht es, mehrere Optima gleichzeitig zu verfolgen. Wenn die Anzahl der Schwärme geringer als die der Optima ist, kann es jedoch nach wie vor zu einer Situation kommen, in der der Algorithmus ein dynamisch neu gebildetes globales Optimum nicht bemerkt, da alle Schwärme bereits auf anderen lokalen Optima konvergiert sind. Um dies auszuschließen haben die Autoren in Blackwell und Branke (2006) ihr Konzept um ein „anti-Konvergenz" genanntes Verfahren erweitert. Sie nutzen einen Konvergenzradius als Konvergenzkriterium. Wenn alle nicht geladenen Partikel aller Schwärme sich innerhalb des definierten Radius befinden, wird der Schwarm mit dem schlechtesten Zielfunktionswert von gB zufällig wieder neu verteilt. So durchsucht mindestens immer ein Schwarm den Lösungsraum nach neuen Optima.

Mehrzieloptimierung

Die Mehrzieloptimierung mittels des Partikel-Schwarm Algorithmus basiert auf der Evaluation der Güte einer Position mittels vektorwertiger Zielfunktionen. Dabei wird das Prinzip der Pareto Optimalität (Pareto 1896) aufgegriffen, wonach eine Position pareto optimal ist, wenn es nicht möglich ist, eine andere Position zu finden, für die eine Dimension der Zielfunktionen einen besseren Wert ergibt, ohne dass sich der Wert einer anderen Dimension für diese Position verschlechtert (Coello Coello 1998, S. 272). Dieses Kriterium trifft in der Regel für eine Reihe von nach dem Pareto Prinzip gleichwertigen Positionen zu. Diese Positionen bilden die „Pareto Front". Bei der Anwendung der PSO ist darauf zu achten, möglichst viele der Elemente der Pareto Front zu suchen. Dabei kommt der Auswahl des Informanten für den dritten Term der Bewegungsgleichung für die beste in der Nachbarschaft gefundene Position lB eine zentrale Bedeutung zu. Es existieren daher eine Reihe von Strategien, eine zu frühe Konvergenz im Bereich einer einzigen pareto optimalen Position zu vermeiden (Hu et al. 2004, S. 92 – 94).

Hu und Eberhart (2002) schlagen ein mehrstufiges Vorgehen vor. Zunächst wird (im Fall zweidimensionaler Zielfunktionen) für jedes Partikel i berechnet, wie weit sein Zielfunktionswert für die erste Zielfunktion von dem der anderen Partikel abweicht. Die k Partikel mit der geringsten Differenz zum Zielfunktionswert für die erste Funktion werden gewählt. IB ist dann die Position des Partikels aus diesen j Partikeln, das für die zweite Zielfunktion den höchsten Wert aufweist. Dieses Verfahren liefert abhängig davon, in welcher Reihenfolge die Zielfunktionen evaluiert werden, unterschiedliche Ergebnisse.

Ray und Liew (2002) erstellen aus den Partikeln mit den besten Lösungen eine Liste potentieller Informanten. Die anderen Partikel wählten für IB einen dieser Informanten. Um zu schnelle Konvergenz zu vermeiden, haben Informanten mit weniger Partikeln in der Umgebung eine höhere Wahrscheinlichkeit gewählt zu werden.

Coello Coello und Lechuga (2002) teilen den bereits durchsuchten Raum in Hyper-Würfel. Alle Partikel wählen zunächst einen Hyper-Würfel und dann zufällig daraus ein Partikel als Informanten. Die Wahrscheinlichkeit, mit der ein Hyper-Würfel gewählt wird, sinkt mit der Menge der enthaltenen Partikel. Mostaghim und Teich (2003) berechnen für jede bisher im n-dimensionalen Lösungsraum gefundenen Position $x = (x_1 x_2 \dots x_n)$ einen Wert σ mit $\sigma = (x_1^2 - x_2^2) / (x_1^2 + x_2^2)$ im Fall $n = 2$. IB ist dann für jedes Partikel die Position mit den besten bisher gefundenen Zielfunktionswerten und dem nächsten σ.

Goh et al. (2010) stellen ein Multi-Schwarm Konzept basierend auf Kooperation und Wettbewerb vor. Sie verfolgen das Ziel, auch bei Problemen mit vielen Entscheidungsvariablen eine schnelle Konvergenz zu erreichen. Deshalb wird für jede Dimension n ein Sub-Schwarm genutzt und jede Entscheidungsvariable wird einzeln durch einen Sub-Schwarm verbessert, wobei das jeweils beste Partikel den Sub-Schwarm repräsentiert. Die Positionen der besten Partikel der Sub-Schwärme für die jeweils zugewiesenen Entscheidungsvariablen ergeben zusammen die derzeit beste Position. In jedem Iterationsschritt wird für jede Variable der derzeit zugewiesen Sub-Schwarm mit einem anderen verglichen. Ist die Position, die sich für die Entscheidungsvariable aus dem anderen Schwarm ergibt, besser, so repräsentiert dieser im nächsten Iterationsschritt diese Entscheidungsvariable. Die Autoren vergleichen ihren Algorithmus anhand mehrerer Testfunktionen mit anderen Algorithmen und kommen zu dem Schluss, dass sie entweder bessere oder ähnlich gute Ergebnisse erzielen.

4.1.2.2.   Weiterentwicklungen des Algorithmus

Ansätze zur Algorithmusvereinfachung

Neben den oben beschriebenen spezialisierten Varianten der PSO haben verschiedene Autoren Anpassungen der Standard PSO vorgenommen, um den Algorithmus durch Vereinfachung zu verbessern. Das Ziel hierbei ist es, die durch den Anwender einzustellenden Parameter zu reduzieren, da hiermit die Anzahl der nötigen Experimente zur Auffindung der für ein Problem optimalen Einstellungen exponentiell sinkt (vgl. Kapitel 3.4).

Mendes et al. (2004) entwerfen, inspiriert von Clerc und Kennedy (2002), eine Variante der PSO, die sie den voll informierten Partikel-Schwarm (fully informed particle swarm: FIPS) nennen. Die Bezeichnung „voll informiert" bezieht sich darauf, dass jedes Partikel zumindest indirekt über seine Nachbarn über globale Information verfügt. Die Bewegungsgleichung dieser Variante (Gl. (13)) kombiniert die kognitive und soziale Komponente dahingehend, dass die beste bisher gefundene Position IB aus den besten Positionen von k Nachbarn gewichtet um eine Funktion f(j) bestimmt wird (Gl. (14)).

(13)
$$v_i^t = \chi \left(v_i^{t-1} + c \cdot R \cdot \left(IB_i - x_i^{t-1} \right) \right)$$

(14)
$$IB_i = \frac{\sum_{j=1}^{J} f(j) \cdot c \cdot pB_j}{\sum_{j=1}^{J} f(j) \cdot c}$$

Die Autoren testen Ihren Ansatz mit mehreren Nachbarschaftsmodellen an sechs Funktionen mit bis zu 30 Dimensionen. Für die Funktion f(j) testen Sie die Varianten einer Konstanten, einer Wichtung mit der Güte der bisher besten gefunden Position und einer Wichtung mit der Entfernung des Partikels j von Partikel i. Der FIPS Algorithmus erreicht in einigen Testfunktionen bessere Ergebnisse.

Clerc (2006) stellt einen parameterfreien PSO Algorithmus basierend auf Sub-Schwärmen vor. Innerhalb eines Sub-Schwarms herrscht vollständige Information.

Jedes Partikel kennt die beste Position gB des Sub-Schwarms. Die Sub-Schwärme untereinander müssen zumindest indirekt Informationen von allen anderen Partikel erhalten können. Die Anzahl der Partikel ist variabel. Wenn ein Partikel sein Ergebnis verbessert wird es als „gut" bezeichnet. Ein Sub-Schwarm wird als „gut" bezeichnet, wenn die Anzahl guter Partikel größer ist als eine jeweils gleichverteilte Zufallszahl zwischen 0 und der Sub-Schwarmgröße. Gute Sub-Schwärme eliminieren ihre schlechtesten Partikel, schlechte Sub-Schwärme erzeugen neue in der Region zwischen ihrem besten Partikel und des besten Informanten aus den anderen Sub-Schwärmen. Als Maß für die Iterationsschritte, die ablaufen, bis wieder neue Partikel entstehen bzw. schlechte eliminiert werden, dient die Länge L der Informationskette des Schwarms. Wenn z. B. ein Schwarm drei Partikel enthält und die Informationen über die Position von lB nur an sich selber und den nächsten Nachbarn weiter gegeben werden (j = 2, Ringstruktur, vgl. Kap. 4.1.1.4), so erfahren die im Ring entgegen der Informationsflussrichtung liegenden Partikel erst indirekt über Ihre Nachbarn nach 2 Iterationsschritten von einer neuen besten gefundenen Position. In diesem Fall wäre L = 2. Clerc schlägt eine Evaluation, ob neue Partikel erzeugt werden oder alte eliminiert werden, alle L/2 Iterationen vor. Der Algorithmus wurde an Testfunktionen mit der Standard PSO verglichen und erreicht häufig vergleichbare oder bessere Ergebnisse.

Basierend auf seiner Dissertation (Pedersen 2010a) stellt Pedersen (2010b) eine Vereinfachung der PSO vor. Inspiriert von Kennedy (1997) und den theoretischen Untersuchungen zum PSO (vgl. 4.1.1.3), bei denen häufig nur ein Partikel betrachtet wird und wo deshalb pB und gB in einen Punkt fallen, schlägt er vor, den zweiten, kognitiven Term der Bewegungsgleichung weg zu lassen. In Pedersen (2010c) ergänzt er gute Parametereinstellungen für die PSO und die reduzierte PSO Variante, die anhand von 12 Testfunktionen ermittelt wurden. Die reduzierte PSO Variante erreicht hier für 40 Dimensionen nach 500.000 Iterationen bessere Ergebnisse. Kennedy (1997) argumentiert allerdings von einem eher sozio-kulturellen Standpunkt aus, dass sowohl ein kognitiver als auch ein sozialer Einfluss notwendig ist.

Hybride Partikel-Schwarm Algorithmen

Andere Autoren versuchen, den Algorithmus zu verbessern, indem sie Konzepte aus anderen Optimierungsverfahren integrieren, um eine schnellere Konvergenz oder ein besseres Ergebnis zu erzielen. Häufig werden Konzepte der Evolutionären Algorithmen wie Selektion, Mutation und Crossover in den Partikel-Schwarm Algorithmus integriert. Dabei gilt es allerdings zu berücksichtigen, dass einige dieser Konzepte bereits in ähnlicher Form im Algorithmus wirksam sind (Eberhart und Shi, 1998). Algorithmen mit Konzepten aus mehreren Optimierungsverfahren werden als hybride PSO bezeichnet.

Hu et al. (2004) beschreiben folgende Kombinationen in denen die PSO ergänzt wurden:

↳ PSO mit Selektion

(Partikel mit hohen Zielfunktionswerten verbleiben im Schwarm, solche mit schlechten Zielfunktionswerten werden eliminiert)

↳ PSO mit Mutation

(Parameter oder Positionsvariablen werden mit einer kleinen Wahrscheinlichkeit zufällig verändert)

↳ PSO mit Erzeugen von Nachkommen

(Aus Kombination der Positionen von Partikeln mit guten Zielfunktionswerten werden neue Partikel gebildet)

↳ PSO mit Local Search

(Falls keine Verbesserung der Positionen stattfindet, wird statt der Bewegungsgleichung der PSO ein LS Algorithmus genutzt)

Da mit der Standard Form der PSO allerdings die meisten Erfahrungen vorliegen und sie sich für eine breite Zahl von Anwendungen als geeignet erwiesen hat, wird in dieser Arbeit mit der Standard Form gearbeitet.

4.2 Stationäre, sequentiell modulare Fließschemasimulation zur detaillierten Beschreibung komplexer Verfahren der Prozessindustrie

Nachdem ein Optimierungsverfahren für technische Größen der Prozesssteuerung feststeht, wird eine Methode benötigt, die eine Evaluation für verschiedene Größeneinstellungen ermöglicht. Hierzu muss eine realitätsnahe Abbildung des Prozesses in Form einer Simulation erfolgen (vgl. Kapitel 3.3). In der Prozessindustrie ist zu diesem Zweck der Einsatz von Fließschemasimulation bereits seit einigen Jahrzehnten Stand der Technik.

Die Entwicklung der Fließschemasimulation beruht auf den Prinzipien der Systemverfahrenstechnik und geht bis in die fünfziger Jahre zurück (Klatt und Marquardt 2009). Außer aus den Vereinigten Staaten und Großbritannien, sind auch aus der ehemaligen DDR von Gruhn et al. (1976) und Gruhn et al. (1977) frühe Veröffentlichungen zum Thema bekannt. In Gruhn et al. (1976, S. 14 - 17) wird ausgehend von einer allgemeinen Systemdefinition als „Eine Menge von Elementen und eine Menge von Relationen, die zwischen diesen Elementen besteht" die Funktion verfahrenstechnischer Systeme als „Durchführung individueller Stoff- und Energiewandlungen" definiert. Dabei bestehen Elemente verfahrenstechnischer Systeme „aus Prozessen zur Stoff- und Energieumwandlung, zum Stoff- und Energietransport und zur Stoff- und Energiespeicherung. Die Relationen bestehen in den durch Stoff- und Energieströme zwischen den Elementen hergestellten Kopplungen." Gegenstand der Systemverfahrenstechnik ist es, auf Grundlage der Gesetzmäßigkeiten der Chemie, der Thermodynamik und der Physik für die einzelnen Elemente mathematische Beschreibungen zur Berechnung dieser Vorgänge derart zu verknüpfen, dass das ganze System berechenbar wird. Fließschemasimulation hat sich aus dem Wissenschaftsbereich der Systemverfahrenstechnik entwickelt und führt diesen Ansatz computerunterstützt weiter, um die oft komplexen und nur zum Teil bekannten chemischen und thermodynamischen Zusammenhänge in stark vernetzten technischen Anlagen der Prozessindustrie modellieren zu können.

Fließschemasimulation wurde zunächst vor allem in der chemischen und petrochemischen Industrie eingesetzt. Dieser Anwendungsbereich wurde inzwischen aber auch auf andere Verfahren der Prozessindustrie, wie der Verbrennungstechnik, der Metallurgie und, in den letzten Jahren verstärkt, der Biotechnologie erweitert. Inzwischen wird Fließschemasimulation in allen Phasen der Prozessentwicklung und -verbesserung eingesetzt (Wozny, 1995) (vgl. Abbildung 16). Bereits in der Phase der Entwicklung neuer Prozessführungen kann auf Basis bekannter bzw. simulierter Stoffdaten oder unterstützt durch Laborversuche mit Fließschemasimulation eine erste Einschätzung zur Machbarkeit, Wirtschaftlichkeit und Umweltverträglichkeit neuer Verfahren durchgeführt werden (vgl. z. B. Kerdoncuff (2008), Haase et al. (2010), Kumar et al. (2010), Kunze und Spliethoff (2010)). Während der Anlagenplanung können Dimensionierungen von Behältern und Rohrleitungen und damit zu tätigende Investitionen bestimmt werden sowie aus Hilfsstoffverbräuchen, Produktmengen, etc. erwartbare Kosten und Erlöse während der Produktionszeit berechnet werden. Im laufenden Anlagenbetrieb kann Fließschemasimulation zur Prozessteuerung und -verbesserung eingesetzt werden.

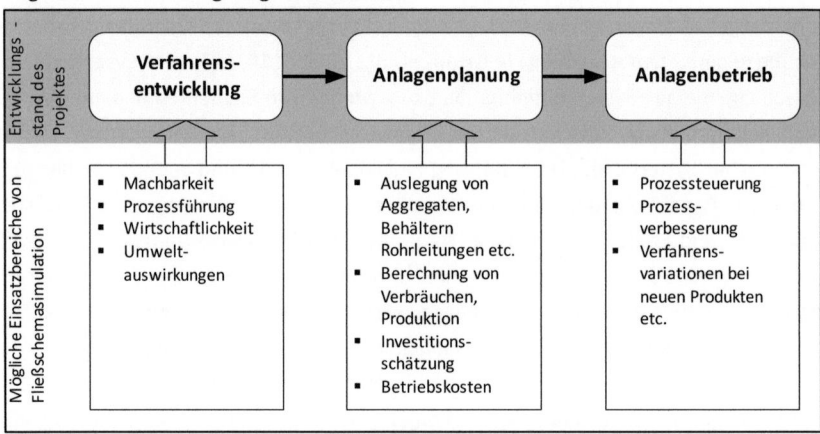

Abbildung 16: Mögliche Einsatzgebiete von Fließschemasimulation während des Anlagenlebenszyklus

Zur Lösung anlagenübergeordneter, stoffstromorientierter Planungsprobleme in der Produktionswirtschaft wurden Fließschemasimulationsmodelle u. a. schon von Rentz et al. (1999) und Schultmann (2003, S. 179-213) genutzt (vgl. auch Kapitel 3.3).

4.2.1 Aufbau und Funktionsweise der stationären Fließschemasimulation

Die Grundstruktur der Fließschemasimulation ergibt sich aus dem Fließschema des zu simulierenden Prozesses. Das Fließschema ist definiert als „Zeichnerische Darstellung des Ablaufs, Aufbaus und der Funktion einer verfahrenstechnischen Anlage oder Anlagenteils" (vgl. DIN EN ISO 10628:2000). Je nach Detailierungsgrad wird zwischen Grundfließschemata, Verfahrensfließschemata sowie Rohrleitungs- und Instrumentenfließschemata unterschieden. Fließschemasimulation nutzt in der Regel den mittleren Detailierungsgrad der Verfahrensfließschemata. Hier sind die genutzten Behälter und Aggregate, deren wesentliche Zustandsgrößen wie Drücke und Temperaturen sowie zu- und abfließende Stoffströme, deren Masse und ggf. Zusammensetzung sowie Energieströme abgebildet. Diese Informationen sind in Form des Fließschemas in der Simulation zu definieren. Zusätzlich ist eine Stoffliste mit den in der Simulation zu berücksichtigenden Verbindungen zu definieren, sowie Massestrom, Zusammensetzung, Temperatur und Druck aller eingehenden Stoffströme sowie alle eingehenden Energieströme festzulegen. Fließschemasimulation modelliert dann entsprechend des systemverfahrenstechnischen Ansatzes über Massen- und Energiebilanzen den stationären Zustand des Systems, wobei die Systemelemente durch Grundoperationen abgebildet werden (vgl. Futterer und Munsch, 1990). Für jede verfahrenstechnische Operation existiert eine spezialisierte Grundoperation, z. B. zur Berechnung von chemischen Reaktionen, zur Berechnung von Wärmeübergängen, zur Berechnung von Stofftrennungsverfahren, etc. Für jede Grundoperation sind die thermodynamischen Zustandsgrößen Druck und Temperatur oder die zugeführte Energie zu definieren. Die Relationen zwischen den Elementen bilden die sie verknüpfenden Stoff- und Energieströme. Dazu werden aus den in die erste Grundoperation des Modells eingehenden Stoff- und Energieströmen (vgl. Abbildung 17 $m_{1,R1,ein}$, $m_{2,R1,ein}$, $E_{R1,ein}$) anhand der Rechenvorschriften der Grundoperationen (vgl. Abbildung 17 R1) die ausgehenden Stoff- und Energieströme (vgl. Abbildung 17 $m_{1,R1,aus}$) berechnet. Diese dienen als Eingangswerte für die zweite Grundoperation (vgl. Abbildung 17 Sep1) usw. Rückströme (vgl. Abbildung 17 $m_{2,Sep1,aus}$) müssen iterativ berechnet werden.

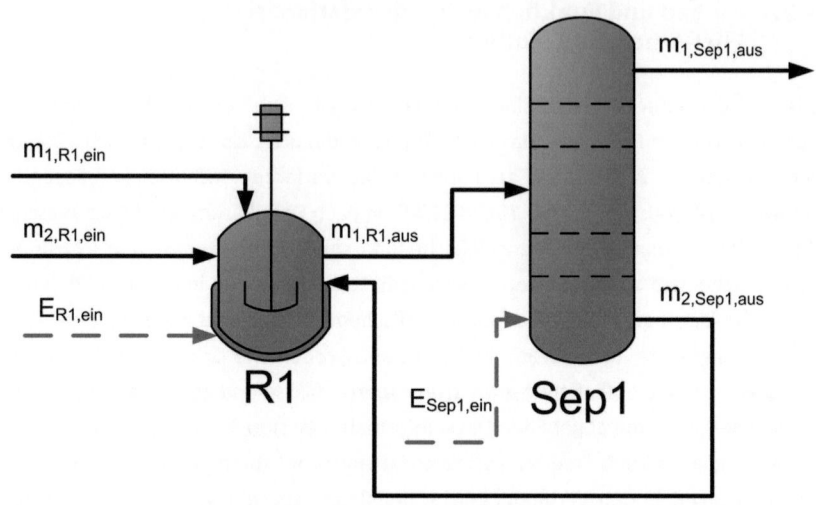

Abbildung 17: Verknüpfung von Grundoperationen in der Fließschemasimulation

Zur Berechnung des Zustandes einer Grundoperation und den daraus resultierenden ausgehenden Stoff- und Energieströmen greift die Fließschemasimulation auf Stoffdatenbanken sowie Rechenvorschriften zur Ermittlung von Stoffdaten zu. Weiterhin existieren Programmodule, mit deren Hilfe Rückströme, Auslegungsvorschriften, interne Optimierungen und Kosten berechnet werden können. Die Nutzereingaben und die Ausgabe der Ergebnisse der Simulation an den Benutzer erfolgen über eine grafische Schnittstelle. Für die Kommunikation mit anderen Programmen stehen Schnittstellen bereit (vgl. Abbildung 18).

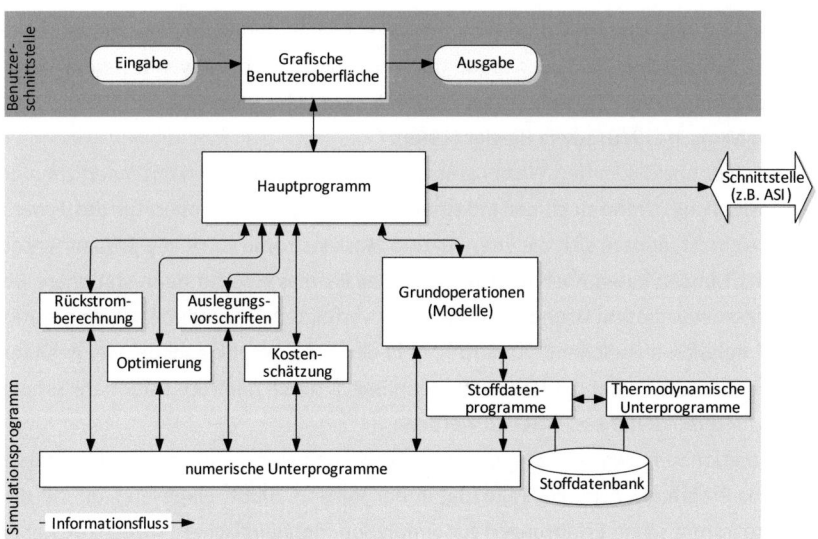

Abbildung 18: Struktur einer sequentiell modularen Fließschemasimulation
(in Anlehnung an Lohe und Futterer (1995))

Zur Berechnung der Fließschemasimulation haben sich zwei unterschiedliche Konzepte etabliert:

⤷ Sequentiel modularer Ansatz

Das Fließschema wird in der Reihenfolge der Grundoperationen berechnet. Rückströme, Optimierungen und Auslegungsvorschriften müssen einzeln iterativ ermittelt werden

⤷ Simultan gleichungsorientierter Ansatz

Das fertig definierte Fließschema wird in ein Gleichungssystem überführt. Für Rückströme, Optimierungen und Auslegungsvorschriften werden keine eigenen Iterationsschleifen benötigt, jedoch wird das gesamte Gleichungssystem iterativ gelöst.

Durch die bessere Berechenbarkeit sind in der Regel mit dem simultan gleichungsorientierten Ansatz schneller Ergebnisse zu erzielen bzw. es lassen sich komplexere Fließschemata berechnen. Allerdings bietet der sequentiell modulare Ansatz den Vorteil, dass die Ergebnisse für jede Grundoperation nachvollziehbar und über prüfbar sind. Aus diesem Grund wird hier, wie auch in den vorangegangenen Arbeiten (vgl. Schultmann 2003) der sequentiell modulare Ansatz verwendet. Detailliertere Ausführungen zur Fließschemasimulation liefern Lohe und Futterer (1995), Futterer und Munsch (1990) sowie Biegler (1989).

Beim hier abzubildenden Wälzprozess handelt es sich um eine kontinuierliche Verfahrensführung. Wenn nach der Inbetriebnahme die Arbeitstemperatur des Prozesses erreicht ist, ändern sich die Energie- und Massenströme sowie die Zusammensetzung der Massen kaum noch über die Zeit. Der Prozess erreicht dann stationäre Bedingungen. Aus diesem Grund ist für den hier verfolgten Anwendungsfall eine stationäre Simulation ausreichend. Änderungen in den Prozessbedingungen, wie geänderte Zusammensetzungen der Reststoffe können ggf. durch mehrere stationäre Simulationen hintereinander beschrieben werden.

Zur stationären, sequentiell modularen Fließschemasimulation des Wälzprozesses wird das Programm AspenPlus (2010a) in der Version 2006[18] eingesetzt, da mit diesem Programm schon Erfahrungen zur Simulation metallurgischer Prozesse bestehen (vgl. Kapitel 3.3). Grundsätzlich können mit AspenPlus aber auch Simulationen nach dem simultan gleichungsorientierten Ansatz oder dynamisches Prozessverhalten berechnet werden. Das Programm verfügt über vordefinierte Blöcke für alle hier benötigten Grundoperationen und über eine Stoffdatenbank, die alle für die Simulation des Wälzprozesses benötigten Verbindungen enthält. Erfoderliche Informationen zu Stoffeigenschaften können anhand von Näherungsgleichungen aus den Stoffdaten der Datenbank berechnet werden (AspenPlus, 2010c).

4.2.2   Funktionsweise und Einsatzbereich genutzter Grundoperationen der Fließschemasimulation

Im Folgenden werden die in dieser Arbeit genutzten Grundoperationen und Programmfunktionen von AspenPlus beschrieben. Detailliertere Ausführungen auch zu den hier nicht genutzten Grundoperationen finden sich in AspenPlus (2010b) und Rentz et al. (2006).

---

[18] Aktuell ist die Version V7.3, Version 2006 ist jedoch die letzte, die die hier genutzte ASI Bibliothek enthält.

4.2.2.1. Manipulation von Stoff- oder Energieströmen (Mixer, Splitter, Flash)

In der Grundoperation *Mixer* werden zwei oder mehrere Stoffströme oder Energieströme zusammengeführt. Im Fall von Stoffströmen werden die Massen komponentenweise addiert. Die Temperatur des Ausgangsstroms wird als adiabate Mischtemperatur berechnet. Dissoziations- oder Verdünnungsenthalpien werden nicht berücksichtigt. Die Temperaturberechnung kann deaktiviert werden. Zusätzlich kann auch ein Druckverlust berechnet werden.

In der Grundoperation *Splitter* werden ein oder mehrere Stoff- oder Energieströme in zwei oder mehrere Ströme aufgeteilt. Die resultierenden Stoffströme haben die gleichen intensiven Zustandsgrößen Druck, Temperatur, Zusammensetzung und Dichte. Die Aufteilung kann entweder als absoluter Wert oder als Faktor zwischen 0 und 1 vorgegeben werden.

In der Grundoperation *Flash*[19] können ein oder mehrere Stoff- und Energieströme in einen gasförmigen und einen flüssigen / festen Stoffstrom sowie einen Energiestrom aufgetrennt werden. Zur Stromtrennung berechnet die Grundoperation alle Komponenten, die, unter dem definierten Druck und der sich aus den zugeführten Stoff- und Energieströmen ergebenden oder ebenfalls definierten Temperatur, gasförmig vorliegen. Diese Komponenten werden in den Stoffstrom für gasförmige Substanzen geleitet. Alle anderen Phasen, wie auch mehrere Flüssigphasen und Feststoffe, werden in den verbleibenden Stoffstrom gegeben. Die Grundoperation berechnet Dissoziations- und Verdünnungsenthalpien. In Flüssigkeiten gelöste Gase verbleiben in dem flüssigen Stoffstrom.

---

[19] Beschreibt die Grundoperation „Flash2". AspenPlus verfügt auch über eine „Flash3" Operation, die in der Lage ist mehrere Flüssigphasen und eine Gasphase zu trennen.

Die in der grafischen Darstellung des Fließschemas verwendeten Symbole für die Mixer, Splitter und Flash Grundoperation in AspenPlus zeigt Abbildung 19.

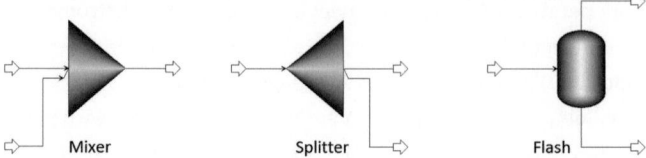

Mixer   Splitter   Flash

Abbildung 19: Symbole der Stoffstrommanipulations-Grundoperationen in AspenPlus

4.2.2.2. Berechnung chemischer Reaktionen (RStoic, RCSTR, RGibbs)

In der Grundoperation *stöchiometrischer Reaktor* (RStoic) werden Reaktionen bekannter Komponenten mit bekannter Stöchiometrie und bekannten Umsätzen berechnet. Dazu müssen sämtliche an der Reaktion beteiligten $i = \{1, 2...I\}$ Reaktanden R_i mit ihrem stöchiometrischen Verhältniszahlen v_i und $k = \{1, 2...K\}$ Produkte P_k mit ihren stöchiometrischen Verhältniszahlen v_k gemäß Gl. (15) definiert werden.

$$(15) \qquad \sum_{i=1}^{I} |v_i| R_i \longrightarrow \sum_{k=I+1}^{I+K} |v_k| P_k$$

Für jeden Reaktanden können Faktoren zwischen 0 und 1 für chemische Umsätze eingestellt werden. Die Reaktionsenthalpien werden durch die Grundoperation auf Basis der aus den Stoffdaten ermittelten molaren Bildungsenthalpien und des zu definierenden Drucks und der Temperatur oder zugeführten Energie berechnet. Diese Grundoperation eignet sich gut, wenn gezielt Hauptreaktionen von Reaktionszonen berechnet oder wenn für einzelne Reaktionen die Enthalpien ermittelt werden sollen.

In der Grundoperation *kinetischer Reaktor* (RCSTR) werden Reaktionen bekannter Komponenten mit bekannter Stöchiometrie in Abhängigkeit ihrer Reaktionsgeschwindigkeiten berechnet. Dazu ist ebenfalls zunächst für jede Reaktion gemäß Gl. (15) die Stöchiometrie sowie der Druck und die Temperatur oder die zugeführte Energie zu definieren. Weiterhin ist das Reaktionsvolumen oder die Aufenthaltszeit festzulegen. Wenn das Reaktionsvolumen definiert wurde, wird die Aufenthaltszeit t_R aus dem Quotienten des Reaktionsvolumen V_R und der Summe der Produkte des molaren Anteils n_i mit dem molaren Volumen V_i der Phase i multipliziert mit dem Gesamtmolenstrom N berechnet (AspenPlus, 2001b):

$$(16) \qquad t_R = \frac{V_R}{N \cdot \sum_{i=1}^{I} n_i \cdot V_i}$$

Die Geschwindigkeit einer Reaktion r ist, ein konstantes Reaktionsvolumen vorausgesetzt, durch die Änderung der Konzentration c_i einer Komponente i mit dem stöchiometrischen Koeffizienten v_i über die Zeit definiert. Die Reaktionsgeschwindigkeit besteht aus einer temperaturabhängigen Komponente $k(T)$ und einer konzentrationsabhängigen $f(c)$:

$$(17) \qquad r = \frac{1}{v_i} \frac{dc_i}{dt} = k(T) \cdot f(c)$$

Die „Reaktionsgeschwindigkeitskonstante" genannte, temperaturabhängige Komponente wird üblicherweise durch die Arrhenius-Gleichung mit dem Frequenzfaktor (auch Häufigkeitsfaktor, Stoßfaktor) k_o, der Aktivierungsenergie E_A, der Gaskonstanten R und der Temperatur T beschrieben (Behr et al. 2010, Fitzer und Fritz 1989):

$$(18) \qquad k(T) = k_0 \cdot e^{-\frac{E_A}{R \cdot T}}$$

Die konzentrationsabhängige Komponente ergibt sich aus dem Produkt der Potenzen der Konzentrationen c_i mit einem Exponenten n_i der einzelnen Komponenten:

$$(19) \qquad f(c) = \prod_{i}^{I} c_i^{n_i}$$

Der Exponent n_i gibt die Reaktionsordnung des Reaktanden an, die Summe aller Exponenten ergibt die Gesamtordnung der Reaktion. Sowohl die Reaktionsordnungen als auch die Frequenzfaktoren müssen experimentell bestimmt werden.

AspenPlus verwendet eine Form der Gleichung für die Reaktionsgeschwindigkeit[20], die eine Temperaturanhängigkeit des Frequenzfaktors ermöglicht (AspenPlus, 2010b). Zusätzlich kann noch eine Referenztemperatur T_0 angegeben werden.

$$(20) \quad r = k \cdot T^m \cdot e^{-\frac{E_A}{R \cdot T}} \prod_{i=1}^{I} c_i^{n_i} \qquad \text{bzw.} \qquad r = k \left(\frac{T}{T_0} \right)^m \cdot e^{-\frac{E_A}{R} \left(\frac{1}{T} - \frac{1}{T_0} \right)} \prod_{i=1}^{I} c_i^{n_i}$$

Die Grundoperation *Gleichgewichtsreaktor* wird eingesetzt, wenn zwar die Massen und Zusammensetzungen der eingehenden Stoffströme bekannt sind, die einzelnen stattfindenden Reaktionen aber unbekannt sind. Hierbei wird im Gegensatz zum kinetischen Reaktor angenommen, dass genug Zeit für alle Reaktionen zur Verfügung steht, um einen Gleichgewichtszustand zu erreichen. Der Druck und die Temperatur oder die zugeführte Energie sind zu definieren. Das Gleichgewicht wird durch Minimierung der freien Enthalpie[21] bestimmt (vgl. Rentz et al. 2006).

Das Prinzip beruht auf dem 2. Hauptsatz der Thermodynamik aus dem folgt, dass ein abgeschlossenes reversibles Gesamtsystem sich im Gleichgewicht befindet, wenn die Änderung seiner Entropie gleich Null ist (vgl. Frohberg, 1994). Die Definition der Entropie lautet dabei wie folgt:

$$(21) \quad dS \equiv \frac{dq_{rev.}}{T}$$

Aus der Definition der freien Enthalpie (Gl. (22)) folgt bei konstantem Druck $dp = 0$, dass im Gleichgewicht auch die Änderung der freien Enthalpie gleich Null sein muss und die freie Enthalpie des Gesamtsystems ein Extremum einnimmt.

$$(22) \quad dG = -S \cdot dT + V \cdot dp$$

Da nach dem zweiten Hauptsatz der Thermodynamik Wärme nur von einem warmen auf einen kälteren Körper übertragen werden kann, gilt mit Gl. (21), dass die

---

[20] In AspenPlus können unterschiedliche Methoden zur Berechnung der Reaktionskinetik eingesetzt werden. Die in dieser Arbeit genutzte und hier beschrieben Variante ist die „Power-Law" Berechnung.

[21] Auch „freie Energie" oder „Gibb'sche Enthalpie"

Änderung der Entropie immer größer null sein muss. Demnach muss das Extremum des Gesamtsystems ein Minimum sein.

Bei einer chemischen Reaktion im Gleichgewicht laufen Hin- und Rückreaktion mit gleicher Geschwindigkeit ab:

(23) $$\sum_{n=1}^{N} |v_n| R_n \rightleftharpoons \sum_{m=N+1}^{N+M} |v_m| P_m$$

Bei Elementarreaktionen ist entsprechend der Stoßtheorie die Reaktionsordnung gleich der Anzahl der an einer Reaktion beteiligten Moleküle, d. h. $n_i = v_i$ (Behr et al. 2010, S. 43). Bei konstanter Temperatur folgt dann aus den Gleichungen für die Reaktionsgeschwindigkeit (Gl. (17) – Gl. ((19)) das Massenwirkungsgesetz:

(24) $$K = \prod_{i}^{N+M} a_i^{v_i}$$

Die aktive Masse der Reaktionsteilnehmer a_i ist bei idealem Verhalten für Gase der Partialdruck p_i und für Feststoffe und Flüssigkeiten der Molenbruch x_i. Nicht ideales Verhalten wird dadurch berücksichtigt, dass für Gase die Fugazität f_i und für Feststoffe und Flüssigkeiten die Aktivität a_i eingesetzt wird.

Aus der van't Hoffschen Isotherme bei T= const. mit der Gaskonstanten R (Frohberg 1994, S. 78):

(25) $$\Delta G^0(T) = -RT \ln \prod_{i}^{N+M} a_i^{v_i}$$

folgt für die Gleichgewichtskonstante K:

(26) $$K = e^{-\frac{\Delta G^0(T)}{R \cdot T}}$$

Somit kann die Gleichgewichtskonstante berechnet werden, wenn $\Delta G^0(T)$ bekannt ist. Diese ergibt sich für p = const. aus der Gibbs-Helmholtz-Gleichung in integrierter Form (Frohberg 1994, S. 53 - 54):

$$\Delta G^0(T) = T \cdot \left[\frac{\Delta G_{298}^0}{298\,\text{K}} - \int\limits_{298\,\text{K}}^{T} \left(\frac{\Delta H_{298}^0 + \int\limits_{298\,\text{K}}^{T} \Delta c_p dT}{T^2} \right) dT \right]$$

Mit:

(27)
$$\Delta G_{298}^0 = \Delta H_{298}^0 - 298\text{K} \cdot \Delta S_{298}^0$$

$$\Delta S_{298}^0 = \sum_{i}^{N+M} v_i \cdot \Delta S_{298\,i}^0$$

$$\Delta c_p(T) = \sum_{i}^{N+M} v_i \cdot \Delta c_{p,i}(T)$$

Die Standardbildungsenthalpien ΔH_{298}^0 und −entropien ΔS_{298}^0 sind für viele Stoffe in der Stoffdatenbank von AspenPlus hinterlegt oder können eingegeben werden. Die temperaturabhängige isobare Wärmekapazität $c_p(T)$ wird von AspenPlus mittels des Polynoms $c_p(T) = c_1 + c_2 \cdot T + c_3 \cdot T^2 + c_4 \cdot T^3 + c_5 \cdot T^{-2} + c_6 \cdot T^{-3}$ berechnet. Die Konstanten c_1 bis c_6 sind für gängige Temperaturbereiche für viele Substanzen bereits in der Stoffdatenbank vorhanden, sie können aber auch eingegeben werden.

Die Verteilung der Substanzen auf die unterschiedlichen Phasen kann entweder vorgegeben oder durch die Grundoperation berechnet werden (vgl. Schott, 1964, Gautam und Seider, 1979a-c und White und Seider, 1981). Die Aufteilung der verschiedenen Phasen auf die ausgehenden Stoffströme erfolgt ebenso entweder durch AspenPlus oder nach Vorgaben des Benutzers. Weiterhin kann der Benutzer Verbindungen aus den eingehenden Stoffströmen festlegen, die nur zu einem gewissen Anteil oder gar nicht in die Gleichgewichtsberechnung mit einbezogen werden sollen. Auf diese Art lassen sich unvollständige Umsätze in das Modell integrieren, wenn eine Ermittlung der detaillierten Kinetik über eine kinetische Grundoperation nicht möglich oder nicht notwendig ist.

Die in der grafischen Darstellung des Fließschemas verwendeten Symbole für die RStoic, RCSTR und RGibbs Grundoperation in AspenPlus zeigt Abbildung 20.

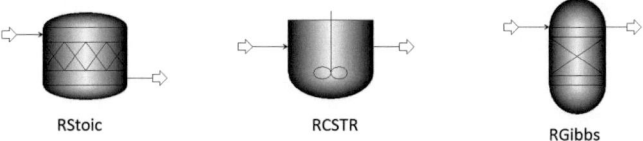

RStoic   RCSTR   RGibbs

Abbildung 20: Symbol der Reaktor-Grundoperationen in AspenPlus

4.2.2.3. Berechnung von Rückströmen, Rechenblöcken, Auslegungsvorschriften und Sensitivitätsanalysen

Wie bereits erwähnt, müssen im sequentiell modularen Lösungsansatz der Fließschemasimulation Rückströme iterativ berechnet werden (vgl. Biegler et al., 1997, S. 245 - 252). So ist z. B. in Abbildung 17 der zur Berechnung von $R1$ benötigte eingehende Stoffstrom $m_{2,Sep1,aus}$ ein Rückstrom aus der erst nach $R1$ berechneten Grundoperation $Sep1$. AspenPlus bietet mehrere Methoden solche Rückströme iterativ zu lösen. Hierzu wird das Fließschema an einem geeigneten Strom aufgetrennt (engl. „tear"). Diese Auftrennung kann durch AspenPlus vorgenommen werden oder durch den Nutzer in einem Konvergenzblock definiert werden. Eine Definition der Schnittströme durch den Nutzer kann sinnvoll sein und die Berechnungszeit für das Fließschema reduzieren, wenn mehrere verschachtelte Iterationen zu berechnen sind. In diesem Fall kann die Rechenzeit reduziert werden, wenn erst eine Iterationsschleife zur Konvergenz geführt wird und dann die zweite, abhängige berechnet wird (vgl. Gutermuth, 1995). Weiterhin kann es die Lösungszeit einer Fließschemasimulation beschleunigen, solche Ströme als Schnittströme zu wählen, für die eine besonders gute Schätzung als Startlösung der Iteration möglich ist, oder solche, die im Vergleich mit den anderen Stoffströmen nur mit wenigen Komponenten beladen sind. Diese Kriterien sind in der Regel nicht durch die automatischen Algorithmen der Fließschemasimulation zur Bestimmung von Schnittströmen zu erkennen, sondern müssen durch die Prozesskenntnis des Ingenieurs integriert werden.

Allgemeine Kriterien für eine vorteilhafte Wahl der Berechnungsreihenfolge nennen Lohe und Futterer (1995, S. 91):

  ↳ minimale Anzahl der Ströme

  ↳ minimale Anzahl der Iterationsvariablen oder die

  ↳ minimale Anzahl der Rückführungen (einschließlich der Design-
     Spezifikationen)

Die einfachste Methode der Berechnung der Iterationsschritte ist hierbei die *„Direct"* Methode, bei der als Schätzung für den Schnittstrom das Ergebnis des letzten Iterationsschrittes für den Strom gewählt wird. Nach diesem Verfahren wird garantiert eine Konvergenz erreicht, es kann aber sehr lange Rechenzeiten in Anspruch nehmen. Aus diesem Grund stellt AspenPlus noch eine Reihe von beschleunigten Iterationsverfahren bereit (vgl. AspenPlus 2010b, Penkuhn 1997). Bei den beschleunigten Iterationsverfahren, insbesondere bei mehreren verschachtelten Iterationsschleifen, besteht jedoch die Möglichkeit, dass sie für stark nichtlineare Probleme divergieren (vgl. Lohe und Futterer 1995, S. 91). In der praktischen Anwendung zeigt sich, wie auch schon bei Penkuhn (1997, S. 69), dass eine geschickte Schnittstromwahl und Vorgabe sinnvoller Startlösungen eine größere Auswirkung auf die Rechenzeit hat, als die Wahl unterschiedlicher beschleunigter Iterationsverfahren.

AspenPlus bietet weiterhin mehrere Möglichkeiten während der Simulation das Modell zu steuern. Über Rechenblöcke, sogenannte *„calculator"*, können zur Laufzeit in Abhängigkeit der bereits vorliegenden Ergebnisse andere Modellvariablen berechnet werden. So kann z. B. ein Stoffstrom in einem definierten stöchiometrischen Verhältnis zu einem anderen Stoffstrom, der erst im Verlauf der Simulation berechnet wird, hinzugegeben werden. Rechenblöcke lassen sich entweder über eine zur Laufzeit ausgelesene Excel Tabellenformel oder über Fortran Code definieren. Mit dem Fortran Code lassen sich somit auch kompliziertere nutzerspezifische Rechenvorschriften in die Fließschemasimulation integrieren.

Auslegungsvorschriften, sogenannte *„design specifications"*, werden genutzt, falls Größen zur Modellsteuerung zu ermitteln sind, für die Informationen benötigt werden, die erst zu einem späteren Zeitpunkt der Fließschemaberechnung vorliegen. Mit den Auslegungsvorschriften können für Modellgrößen Zielwerte vorgegeben werden, die während der Berechnung durch iterative Variation vorher ausgewählter Modellvariablen in einem bestimmten Wertebereich mit einer bestimmten Genauigkeit angenähert werden. Mit Hilfe von Auslegungsvorschriften lassen sich z. B. Eingangs-stoffströme, die dem Prozess Energie zuführen, wie Brenngas oder Koks, so regeln, dass benötigte Temperaturen erreicht werden. Die Iteration erfolgt nach Methoden, die auch für die Berechnung von Rückströmen eingesetzt werden. Mit den Rechen-blöcken und den Auslegungsvorschriften lassen sich somit beide in der Verfahrens-technik üblichen Konzepte der feed-forward und feed-backward Steuerung im Mo-dell umsetzen (vgl. Gutermuth 1995).

Um die Auswirkungen verschiedener Größeneinstellungen auf einen Prozess zu untersuchen, besteht in AspenPlus die Möglichkeit *Sensitivitätsanalysen* durchzufüh-ren. Hierzu werden eine oder mehrere zu variierende Modellvariablen, obere und untere Grenzen und die Schrittweite vorgegeben. Die Fließschemasimulation rechnet dann automatisiert für jede Einstellung einen Durchlauf und stellt gewünschte Er-gebnisse in einer Tabelle und grafisch dar. Die Sensitivitätsanalyse eignet sich gut zur Kalibrierung einzelner Modellgrößen wie Temperaturen in bestimmten Grundopera-tionen oder Einstellungen für den Frequenzfaktor k in kinetischen Grundoperationen. Dabei wird mittels der Sensitivitätsanalyse untersucht, bei welchen Modelleinstel-lungen die Modellergebnisse den in der Realität gemessenen Daten möglichst nahe kommen.

4.3 Verknüpfung von Partikel-Schwarm Algorithmus und Fließschemasimulation

Mit der PSO wurde ein Algorithmus identifiziert, dessen in Kapitel 4.1 beschriebener Ablauf und dessen darauf basierendes Suchverhalten eine gute Kombinierbarkeit mit dem Problem der Optimierung der Prozesssteuerung, repräsentiert durch eine Fließ-schemasimulation, erwarten lässt. Wie dargestellt basiert der Partikel-Schwarm Al-gorithmus darauf, in jedem Iterationsschritt für alle Partikel die Güte ihrer Position x^n im n-dimensionalen Lösungsraum zu evaluieren. In Kombination mit der Fließsche-masimulation stellt jede Dimension $n = \{1 \dots N\}$ eine technische Prozesseingangsgröße (vgl. Kapitel 3.2 in Tabelle 3) und x^n ihren Wert dar, der im Rahmen der operativen Produktionsplanung festgelegt wird. Die Größe des Lösungsraums in jeder Dimension $[x_{min}; x_{max}]^n$ ergibt sich aus den technischen Grenzen der Anlage und der Abbil-dungsgenauigkeit des Fließschemasimulationsmodells. So ist z. B. die kleinste sinnvolle Menge für die Zudosierung von Reststoffen $x_{min}^1 = 10$ t/h, da bei kleineren Werten die Abbildungsgenauigkeit des Fließschemasimulationsmodells nicht mehr sichergestellt ist. Der größte Wert x_{max}^1 hängt vom technisch möglichen maximalen Durchsatz des Wälzrohrs und der vorgeschalteten Fördertechnik ab.

Die schrittweise Evaluation in der PSO ermöglicht eine einfache und sehr direkte Integration der Fließschemasimulation. Dabei werden die Positionen der Partikel nicht wie in der Standard PSO direkt in die Zielfunktion zur Evaluation eingesetzt. Vielmehr werden die, die Prozesseingangsgrößen repräsentierenden Variablen, über die Schnittstelle (Aspen Simulator Interface: ASI[22]), an das in AspenPlus realisierte Fließschemasimulationsmodell übergeben. Der erste Schritt der Evaluation erfolgt dann durch Berechnen der Fließschemasimulation mit diesen Prozesseingangsgrößen. Das Ergebnis der Simulation sind die Prozessausgangsgrößen, wie in Kapitel 3.2 in Tabelle 3 dargestellt. Mit den Informationen über die Eingangs- und Ausgangs-Variablen wird der Deckungsbeitrag als Zielfunktion (Gl. (1)) berechnet, womit ein Gütekriterium für die Position des Partikels vorliegt. Anhand dieses Gütekriteriums können pB und gB ermittelt werden, woraus sich die Position und damit die Variablenbelegung für den nächsten Iterationsschritt ergibt. Den Ablauf zeigt Abbildung 21.

---

[22] Das ASI ist nur bis zur Version 2006 Bestandteil von AspenPlus. In neueren Versionen existiert lediglich mit dem „Aspen Simulation Workbook" und den darin enthaltenen Funktionen eine Schnittstelle zu VBA und damit zu Microsoft Excel.

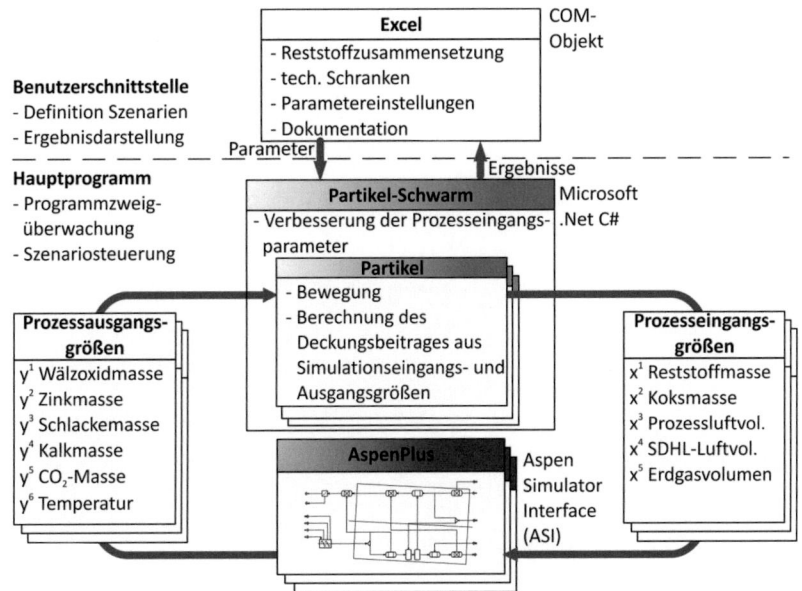

Abbildung 21: Verknüpfung von Optimierung und Simulation

Da die Simulation bei jedem Iterationsschritt des Partikel-Schwarm Algorithmus durchlaufen werden muss, ist ihre Lösungsgeschwindigkeit bestimmend für die Gesamtlösungsgeschwindigkeit des Entscheidungsunterstützungswerkzeuges. Bei der Erstellung der Fließschemasimulation muss daher auf eine schnelle Berechenbarkeit geachtet werden. Ferner wird für die Evaluation der Position jedes Partikels eine eigene Instanz der Fließschemasimulation benötigt. Daher muss die Inanspruchnahme von Hardwareressourcen wie Hauptspeicher, Festplattenzugriffe, Prozessor-Zeit einer Instanz der Simulation möglichst gering sein, um eine ausreichende Anzahl von Partikeln zu ermöglichen. Das Programm, welches die PSO enthält und den Ablauf der Optimierungsdurchläufe steuert, ist in Microsoft .Net C# mittels Visual Studio 2008 (Louis und Strasser 2008) realisiert. Neben der Schnittstelle ASI zu AspenPlus, wird Excel eingesetzt, um Nutzervorgaben für den Programmablauf zu definieren und Ergebnisse zu dokumentieren. Hierzu wird die COM Schnittstelle genutzt.

87

Kapitel 5

Thermodynamische Modellierung des Wälzrohrprozesses mittels Fließschemasimulation

5.1 Identifikation wesentlicher Verfahrensstufen und Reaktionszonen des Prozesses

Das hier erstellte Fließschemasimulationsmodel basiert schematisch auf den in Fröhling et al. (2007) und Fröhling et al. (2009) dargestellten Modellen. Für die verfolgte Kopplung an eine PSO ist das Modellkonzept jedoch grundlegend zu überarbeiten und zu erweitern, da kinetische Vorgänge und die Energieverteilung im System detailliert berücksichtigt und über einen weiten Betriebsbereich des Prozesses abgebildet werden müssen. Für die Implementierung der wesentlichen Abläufe des zu simulierenden Prozesses in das Fließschemamodell sind zunächst die verfahrenstechnischen Abläufe und Reaktionen zu identifizieren, welche das Prozessverhalten bestimmen. Ein Großteil der Abläufe findet im Drehrohr statt.

Wie bereits in Kapitel 3.2 beschrieben ist das Ziel des Prozesses die Separation des Zinks von den weiteren Inhaltstoffen der eingesetzten Reststoffe. Hierzu wird der für Metalle recht hohe Dampfdruck des Zinks genutzt. Um möglichst viel Zink aus der Reststoffmischung zu verflüchtigen ist eine hohe Temperatur und eine große Oberfläche, zwischen fester Reststoffschüttung und dem Gasraum in den der Zink verdampft, erforderlich. Beides wird in einem Drehrohrofen erreicht, weshalb dieses Aggregat für das Wälzverfahren eingesetzt wird. Die Bezeichnung „Wälzverfahren" oder „Wälzrohr" werden aus der Bewegung der Feststoffschüttung abgeleitet. Diese rutscht nach unten und wird gleichzeitig durch das Drehen des schräg gelagerten Rohres umgewälzt. (vgl. Pawlek 1983, S. 62 - 64 und S. 190 - 194).

Bei der hier betrachteten Verfahrensvariante des Wälzprozesses mit der SDHL-Lanze und mit Pelletierung handelt es sich um eine Weiterentwicklung des klassischen Wälzverfahrens. Den Prozessablauf beschreiben Schmitz und Ruh (2009), Sage et al. (2004) sowie Mager und Meurer (2000). Ein Schaubild der Verfahrensführung zeigt Abbildung 22.

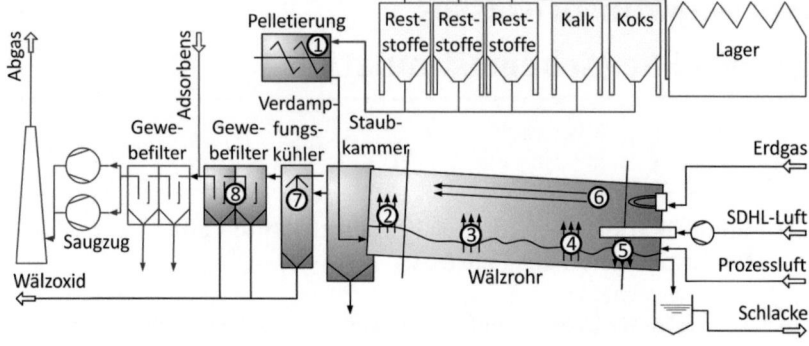

Abbildung 22: Verfahrensführung des Wälzprozesses mit Pelletierung und SDHL-Lanze

Aus den einzelnen Prozessschritten lassen sich die stattfindenden verfahrenstechnischen Grundprozesse ableiten, die dann in der Fließschemasimulation abzubilden sind.

Dies ist insbesondere für das Hauptaggregat, das Wälzrohr, komplex, da es sich um einen zusammenhängenden, großen, kontinuierlich durchströmten Reaktionsraum handelt. Anhand der hintereinander und in Abhängigkeit der jeweils vorherrschenden Umgebungsbedingungen ablaufenden chemischen Reaktionen, lassen sich jedoch im Rohr Bereiche einzelner *„Reaktionszonen"* ableiten, die mittels einer oder mehrere Grundoperationen im Fließschemasimulationsmodell zu berechnen sind.

Der Prozess beginnt mit der Mischung der verschiedenen Rest- und Hilfsstoffe. Neben Stahlwerkstäuben können im Wälzprozess grundsätzlich auch die folgenden Reststoffe verwertet werden (vgl. Mager und Meurer 2000, S. 332):

↳ Kupolofenstäube
↳ Galvanisierungsrückstände
↳ Strahlmittelrückstände
↳ kontaminierte Kohlenstoffe
↳ Schießplatzsand
↳ Rückstände der chemischen In- dustrie

↳ Zinkschlämme und Krätze
↳ verbrauchter Gießformsand
↳ Haushaltsbatterien
↳ Katalysatoren
↳ Schleifmittel
↳ Schlämme der Abwasserbehand- lung

Hierbei handelt es sich entweder ebenfalls um zinkhaltige Reststoffe oder aber um Reststoffe, die benötigte Hilfsstoffe wie Kalk oder Koks substituieren. Da die Pelletierung vor Ort erfolgt, wird der größte Teil der Reststoffe staubförmig per Silo-LKW oder Bahn angeliefert und in Silos möglichst sortenrein zwischengelagert. Bereits vorher pelletierte oder stichfeste Reststoffe werden verpackt im Rohmateriallager aufbewahrt. Koks und Kalk werden ebenfalls in Silos gelagert. Aus den Silos bzw. dem Rohmateriallager werden die Reststoffe, der Koks und der Kalk über Bänder in einen Eirich-Intensiv-Mischer gefördert. Die Einhaltung der angestrebten Zusammensetzung wird über Bandwagen überwacht. Aus dem Mischer wird das Material in eine Pelletiertrommel gegeben (vgl. Nr. ① Abbildung 22). In diese wird in Abhängigkeit der bereits vorhandenen Feuchte der Reststoffe zusätzlich Wasser eingedüst, um die notwendige Feuchte für die Pelletierung einzustellen. Im Fließschemamodell ist daher zunächst die Mischung der Reststoffe und die Wasserzufuhr abzubilden.

Die Pellets werden am oberen Ende mit Umgebungstemperatur in das mit Feuerfestmaterial ausgemauerte Wälzrohr gegeben. Die im Gegenstrom mittels des Hauptsaugzuges geförderte Prozessluft bewirkt eine leichte Abwehung des Feinkornanteils der Pellets (vgl. Nr. ② Abbildung 22). Das abgewehte Material wird mit der Prozessluft in die Abgasreinigung und Produktabscheidung ausgetragen und verunreinigt das Wälzoxid.

Abhängig vom Rohrdurchmesser dreht das Wälzrohr mit einer Geschwindigkeit von ca. 0,9 - 1,3 U/min. Die Reststoffe benötigen dabei ca. 4 - 6 h um den Ofen zu durchlaufen. Dabei werden sie zunächst erwärmt und getrocknet. Die Energie hierzu wird im Wesentlichen über Konvektion durch die heiße Prozessluft und zu geringeren Teilen durch Strahlungswärme und Wärmeleitung von der Ofenwand übertragen. Mit zunehmender Erwärmung verdampft Wasser, welches aus der Reststofffeuchte und der Zugabe während der Pelletierung stammt (vgl. Nr. ③ Abbildung 22). Der obere Bereich des Wälzrohres in dem dieses Vorgänge ablaufen wird als *„Aufwärm- und Trocknungszone"* bezeichnet.

Nach weiterer Erhitzung beginnt der im Koks enthaltenen Kohlenstoff mit dem Sauerstoff der Prozessluft zu reagieren. Weil die Schüttung der Pellets nicht vollständig durchströmbar ist herrscht hier Sauerstoffmangel. Aufgrund dieser Bedingungen und der hohen Temperaturen bildet sich daher Kohlenmonoxid. Das Kohlenmonoxid reduziert die in den Reststoffen enthaltenen Metalloxide zu elementaren Metallen. In dieser Zone des Wälzrohres liegen die Temperaturen bei ca. 1.000 – 1.100°C. In diesem Temperaturbereich haben Zink und einige Verbindungen der Alkalien und des Bleis einen hohen Dampfdruck. Sie wechseln daher in den gasförmigen Aggregatzustand und gehen in den Gasraum des Wälzrohres oberhalb der Schüttung über (vgl. Nr. ④ Abbildung 22). Der untere, von der Pelletschüttung gefüllte Bereich des Wälzrohres, in dem höhere Temperaturen vorliegen, wird aufgrund der vorherrschenden reduzierenden Bedingungen als *„Reduktionszone"* bezeichnet.

Die in der Schüttung verbleibenden Verbindungen mit geringerem Dampfdruck werden zum unteren Ende des Wälzrohres befördert. Hier wird auf die glühende Feststoffschüttung der Pellets zusätzlich über eine SDHL-Lanze Luft aufgeblasen. Der so erzeugte Sauerstoffüberschuss kehrt die Bedingungen in ein oxidierendes Milieu um. Das vorher reduzierte und jetzt metallisch vorliegende Eisen sowie andere in der Schüttung verbliebende Metalle werden wieder oxidiert. Diese Reaktionen sind exotherm und setzen somit Energie frei, welche die in dieser Rohrseite einströmende Prozessluft und die Rohrwand erwärmt. Nach den Nachnamen der Erfinder dieses Verfahrens (Saage, Dittrich, Hasche und Langbein) wird dieser Bereich als *„SDHL-Zone"* bezeichnet (vgl. Nr. ⑤ Abbildung 22). Weiterhin besteht die Möglichkeit, die Temperatur an der Unterseite des Rohres durch Einsatz eines Erdgasbrenners anzuheben. Nach dem Austreten aus dem Rohr fällt die glühende aber noch feste Schlacke in ein Wasserbad, in dem sie abgekühlt wird.

Die aus der Reduktionszone verdampfenden Verbindungen gehen in den darüber liegenden, vollständig von der Prozessluft durchströmten Gasraum über. Durch den

Sauerstoffgehalt der Prozessluft herrschen hier ebenfalls oxidierende Bedingungen. Das Zink reagiert mit dem Sauerstoff zu Zinkoxid und wird als feiner Staub mit dem Prozessluftstrom transportiert. Auch Kohlenmonoxid, das aus der Gasphase in den Freiräumen der Schüttung in den freien Gasraum oberhalb der Schüttung gelangt, reagiert hier durch den Sauerstoffüberschuss zu Kohlendioxid (vgl. Nr. ⑥ Abbildung 22). Diese Reaktionen sind ebenfalls exotherm. Sie erwärmen direkt die Prozessluft und liefern den Großteil der benötigten Wärmeenergie des Prozesses. Der Bereich der frei von der Prozessluft durchströmten Gasphase oberhalb der Reduktionszone wird aufgrund der vorherrschenden Bedingungen als *„Oxidationszone"* bezeichnet.

Der staubbeladene Prozessluft- und Abgasstrom verlässt das Wälzrohr an der oberen Rohrseite in die dort anschließende Staubkammer und wird nachfolgend im Verdampfungskühler (vgl. Nr. ⑦ Abbildung 22) durch Eindüsen von Wasser abgekühlt. Das Wasser verdampft bei korrekter Betriebsführung vollständig. Durch die Verdampfungsenthalpie wird dem Prozessluftstrom Wärme entzogen. Dies ist erforderlich, da die anschließend zur Produktabtrennung eingesetzten Gewebefilter nicht für die hohe Temperatur der Prozessluft geeignet sind. Bei der Abkühlung erstarren auch Substanzen wie Alkaliverbindungen, die mit dem Zink aus der Reduktionszone verdampft sind und bilden Staub. In den Gewebefiltern (vgl. Nr. ⑧ Abbildung 22) wird der Staub, welcher das Produkt Wälzoxid darstellt, aus dem Prozessluftstrom abgetrennt.

Nach der Produktabtrennung erfolgt eine Zudosierung eines Adsorbens in den Prozessluftstrom, um eventual enthaltenen Dioxine und Quecksilber zu binden. Das beladene Adsorbens wird in einer zweiten Filterstufe entfernt. Da dieser Prozessschritt auf der einen Seite mit der Adsorption auf einem Vorgang beruht, der in AspenPlus schlecht abzubilden ist und auf der anderen Seite aber auch die Produktqualität nicht beeinflusst, wird er im Fließschemasimulationsmodell nicht integriert.

5.2 Repräsentation der wesentlichen Verfahrensschritte und Reaktionszonen durch Grundoperationen

Für die Modellierung mit AspenPlus ist zunächst eine Komponentenliste zu erstellen. Die in dieser Liste definierten chemischen Verbindungen stehen zur Berechnung von Reaktionen oder anderen Grundoperationen in der Fließschemasimulation zur Verfügung. Auch für die Berechnung des Gleichgewichtzustandes in der Grundoperation Gleichgewichtsreaktor (RGIBBs) (vgl. Kapitel 4.2.2.2) werden diese Verbindungen, soweit nicht anders definiert, als potentielle Produkte betrachtet.

Die Anzahl der Verbindungen in der Komponentenliste beeinflusst die Lösungsgeschwindigkeit von Konvergenzschleifen sowie des RGIBBs und damit auch des gesamten Modells. Aus diesem Grund wurde die Anzahl auf ein notwendiges Maß reduziert. Hierbei wurden die Analysen der Rest- und Hilfsstoffe sowie die im Wälzrohr vorherrschenden Bedingungen berücksichtigt. Zur Ermittlung wahrscheinlicher Reaktionsprodukte der Verbindungen in den Rest- und Hilfsstoffen wurde die Software FactSage[23] in Version 6.1 eingesetzt. FactSage wird in Deutschland durch die Gesellschaft für Technische Thermochemie und -physik mbH (GTT Technologies, 2010) vertrieben. Das eingesetzte „Equilib" Modul nutzt, wie auch der RGIBBs in AspenPlus als thermodynamisches Prinzip die Minimierung der freien Enthalpie (Bale et al. 2002, S. 194). Im Unterschied zu AspenPlus, welches ursprünglich für die Anwendung der petrochemischen Industrie konzipiert wurde, liegt der Schwerpunkt der Stoffdatenbank von FactSage jedoch von Anfang auch auf Stoffdaten, die für die Metallurgie von besonderer Bedeutung sind. Diese Stoffdatenbank wird regelmäßig mit Ergebnissen aus der Forschung aktualisiert und ausgebaut[24] (Bale et al. 2009). Damit eignet sich FactSage gut zur Berechnung der, unter den Bedingungen im Wälzrohr erwartbaren, Verbindungen. Die so identifizierten und dann in AspenPlus genutzten Verbindungen zeigt Tabelle 7.

---

[23] FactSage bietet eine Reihe von Modulen zur Berechnung von chemischen Reaktionen, Gleichgewichten und Phasenzuständen, ist jedoch kein Programm zur Fließschemasimulation

[24] Vergleiche in der praktischen Arbeit zwischen FactSage und dem RGIBBs aus AspenPlus zeigen, dass FactSage in der Regel Gleichgewichtszustände berechnet, die näher an den Originaldaten liegen.

Tabelle 7: In der Fließschemasimulation verwendete Komponentenliste

Element	Verbindung	conventional	solid	Element	Verbindung	conventional	solid
Aluminium	Al2O3		x	Natrium	Na	x	
	Al2S3	x	x		Na2O	x	x
Kohlenstoff	C		x		NaCl	x	x
	CO	x			Na2SiO3	x	x
	CO2	x		Blei	Pb		
	CH4	x			PbO		
	C2H6	x			PbCl2		
Kalzium	CaCO3		x		PbS	x	x
	CaO		x		PbSO4	x	x
	Ca(OH)2		x	Schwefel	S	x	
	CaSO4*2H2O		x		SO2	x	x
	Ca2SiO4		x		SO3	x	x
	CaS		x	Silizium	SiO2	x	x
Kupfer	Cu	x	x		SiS	x	x
	CuO		x	Zink	Zn	x	
	Cu2O		x		ZnCl2	x	
	Cu2S	x	x		ZnO	x	x
Eisen	Fe	x	x		ZnS	x	
	Fe2O3	x	x		Fe2ZnO4	x	x
	Fe3O4	x		Sauerstoff	O2	x	
	FeO	x		Wasserstoff	H2		
	FeS	x	x		H2O	x	
Kalium	K	x	x		HCl	x	
	K2O	x	x	Stickstoff	N2	x	
	KCl	x	x		NO	x	
	K2SiO3	x	x		N2O	x	
Magnesium	MgO		x		NO2	x	
Mangan	MnO		x				
	MnS	x	x				

Dabei bietet AspenPlus für die Berechnung der thermodynamischen Zustandsgrößen der einzelnen Verbindungen aus den Stoffdaten der Datenbank mehrere thermodynamische Unterprogramme (vgl. Abbildung 18). Für Feststoffe können speziell angepasst Programme gewählt werden, die deren Eigenschaften besser reproduzieren. Zu diesem Zweck müssen die Verbindungen dem Typ *„solid"* zugeordnet werden, für den AspenPlus eine eigene Stoffstromklasse bereithält. Allerdings werden Verbindungen des Typs solid nicht bei der Berechnung von Phasengleichgewichten berücksichtigt. Wenn in einer Grundoperation Bedingungen erreicht werden, unter denen diese Verbindungen ihren Schmelzpunkt erreichen, müssen Sie daher dem Typ *„conventional"* zugeordnet werden. Daher enthält die Komponentenliste einige Verbindungen in beiden Stoffstromklassen. Nach der Definition der Komponentenliste stehen dann die Verbindungen für die Berechnungen der Grundoperationen bereit.

5.2.1 Mischung und Pelletierung

Wie in Kapitel 5.1 dargestellt besteht der erste Verfahrensschritt im Mischen der Reststoffe mit dem Kalk und dem Koks und dem Pelletieren.

Kalk wird benötigt, um die Zusammensetzung und damit wesentliche Eigenschaften der Schlacke zu beeinflussen. Die Schlackezusammensetzung hat Auswirkung auf den Schmelzpunkt und damit auch die Viskosität von Schlacken. Ferner beeinflusst die Schlackezusammensetzung auch das sich im Prozess einstellende Phasengleichgewicht zwischen der Schlacke und den anderen Phasen (vgl. Turkdogan 1996). Ein Maß für diese Schlackezusammensetzung ist die Basizität B. Sie ergibt sich aus dem Quotienten der Summen der Konzentrationen c der „basischen" und der „sauren" Verbindungen. Basische Verbindungen sind dabei solche, die in der geschmolzenen Schlacke Sauerstoffionen abgeben, während saure Verbindungen Sauerstoffionen aufnehmen. Im Wälzprozess wird die Basizität B nach folgender Gleichung berechnet:

$$(28) \qquad B = \frac{c_{CaO} + c_{MgO}}{c_{SiO_2}}$$

Dabei handelt es sich um ein rein empirisch ermitteltes Maß (VDEh 1981). Die Einhaltung der korrekten Basizität ist wichtig für einen störungsfreien Prozessablauf, da gewährleistet sein muss, dass die Pelletschüttung und damit die Schlacke im Ofen stets einen festen Aggregatzustand hat. Bei einem zu hohen Anteil flüssiger Schlacke würde diese mit den verbleibenden Feststoffen am Feuerfestmaterial anhaften und den Ofenquerschnitt zusetzten.

Bei der Berechnung der Basizität ist zu berücksichtigen, dass auch der Kalk eine geringe Menge Siliziumdioxid enthält. Eine Analyse der chemischen Zusammensetzung des Kalks zeigt Tabelle 8.

Tabelle 8: Chemische Analyse des Kalks (Quelle: Unternehmensangaben)

		CaO	SiO_2 [*]	CO_2 [**]
Konzentration	[Gew.-%]	95	2,5	2,5

[*] chemisch gebunden in der Verbindung Ca_2SiO_4; [**] chemisch gebunden als $CaCO_3$

Die benötigte Menge an Koks wird anhand des Metalloxidgehaltes in den Reststoffen abgeschätzt. Stöchiometrisch wird für jedes an ein zu reduzierendes Metall gebundene Sauerstoffatom ein Kohlenstoffatom des Kokses benötigt (vgl. Gl. (29)).

(29) $$Me_xO_y + y\,C + \tfrac{1}{2}y\,O_2 \longrightarrow Me_x + y\,CO_2$$

Diese Stöchiometrie ist aber allein zur Berechnung des benötigten Kokses nicht ausreichend, da Koks ebenfalls als Energieträger dient. Mit dem Koks wird nicht nur Kohlenstoff bereitgestellt. In Abhängigkeit seiner Herkunft und Qualität enthält er auch noch andere Verbindungen wie z. B. Siliziumdioxid aber auch Schwefel. Die Zusammensetzung des Kokses zeigt Tabelle 9.

Tabelle 9: Chemische Analyse des Kokses (Quelle: Unternehmensangaben)

		C	CaO	SiO_2	MgO	Al_2O_3	S	Na_2O [*]	K_2O [**]
Konzentration	[Gew.-%]	91	0,5	4,5	0,15	0,25	3	0,15	0,15

[*] chemisch gebunden in der Verbindung NaCl; [**] chemisch gebunden als KCl

Vor Einführung der Pelletierung am Wälzrohrstandort wurde der Stahlwerkstaub bereits pelletiert angeliefert. Dies hatte zur Folge, dass sich die Hilfsstoffe Koks und Kalk beim Mischen nur um die Staubpellets anlagern konnten. Die Reaktionspartner waren damit räumlich voneinander getrennt. Die für den Stofftransport notwendige Zeit hemmte somit die Reaktionsgeschwindigkeit. Um während der begrenzten Aufenthaltszeit in der Reduktionszone trotzdem einen entsprechenden Umsatz zu erreichen musste Koks überstöchiometrisch zudosiert werden. Durch die Pelletierung vor Ort liegen jetzt alle Reaktanden räumlich eng beieinander in den Pellets vor, was die Reaktionsgeschwindigkeit erhöht. Der Koksverbrauch wurde mit der Pelletierung um ca. 25 % gesenkt (Saage et al. 2004).

Aus diesem Grund wird in der Fließschemasimulation als Grundoperation ein Mixer (vgl. Abbildung 26: MXAUFG) zum Mischen der Stoffströme eingesetzt, was einer vollständigen Durchmischung gleichkommt. Die Stoffströme werden dann als ein homogener Stoffstrom im Modell weitergeführt. Aufgrund der geringen Größe und der guten Durchmischung der Pellets ist dies für die meisten im weiteren Simulationsverlauf zu berechnenden Reaktionen zulässig. Wo eine kinetische Hemmung der Reaktionen zu erwarten ist, wird dies in den nachfolgenden Grundoperationen berücksichtigt.

5.2.2 Wälzrohraufgabe und Aufwärm- sowie Trocknungszone

Nach dem Mischen und Pelletieren werden die Pellets mit Umgebungstemperatur in das Wälzrohr gegeben. Wie bereits in Kapitel 5.1 beschrieben wird ein feinkörniger Teil der Pellets dabei durch die im Gegenstrom geführte Prozessluft abgeweht. Quantifizieren lässt sich dieser Effekt durch die Anteile der Verbindungen wie FeO, CaO, MgO und SiO_2 im Produkt Wälzoxid. Nach Tabelle 2 (vgl. Kapitel 3.2) beträgt der Gehalt dieser Verbindungen im Wälzoxid im Mittel 9,4 Gew.-%. Tabelle 10 zeigt die Siedepunkte unter Standardbedingungen von Eisen(II)-oxid (Wüstit) sowie der anderen genannten Verbindungen.

Tabelle 10: Siedepunkte ausgewählter Verbindungen (Quelle: FACT53 Datenbank)

		Fe	FeO	CaO	MgO	SiO$_2$*
Siedepunkt	[°C]	1537,80	3553,89	3976,52	3495,88	(1722,84)

* Schmelzpunkt

Es wird deutlich, dass diese Verbindungen unter den Temperaturen im Wälzrohr von 1.000°C – 1.100°C nicht Verdampfen. Sie können nur durch mechanischen Abtrag in den Gasraum des Wälzrohres gelangt und darüber in das Wälzoxid gelangt sein. Die Masse und Zusammensetzung des abgewehten Feinkornanteils ist in der Realität abhängig von der Korngrößenverteilung, Dichte und Zusammensetzung der Pellets sowie dem Volumenstrom der Prozessluft und deren Turbulenzen. Dieser Prozess ist mit heutigen Grundoperationen der Fließschemasimulation nicht exakt abzubilden. Da die Pellets aber homogen zusammengesetzt sind und die Korngrößenverteilung durch die Pelletierung ebenfalls nicht sehr stark schwankt, wird vereinfachend angenommen, dass der Anteil der abgewehten Feinkornfraktion von der aufgegebenen Pelletmasse konstant ist. Die Abwehung wird in der Fließschemasimulation durch einen Splitter (vgl. Abbildung 26: TRMECHST) simuliert, dessen Abtrennungsverhältnis während der Modellkalibrierung eingestellt wird.

In der anschließenden Aufwärm- und Trocknungszone wird die Pelletschüttung im Rohr durch die Prozessluft langsam erwärmt. Entsprechend Ihrer Wärmekapazitäten nehmen die Verbindungen dabei Energie auf. Beim Erreichen der Siedetemperatur von Wasser verdampft freies Wasser, welches aus der Restfeuchte der Reststoffe oder der Zugabe beim Pelletieren stammt. Das Wasser geht damit in den Gasraum oberhalb der Pelletschüttung über und wird mit dem Prozessluftstrom wieder aus dem Rohr transportiert. Die Erwärmung bis 100°C und Verdampfung von freiem Wasser ist mit einer Flash Grundoperation abgebildet (vgl. Abbildung 26: SEPVERD).

Bei weiter steigenden Temperaturen wird Kalciumkarbonat zur Calciumoxid und Kohlendioxid zersetzt (vgl. Gl. (30)).

(30) $$CaCO_3 \longrightarrow CaO + CO_2 \uparrow$$

Diese Reaktion ist endotherm, d. h. sie benötigt eine Zuführung von Energie. Das freiwerdende Kohlendioxid geht ebenfalls in den Gasraum über. Die Energieaufnahme während der Erwärmung und die Zersetzung von Kalciumkarbonat wird mittels einer stöchiometrischen Grundoperation (vgl. Abbildung 26: RSTOWARM) in der Fließschemasimulation berechnet, die Verlagerung von Kohlendioxid in den Gasraum wird mittels einer Flash Grundoperation (vgl. Abbildung 26: SEPCO2) abgebildet.

5.2.3 Reduktionszone

Im Bereich der Reduktionszone reagiert der Kohlenstoff des zugegebenen Kokses in der Pelletschüttung mit dem Sauerstoff der Prozessluft und bildet unter den vorherrschenden Bedingungen Kohlenmonoxid. Bei diesem Vorgang handelt es sich um zwei nacheinander ablaufende Reaktionen. In der ersten Reaktion reagiert der Kohlenstoff mit dem Sauerstoff zu Kohlendioxid (vgl. Gl. (31). Diese Reaktion ist stark exotherm und ihr Gleichgewicht liegt vollständig auf der Seite der Produkte. Das Reaktionsprodukt der ersten Reaktion, Kohlendioxid reagiert danach in Abhängigkeit der Temperatur und der Konzentrationen der Reaktanden mit einem weiteren Kohlenstoffatom zu zwei Kohlenmonoxid Molekülen (vgl. Gl. (32)).

(31) $$C + O_2 \longrightarrow CO_2$$

(32) $$CO_2 + C \xrightleftharpoons{} 2CO$$

Diese Reaktion wird „Boudouard-Reaktion" genannt. Sie ist endotherm und findet nur unter ständiger Energiezufuhr statt. Je nach Umgebungstemperatur liegt das Gleichgewicht der Reaktion („Boudouard-Gleichgewicht") auf der linken oder der rechten Seite. Ab ca. 400 °C beginnt im Gleichgewichtszustand die Bildung von Kohlenmonoxid. Bei ca. 1.000 °C ist die Reaktionsgeschwindigkeit der zweiten Reaktion höher als die der ersten. Im Gleichgewichtszustand wird somit alles gebildete Kohlendioxid zu Kohlenmonoxid weiterreagieren, womit im Ergebnis kein Kohlendioxid mehr vorliegt. In Abbildung 23 sind auf der linken Seite auf Grundlage von FactSage Berechnungen die gebildeten Mengen von Kohlendioxid und Kohlenmonoxid im Gleichgewichtszustand dargestellt.

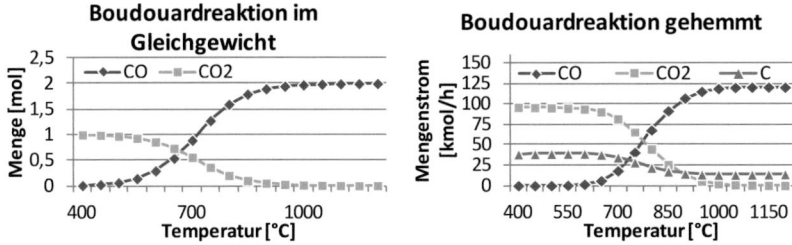

Abbildung 23: Verhältnis von CO und CO2 in Abhängigkeit der Temperatur im Gleichgewicht und bei gehemmter Reaktion

In der Realität wird das Gleichgewicht zwischen Kohlendioxid und Kohlenmonoxid jedoch nicht nur durch die Geschwindigkeit der chemischen Vorgänge sondern auch durch die Geschwindigkeit von Transportvorgängen beeinflusst. Das gasförmige Kohlendioxid muss an die Phasengrenzfläche zum festen Kohlenstoff transportiert werden und das dort gebildete ebenfalls gasförmige Kohlendioxid muss wieder von der Phasengrenzfläche abtransportiert werden. Da aus einem Mol Kohlendioxid mit Kohlenstoff zwei Mol Kohlenmonoxid gebildet werden, vergrößert sich in Folge der Reaktion die Gasmenge, was den Antransport von Kohlendioxid hemmt (vgl. Oeters 1989, S. 184). Mit fortlaufender Reaktion verlagert sich die Reaktionsgrenzfläche von der Oberfläche der Pellets in das dann poröse Pelletinnere. Untersuchungen an reinen Kohlenstoffpellets zeigen daher, dass der Pelletdurchmesser ebenfalls einen Einfluss auf die Reaktionsgeschwindigkeit hat (vgl. Turkdogan 1996, S. 51 – 56). Für den Wälzprozess lassen sich nicht alle Einflussgrößen auf diese Vorgänge ermitteln, sie lassen sich jedoch berücksichtigen, indem Ihr Einfluss auf die Reaktionsgeschwindigkeit mit der Reaktionsgeschwindigkeitskonstanten K zu einer Gesamtkonstanten K_{ges} zusammengefasst werden (vgl. Rentz et al. 2006, S.64). Während der Modellkalibrierung wird mittels Sensitivitätsanalyse der Wert für die Konstante K_{ges} angenähert, für den die beste Übereinstimmung des Modells mit den Originaldaten erzielt wird. Die Oxidation von Kohlenstoff wird im Fließschemamodell durch eine kinetische Grundoperation (vgl. Abbildung 26: RKINBOUD) abgebildet. Dies ist notwendig, da die Bildung von Kohlenmonoxid einen zentralen Einfluss auf die folgenden Reaktionen im Fließschemasimulationsmodell hat. In Abbildung 23 ist auf der rechten Seite dargestellt, welche Mengen von Kohlendioxid und Kohlenmonoxid sich in Abhängigkeit der

Temperatur im Modell bilden. Im Unterschied zur reinen Gleichgewichtsberechnung mit FactSage steigt die Menge des gebildeten Kohlenmonoxids nicht so schnell mit der Temperatur an. Weiterhin wird der Kohlenstoff nicht vollständig umgesetzt, sondern es sind noch Restmengen in der Schlacke feststellbar. Daher ist in Abbildung 23 rechts zusätzlich die verbleibende Menge Kohlenstoff aufgetragen.

Nach der Bildung von Kohlenmonoxid reduziert dieses die in den Reststoffen enthaltene Metalloxide nach der folgenden Gleichung:

(33) $$Me_xO_y + y\,CO \longrightarrow x\,Me + y\,CO_2$$

Welche Metalloxide dabei in welcher Menge reduziert werden, hängt von dem verfügbaren Kohlenmonoxid, der Temperatur, dem Druck und der freien Bildungsenthalpie des Metalloxids ab. Abbildung 24 zeigt das Ellingahm-Diagramm (freie Bildungsenthalpie als Funktion der Temperatur $G(T)$) für die in den Reststoffen vorhandenen Metalloxide im Gleichgewichtszustand.

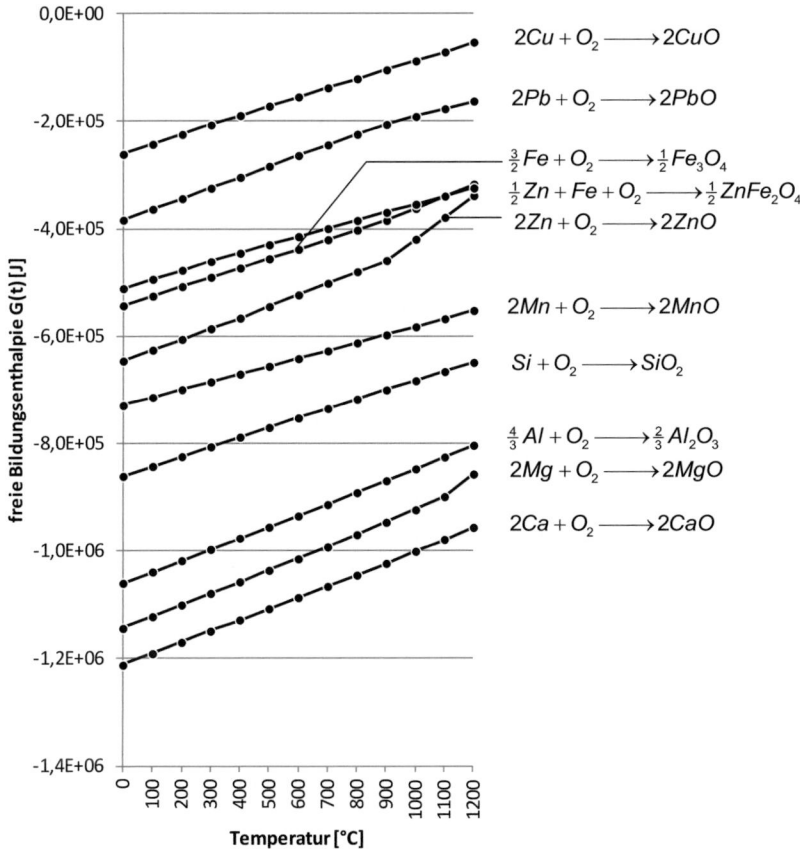

Abbildung 24: Freie Bildungsenthalpien einiger Oxide in Abhängigkeit von der Temperatur (berechnet mit FactSage)

Es wird deutlich, dass unter Gleichgewichtsbedingungen zunächst Kupfer-, Blei- und Eisen(II,III)-oxid (Magnetit) sowie Zinkferrit reduziert werden, bevor die eigentlich angestrebte Reaktion, die Reduktion des Zinkoxides, erreicht wird. In der Realität muss weiterhin berücksichtigt werden, dass das Reduktionsmittel Kohlenmonoxid zunächst an das in der Feststoffphase der Pelletschüttung vorliegende Metalloxid transportiert werden muss. Ähnlich wie bei der Oxidation des Kohlenstoffes ist aufgrund der damit einhergehenden Hemmung der Reaktionsgeschwindigkeit in der Praxis kein vollständiger Umsatz aller Oxide gegeben. Für den Wälzprozess von großer Bedeutung sind vor allem die folgenden Reduktionsreaktionen:

$$
\begin{aligned}
ZnO + CO &\longrightarrow Zn + CO_2 \\
ZnFe_2O_4 + 4\,CO &\longrightarrow Zn + 3\,Fe + 4\,CO_2 \\
PbO + CO &\longrightarrow Pb + CO_2 \\
Fe_3O_4 + 4\,CO &\longrightarrow 3\,Fe + 4\,CO_2
\end{aligned}
$$

(34)

Dabei bestimmt die Reduktion der Zink enthaltenen Verbindungen direkt die Menge des produzierten Zinkoxides im Wälzoxid. Außerdem wird Zink später wieder oxidiert und die dabei frei werdende Energie leistet einen wesentlichen Beitrag zur Gesamtenergiebilanz des Prozesses. Blei ist die Substanz, die den größten Teil der Verunreinigungen im Wälzoxid ausmacht (vgl. Tabelle 2). Eisen verbleibt als reduziertes Metall mit dem größten Massenanteil in der Pelletschüttung. Der Anteil des elementaren Eisens hat in der folgenden SDHL-Zone einen wesentlichen Einfluss auf die Energiebilanz. Die vier oben beschriebenen Reaktionen werden in der Fließschemasimulation daher in einer eigenen kinetischen Grundoperation (vgl. Abbildung 26: RKINRED) berechnet. Die benötigten Größen zur Bestimmung der Reaktionsgeschwindigkeit werden in der Modellkalibrierung über Sensitivitätsanalysen bestimmt, so dass eine möglichst gute Übereinstimmung mit den Originaldaten erreicht wird.

Alle weiteren Reaktionen in der Reduktionszone und Übergänge von Verbindungen in die gasförmige Phase werden in einem Gleichgewichtsreaktor (vgl. Abbildung 26: RGGWFEST) berechnet. Von größerer Bedeutung für die Produktqualität und Energiebilanz des Wälzprozesses sind hier noch die Reaktionen des Chlors und der Alkalimetalle. Chloride, Alkalien und ihre Verbindungen haben in der Regel einen hohen Dampfdruck. Im Wälzprozess liegt der Dampfdruck von Zinkdichlorid ($ZnCl_2$), Bleidichlorid ($PbCl_2$), Kaliumchlorid (KCl) und Natriumchlorid (NaCl), wie auch der von reinem Natrium und Kalium in einer vergleichbaren Größenordnung wie der des Zinks (vgl. Abbildung 25).

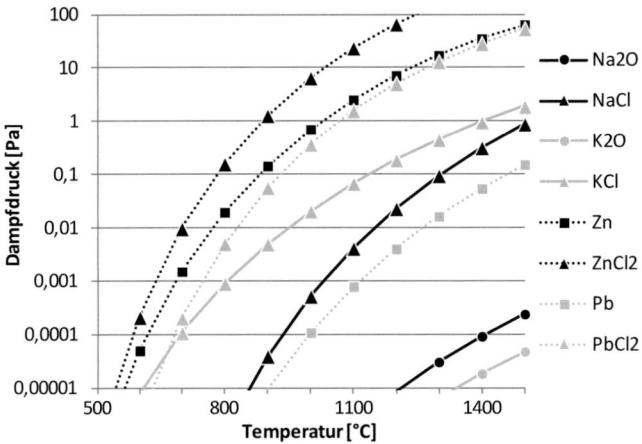

Abbildung 25: Dampfdruck ausgewählter Komponenten
(in Anlehnung an Rentz et al. 2006, berechnet nach Barin und Knacke (1973))

Chloride sind eine problematische Verunreinigung des Produktes Wälzoxid, da sie die Wiedergewinnung des Zinks in der hydrometallurgischen Zinkgewinnung behindern. Chloride werden daher aus dem Wälzoxid durch die nachgeschaltete Wäsche entfernt. Die Verunreinigung des Wälzoxids sind in der Fließschemasimulation berücksichtigt, da sie zu höheren Kosten führen (vgl. Kapitel 3.2).

Weitere in der Gleichgewichts-Grundoperation berechnete Reaktionen sind die Bildung von Sulfiden sowie der Luftschadstoffe NO_x und SO_2.

5.2.4 Oxidationszone

In der Oxidationszone werden die aus der Reduktionszone verdampften Metalle sowie verbliebenes Kohlenmonoxid durch den Sauerstoffüberschuss aus der Prozessluft wieder oxidiert. Diese Oxidationsreaktionen sind stark exotherm und geben Energie ab. In der Oxidationszone herrschen Temperaturen von ca. 800°C. Die in der Oxidationszone freiwerdende Energie erhitzt die Prozessluft, welche dann wieder in der Aufwärm- und Trocknungszone sowie der Reduktionszone Energie abgibt. Die Reaktionen der Oxidationszone sind somit für den Wärmehaushalt des ganzen Prozesses von entscheidender Bedeutung. Die folgenden Reaktionen sind dabei die Hauptreaktionen und liefern den größten Energiebeitrag (berechnet mit FactSage).

$$2\,Zn + O_2 \longrightarrow 2ZnO \qquad \Delta G(800°C) = 240\,\tfrac{kJ}{mol\,Zn}$$

(35) $$\qquad 2\,CO + O_2 \longrightarrow 2CO_2 \qquad \Delta G(800°C) = 190\,\tfrac{kJ}{mol\,CO}$$

$$2\,Pb + O_2 \longrightarrow 2PbO \qquad \Delta G(800°C) = 112\,\tfrac{kJ}{mol\,PB}$$

Diese drei Reaktionen erreichen im Prozess das Gleichgewicht, welches komplett auf der Seite der Produkte liegt. Sie werden in der Fließschemasimulation aber aufgrund ihrer Wichtigkeit für die Energiebilanz in einer eigenen stöchiometrischen Grundoperation (vgl. Abbildung 26: RSTOATMO) berechnet.

In der Oxidationszone finden weitere Reaktionen statt, wie z. B. die Oxidation von Bleisulfid mit der Bildung von Schwefeldioxid. Diese werden in einer Gleichgewichtsgrundoperation (vgl. Abbildung 26: RGGWATMO) in die Fließschemasimulation integriert. Zwar könnten auch die in Gl. (35) beschriebenen Reaktionen in dieser Gleichgewichtsgrundoperation berechnet werden, jedoch ist in AspenPlus nicht auszuschließen, dass die Gleichgewichtsgrundoperationen nicht konvergieren und dann deutlich abweichende Ergebnisse für die Energiebilanz liefern. Die Ausgliederung der Reaktionen in Gl. (35) stabilisiert die Konvergenzberechnung des Gesamtmodells und verringert die Auswirkung von Konvergenzfehlern der Gleichgewichtsgrundoperation.

5.2.5 SDHL-Zone und Erdgasbrenner

Die Reaktionen der Oxidationszone stellen zwar einen Großteil der Energie bereit, können aber den Gesamtenergiebedarf des Prozesses nicht vollständig decken. Dies kann mittels des Erdgasbrenners oder durch die Reaktionen der SDHL-Zone erreicht werden.

Die Energiezufuhr über die SDHL-Zone ist in einer stöchiometrischen Grundoperation (vgl. Abbildung 26: RSTOSDHL) in die Fließschemasimulation integriert. Im Wälzprozess muss erst ein Großteil des Eisenoxides aus den Reststoffen reduziert werden, bevor Zinkoxid reagiert (vgl. Abbildung 24). Diese Reaktion benötigt Energie, hat aber keinen Einfluss auf die Qualität des Wälzoxides, da das Eisen sowohl als Metall als auch als Oxid in der Schlacke verbleibt. Die Erweiterung des Wälzprozesses mittels des SDHL-Verfahrens gewinnt einen Teil dieser Energie zurück, indem mittels der SDHL-Lanze SDHL-Luft auf die Schüttung aufgeblasen wird. Der darin enthaltene Sauerstoff oxidiert das metallische Eisen wieder. Da die Luft nur auf die Oberfläche der Schüttung bläst und da die SDHL-Zone aufgrund der thermischen Belastbarkeit der Lanze nur kurz ist, wird das Eisen nicht vollständig zum Fe_2O_3 oxidiert. Die erreichte Oxidationsstufe entspricht eher der des Fe_3O_4. Die Reaktionsgleichung und die mittels FactSage berechnete frei werdende Energie zeigt die folgende Gleichung:

(36) $\quad \frac{3}{2}Fe + O_2 \longrightarrow \frac{1}{2}Fe_3O_4 \qquad \Delta G(1200°C) = 216\frac{kJ}{molFe}$

Die Einführung des SDHL-Verfahrens hat es ermöglicht, den Wälzprozess grundsätzlich ohne zusätzliche Stützfeuerung zu betreiben. Dies setzt jedoch das Vorhandensein von ausreichend metallischem Eisen voraus. Sollte aufgrund von Schwankungen in der Prozessführung oder bei der Inbetriebnahme des Prozesses nicht genug Eisen reduziert worden sein, oder sollte es vorteilhaft sein, den Prozess mit einer höheren Temperatur zu betreiben, steht zusätzlich zur Energiezufuhr ein Erdgasbrenner bereit. Im Fließschemamodell ist dieser als Gleichgewichtsgrundoperation integriert (vgl. Abbildung 26: RGGWBREN). In die Grundoperation wird Erdgas und die stöchiometrisch benötigte Menge Luft eingeführt. Neben der Verbrennungsreaktion von Erdgas mit Luft wird auch die Bildung von NO_x berechnet.

Die der Grundoperation zugeführten Stoffströme Erdgas und Luft haben Umgebungstemperatur. Aus der Grundoperation wird kein gesonderter Energiestrom abgeleitet, d. h. sie rechnet adiabat. Die aus der Reaktion frei werdende Energie bewirkt damit eine Temperaturerhöhung des ausgehenden Stoffstroms Brenngas. Über diesen Stoffstrom wird die durch die Verbrennung frei gewordene Energie den nachfolgenden Grundoperationen zugeführt, ohne dass eine Temperatur im Fließschema fest definiert werden muss.

5.2.6 Abgasreinigung und Produktabtrennung

Die mit dem Zinkoxidstaub beladene Prozessluft verlässt das Wälzrohr in die anschließende Staubkammer mit einer Temperatur von ca. 800°C. Die zur Produktabscheidung genutzten Gewebefilter sind für solch hohe Temperaturen nicht geeignet, weshalb vor Eintritt in die Gewebefilter eine Abkühlung der Prozessluft auf unter 200°C erfolgen muss. Hierzu wird ein Verdampfungskühler eingesetzt. Diese Temperaturabsenkung wird im Fließschemamodell mittels einer Gleichgewichtsgrundoperation abgebildet (vgl. Abbildung 26: VERDKUEL). Hier werden durch die erhebliche Temperaturänderung im Wesentlichen Kondensations- bzw. Erstarrungsvorgänge berechnet.

Die Prozessluft hat bei Verlassen des Wälzrohres eine Staubbeladung von ca. 140 g/m³ (Mager und Meurer 2000). Dabei hat gerade das abzutrennende Zinkoxid eine sehr kleine Partikelgröße von nur 0,3 – 0,003 µm (Pawlek 1983). Mit den Gewebefiltern lässt sich ein Abscheidegrad von über 99,99% erreichen. Damit kann in der Fließschemasimulation auf eine komplizierte Berechnung der Korngrößenverteilung der Staubfraktion der Prozessluft und der daraus resultierenden Abscheiderate verzichtet werden und vereinfachend eine Abscheidung von 100% angenommen werden. Die Produktabtrennung aus der Prozessluft wird somit in der Fließschemasimulation mittels einer Flash Grundoperation (vgl. Abbildung 26: GEWBFILT) berechnet.

5.2.7 Darstellung des dem Simulationsmodell zugrundliegenden Fließschemas

Die in Kapitel 5.2.1 bis 5.2.6 beschreibenden Grundoperationen sind durch die ihnen zuströmenden und abfließenden Stoff- und Energieströme zu einem Fließschema verknüpft. Dieses zeigt Abbildung 26. Weiterhin sind zur Berechnung der Fließschemasimulation eine Reihe an Auslegungsvorschriften und Rechenblöcken erforderlich. Diese beschreibt das folgende Kapitel.

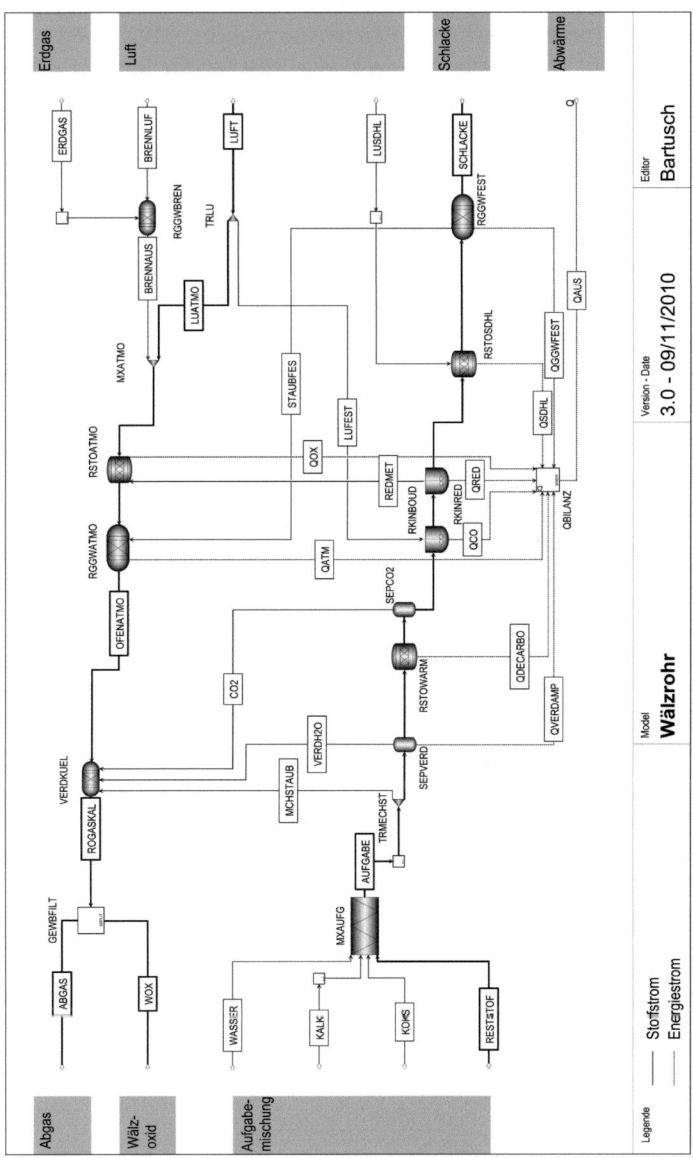

Abbildung 26: Fließschemasimulationsmodell des Wälzprozesses

5.3   Integration wesentlicher Prozesscharakteristika durch Definition von Auslegungsvorschriften für die Simulation und interner Rechenanweisungen

5.3.1   Auslegungsvorschrift zur Bestimmung der Kalkzugabe

Wie bereits bei der Beschreibung der Mischung dargestellt (vgl. Kapitel 5.2.1), ist für den Wälzprozess eine definierte Basizität einzuhalten. Während der klassische Wälz-prozess häufig im sauren Bereich (B = 0,2 – 0,5) betrieben wurde, arbeitet die hier simulierte Anlage im basischen Bereich (B = 1,5 – 4). Die exakte Basizität wurde aus dem Mittelwert der in den Originaldaten dokumentierten Konzentrationen von Kal-ziumoxid (CaO) Magnesiumoxid (MgO) und Siliziumdioxid (SiO_2) berechnet.

Im Fließschemamodell ist hierzu eine Auslegungsvorschrift „KALK" definiert. Über diese wird iterativ die Masse des Eingangsstoffstromes Kalk variiert, bis die aus den Originaldaten berechnete Basizität erreicht ist. Die somit ermittelte Kalkmasse ist eine Ausgangsgröße der Fließschemasimulation (vgl. Tabelle 3, Kapitel 3.2, S. 28).

5.3.2   Auslegungsvorschrift zur Bestimmung der benötigten Luftzufuhr des Brenners

Der eingesetzte Volumenstrom von Erdgas für den Brenner ist eine erst im Rahmen der PSO belegte Eingangsgröße und kann daher nicht bereits bei der Erstellung der Fließschemasimulation festgelegt werden. Damit ist auch der für eine vollständige Verbrennung benötigte Luftvolumenstrom nicht bekannt sondern muss zu Beginn der Fließschemasimulation bestimmt werden. Zu diesem Zweck wird eine Ausle-gungsvorschrift eingesetzt.

Erdgas besteht je nach Qualität aus bis zu ca. 93% aus Methan (CH_4) (Heinen 1997, S. 38). Es kann mit hinreichender Näherung angenommen werden, dass der Sauer-stoffverbrauch einer vollständigen Verbrennung durch die folgende Gleichung be-schrieben werden kann:

(37) $$CH_4 + 2O_2 \longrightarrow CO_2 + 2H_2O$$

Pro Mol zu verbrennendes Erdgas sind somit 2 Mol Sauerstoff erforderlich[25]. Die Auslegungsvorschrift variiert daher den Massestrom der Brennluft iterativ so, dass dieses Zielmolverhältnis erreicht wird.

5.3.3 Bestimmung der Prozesstemperatur mittels einer Auslegungsvorschrift

Von erheblicher Bedeutung für die Reaktionskinetiken im Fließschemamodell ist die Temperatur in den Grundoperationen der Reduktionszone (vgl. Kapitel 4.2.2.2). Während jedoch bei der Modellkalibrierung Daten zur gemessenen Temperatur verfügbar sind, ergibt sich bei der PSO die Temperatur erst aus der Energiebilanz aller Vorgänge im Wälzrohr. Im Fließschemamodell kommt erschwerend hinzu, dass die zuerst berechneten Grundoperationen eine Zuführung von Energie benötigen. Die hierzu zur Verfügung stehende Energie ist jedoch zum Zeitpunkt der Berechnung der Grundoperation nicht bekannt, da die exothermen Reaktionen erst in den nachfolgenden Grundoperationen der Oxidationszone stattfinden. Deren umgewandelte Energie hängt jedoch auch wieder von den Reaktionen der Reduktionszone ab, da in der Oxidationszone nur Reaktionen stattfinden können, wenn vorher in der Reduktionszone Metalloxide reduziert wurden. Ein adiabater Ansatz, wie für die Berechnung der Temperatur des Brenners gewählt, ist hier in AspenPlus nicht umsetzbar, da mehrere Grundoperationen einzubeziehen sind.

Zusätzlich ist zu berücksichtigen, dass über die Temperatur und Enthalpie der Stoffströme die dem Wälzrohr zugeführt werden oder dieses verlassen sowie über den Wärmeverlust über die Rohrwand ein Energieaustausch mit der Umgebung stattfindet (vgl. Abbildung 27).

---

[25] In der Realität ist eine leicht überstöchiometrische Sauerstoffzufuhr erforderlich. Der genaue Volumenstrom ist jedoch nicht dokumentiert.

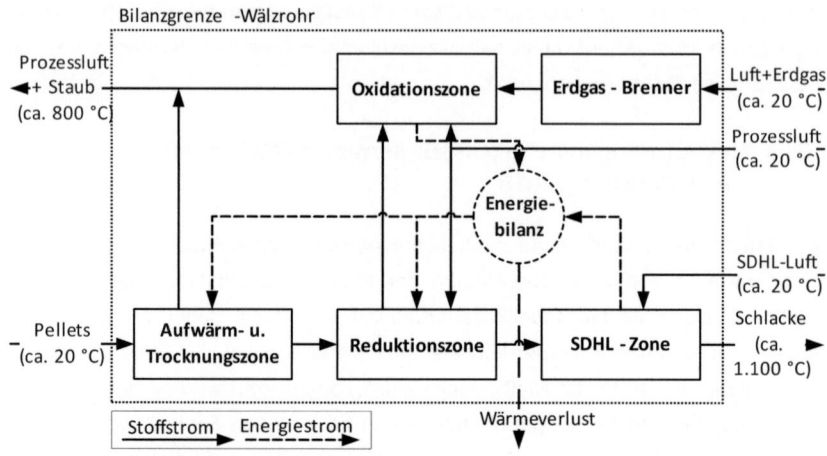

Abbildung 27: Bilanzgrenze der Energiebilanz

Nach dem Grundsatz der Energieerhaltung muss die Differenz der über die Bilanz-grenze eintretenden und der sie verlassenden Energieströme Null sein. Um dieses Prinzip in das Fließschemamodell zu integrieren werden sämtliche Energieströme in einer Mixer Grundoperation zusammengeführt (vgl. Abbildung 26: QBILANZ). Mittels einer Auslegungsvorschrift wird dann die Temperatur für die Grundoperationen der Reduktionszone und der SDHL-Zone ermittelt, für die die Energiebilanz ausgeglichen ist. Hierzu ist allerdings ebenfalls der Energiestrom durch den Wärmeverlust über die Rohrwand notwendig. Dieser wird in einem in der Auslegungsvorschrift enthaltenen Fortran-Block wie folgt berechnet.

Der Energieverlust über eine mehrschichtige isolierte Rohrwand[26] hängt von mehreren Vorgängen ab:

- dem Wärmeübergang an der Innenseite der Feuerfestausmauerung des Wälzrohres,
- der Wärmeleitung durch die Feuerfestausmauerung und den Stahlmantel des Rohres und
- dem Wärmeübergang vom heißen Stahlmantel an die Umgebungsluft.

Dabei sinkt die Temperatur von der Innen- zur Außenseite (vgl. Abbildung 28). Der Wärmeübergang ist abhängig von den Wärmeübergangszahlen a_i und a_a, den temperaturabhängigen Stoffeigenschaften des Rohres, des Mediums, das das Rohr im Inneren durchströmt und des Mediums, das das Rohr an der Außenseite umgibt, sowie dem inneren Durchmesser d_o und dem äußeren Durchmesser d_N des Rohres. Die Wärmeleitung ist abhängig von dem Durchmesser d_n der Schicht n und deren Wärmeleitfähigkeit λ_n.

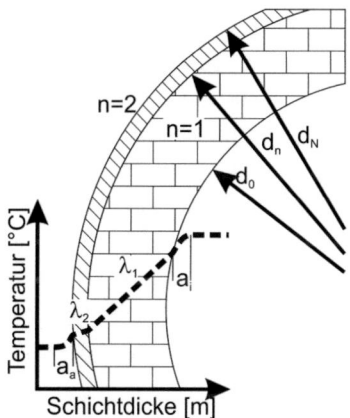

Abbildung 28: Wärmeübergang und Wärmeleitung durch eine isolierte Rohrwand

Berechnen lässt sich der Energiestrom Q des Wärmeübergangs und der Wärmeleitung bei Kenntnis der oben beschriebenen Faktoren sowie der Länge l des Rohres

---

[26] Vor allem die Feuerfestausmauerung des Wälzrohres wirkt hier als Isolationsschicht.

und der Temperaturdifferenz zwischen der Innenwand T_i und der Außenwand T_a wie folgt (VDI 2006):

(38)
$$Q = \frac{l \cdot \pi \cdot \left(T_i - T_a \right)}{\dfrac{1}{a_i \cdot d_0} + \sum\limits_{n=1}^{N} \dfrac{1}{\lambda_n} \ln \dfrac{d_n}{d_{n-1}} + \dfrac{1}{a_a \cdot d_N}}$$

Wärmeübergang an der Innenseite des Drehrohres

Der Wärmeübergang an die Innenseite des Rohres besteht aus der durch Konvektion von der heißen Prozessluft übertragenen Wärme und der Wärmeleitung zwischen der Feststoffschüttung und der Rohrwand. Dabei hängt der Betrag durch die Feststoffschüttung von der Kontaktfläche, den Stoffeigenschaften der Schüttung und der Schüttungstemperatur ab. Dies ist in der Praxis kaum zu berechnen, da die Wälzbewegung der Schüttung zu berücksichtigen wäre. Es ist jedoch davon auszugehen, dass der Wärmeverlust bei der Wärmeleitung von der Schüttung an die Rohrwand deutlich kleiner ist, als der durch Konvektion mit der Prozessluft bewirkte. Daher wird vereinfachend angenommen, dass die Temperatur der berührten Rohrwand derjenigen der Schüttung entspricht und nur zwischen der Prozessluft und dem Teil der nicht von der Schüttung eingenommenen Rohrwand eine Temperaturdifferenz besteht und nur hierdurch einen Verringerung der übertragenen Wärme entsteht. Um diesen zu berechnen, ist zunächst zu ermitteln ob die Prozessluft laminar oder turbulent, durch das Rohr strömt. Zur Charakterisierung einer Strömung wird die dimensionslose Reynoldszahl verwendet. Sie berechnet sich aus der Strömungsgeschwindigkeit w und der temperaturabhängigen kinematischen Viskosität v des strömenden Mediums sowie der der Länge l des durchströmten Rohres (Pawlek 1983, S. 49):

(39)
$$\mathrm{Re} = \frac{w \cdot l}{v} \text{ (für Gase)}$$

Für den hier behandelten Fall der Strömung von Prozessluft durch das Wälzrohr ergibt sich eine Reynoldszahl von über $5 \cdot 10^6$ und damit deutlich im turbulenten Bereich. Eine weitere dimensionslose Kennzahl ist die wie folgt definierte Nusselt-Zahl:

(40)
$$\mathrm{Nu} = \frac{a_i \cdot l}{\lambda}$$

Im Fall des Wärmeübergans bei turbulenter Strömung kann die Nusselt-Zahl auch aus dem funktionellen Zusammenhang anderer Kennzahlen wie der Reynold-Zahl und der Prandtl-Zahl (Gl. (42)), die das Verhältnis von Stoff- zu Wärmetransport charakterisiert, berechnet werden (VDI 2006):

(41)
$$Nu = \frac{\frac{\xi}{8} Re \cdot Pr}{1 + 12,7 \cdot \sqrt{\frac{\xi}{8}} \left(Pr^{\frac{2}{3}} - 1 \right)}$$

(42)
$$Pr = \frac{c_p \cdot \nu}{\lambda}$$

Die Prandtl-Zahl ergibt sich aus dem Quotienten der Wärmekapazität und der kinematischen Viskosität mit der Wärmeleitfähigkeit des strömenden Mediums. Diese temperaturabhängigen Stoffdaten sind, wie auch die Prandtl-Zahl selber, in VDI (2006) tabelliert. Da das strömende Medium im Wesentlichen die Prozessluft ist, wurden die Stoffdaten für Luft eingesetzt.

Aus Gleichung (40) und (41) kann dann durch Einsetzen und Umstellen die Wärmeübergangszahl a_i bestimmt werden. Dazu wird der Reibungsbeiwert ξ benötigt. Dieser lässt sich mit sehr guter Näherung mittels der Konakov Gleichung ermitteln:

(43)
$$\xi = (1,8 \log_{10} Re - 1,5)^{-2}$$

Wärmeleitung durch die Schichten des Drehrohres

Bei der Wärmeleitung sind neben den Durchmessern der Schichten die Wärmeleitfähigkeiten der Materialien zu berücksichtigen. Im Fall des Wälzrohres besteht die innere Schicht aus Feuerfestmaterial und die äußere Wand aus temperaturbeständigem Stahl. Die Temperaturdifferenz lässt sich aus den Originaldaten der Kalibrierung und einem Wärmebild der Rohraußenwand abschätzen. Hierbei sind die Temperaturen in der Aufwärmzone andere als die im Bereich der Reduktionszone und der SDHL-Zone. Vereinfachend wird hier mit einer mittleren Temperaturdifferenz über das gesamte Rohr gerechnet. Die Nutzung von Originaldaten für die Manteltemperatur führt dazu, dass der Wärmeverlust für Betriebstemperaturen, die unter denen der Originaldaten liegen, überschätzt wird. Dies ist jedoch in der hier geplanten Anwendung der Kopplung der Fließschemasimulation mit einem optimierenden Algorithmus vertretbar, da der Wärmeverlust nur für einen Bereich der Betriebstemperaturen zwischen ca. 900°C und 1200°C wichtig ist. Bei geringeren Temperaturen verdampft kein Zink und es wird kein Produkt hergestellt. Darüber liegende Temperaturen führen zu Anhaftungen im Rohr und im Extremfall zur Außerbetriebnahme. Im Bereich zwischen 900°C und 1200°C sind die Abweichungen nur gering, da die benötigten temperaturabhängigen Stoffdaten hier nahezu konstant sind. Die in der Praxis auftretenden Anhaftungen von Teilen der Schüttung an der Rohrinnenseite führen ebenfalls zu Abweichungen der Temperaturen und der Wärmeübergänge, da sie als zusätzliche Isolationsschicht wirken. Dieser Effekt ist jedoch nicht quantifiziert und kann daher hier nicht berücksichtigt werden.

Wärmeübergang an der Außenseite des Drehrohres

Der Wärmeübergang a_a eines Stahlrohres an Umgebungsluft in Abhängigkeit der Temperaturdifferenz zwischen dem Stahl T_a und der Umgebung T_{Umg} kann nach VDI (2006) wie folgt abgeschätzt werden:

(44)
$$a_a = 1{,}6 \left[\frac{W}{m^2 K} \right] \sqrt[4]{T_a - T_{Umg} \left[\frac{1}{K} \right]}$$

Dabei ist sowohl der Wärmeübergang durch Strahlung als auch durch freie Konvektion berücksichtigt.

5.3.4 Rechenblock zur Abschätzung der Durchströmung der Pelletschüttung mit Prozessluft

Neben den in Kapitel 5.2.3 beschriebenen Reaktionskinetiken in der Reduktionszone hat vor allem die dort zur Verfügung stehende Sauerstoffmenge einen Einfluss auf die Menge des gebildeten Kohlenmonoxids und damit auch auf alle von diesem abhängenden Reaktionen.

Je größer der Massestrom der aufgegebenen Pellets ist, umso weniger wird während der Umwälzbewegung dieser Bereich von der Prozessluft durchströmt und desto weniger Sauerstoff steht auch für die Oxidation des im Koks enthaltenen Kohlenstoffs zur Verfügung. Dieser Effekt limitiert die maximal mögliche Masse der aufgegebenen Pellets, hängt jedoch von der komplexen Umwälzbewegung der Pellets im Rohr ab, die mit verhältnismäßigem Aufwand kaum realitätsgetreu zu berechnen ist.

In das Fließschemasimulationsmodell wird diese Abhängigkeit daher in Form einer linearen Approximation des in der Reduktionszone zur Verfügung stehenden Prozessluftvolumenstroms berücksichtigt. Hierzu wird ein Teil der Prozessluft über den Splitter TRLU in den Bereich der Reduktionszone geleitet. Der Volumenstrom ist abhängig von der Masse der aufgegebenen Pellets. Hierbei wird zwischen zwei bekannten Punkten linear interpoliert. Der erste Punkt ergibt sich aus der Tatsache, dass bei einer Aufgabemasse von Null, der komplette Rohrdurchmesser durchströmt wird. Der zweite Punkt ergibt sich aus der Kalibrierung des Modells. Aus den bekannten Restmengen von Kohlenstoff in der Schlacke und der Masse und Zusammensetzung des Wälzoxides lässt sich mittels Sensitivitätsanalysen annähern, wie viel Sauerstoff mindestens in der Reduktionszone verfügbar war. Die sich hieraus ergebende lineare Funktion ist als Fortran Code in einen Rechenblock integriert, der dann aus der Aufgabemasse den Anteil der in der Reduktionszone verfügbaren Prozessluft ermittelt, wenn durch die PSO Aufgabemassen gewählt werden, die von denen der Kalibrierung mit Betriebsdaten abweichen.

5.4 Simulationsablauf

Grundsätzlich ergibt sich der Simulationsablauf in der sequentiell modularen Fließschemasimulation aus der Verschaltung der Grundoperationen über die Stoff- und Energieströme. Begonnen wird mit den Grundoperationen, in die die durch den Nutzer definierten Eingangsstoffströme eingeleitet werden (vgl. Kapitel 4.2.1). Im Fall des Wälzrohrmodells sind die eingehenden Stoffströme

↳ das Erdgas für den Brenner und die benötigte Verbrennungsluft (vgl. Abbildung 26 Strom ERDGAS und Strom BRENNLUF),

↳ die Pellets bestehend aus den Reststoffen, dem Kalk, Koks und Wasser (vgl. Abbildung 26 Strom RESTSTOF, KOKS, KALK, WASSER),

↳ die Prozessluft (vgl. Abbildung 26 Strom LUFT) und

↳ die SDHL-Luft (vgl. Abbildung 26 Strom LUSDHL).

Dabei kann die Grundoperation des Erdgasbrenners (vgl. Abbildung 26 Strom RGGWBREN) erst durchlaufen werden, wenn die Ergebnisse der Auslegungsvorschrift zur Ermittlung des benötigten Brennluftvolumenstroms berechnet wurden. Die Mischung der Stoffströme Reststoffe, Koks, Kalk und Wasser muss iterativ bestimmt werden, da zur Berechnungszeit die benötigte Kalkmasse nicht feststeht. Diese muss erst anhand der Auslegungsvorschrift für die Basizität ermittelt werden. Weiterhin muss vor der Aufteilung des Volumenstroms der Prozessluft auf die Oxidationszone und die Reduktionszone der Rechenblock zur Abschätzung der Durchströmung der Reduktionszone durchlaufen werden. Die Bestimmung der Prozesstemperatur über die Energiebilanz mittels einer Auslegungsvorschrift erfordert die Einbeziehung aller über die Energiebilanz verknüpften Grundoperationen in eine Iterationsschleife. Die entsprechende Rechenreihenfolge, des control panels[27] der Fließschemasimulation zeigt die Abbildung 29.

---

[27] Das control panel ist Teil der grafischen Nutzeroberfläche der Fließschemasimulation und informiert den Nutzer während eines Simulationsdurchlaufes über den Rechenfortschritt und Teilergebnisse.

```
Auslegungsvorschrift BRENNLUFT
RGGWBREN
Auslegungsvorschrift KALK
↳ MXAUFG
TRMECHST
SEPVERD
RSTOWARM
SEPCO2
Rechenblock TRLUFT
↳ TRLU
MXATMO
Auslegungsvorschrift TEMPERATUR
↳ RKINBOUD
  RKINRED
  RSTOSDHL
  RGGWFEST
  RSTOATMO
  RGGWATMO
  QBILANZ
VERDKUEL
GEWBFILT
```

Abbildung 29: Rechenabfolge der Grundoperationen, Rechenblöcke und Auslegungsvorschriften der Fließschemasimulation
(↳ symbolisiert den Beginn einer Iterationsschleife)

Die für den Durchlauf der oben beschriebenen Reihenfolge und Iterationsschleifen
benötigte Zeit schwankt stark mit den definierten Eingangsstoffströmen, da diese
wiederum beeinflussen, wie schnell die Fließschemasimulation eine Lösung für die
Konvergenz des Fließschemas findet. Während der Kalibrierung benötigt ein Modell-
durchlauf ca. 6 Sek auf einem Kern eines Intel Core i7 mit 3,2 GHz. Während der Optimierung können einzelne Modelldurchläufe mit ungünstigen Einstellungen der Eingangsstoffströme auf derselben Hardware über 5 Minuten dauern.

119

5.5 Modellkalibrierung

Aus einem Referenzunternehmen stehen auf Tagesmitteln beruhende Daten über eine Zeitperiode von ca. 3 Monaten zur Verfügung. Jeder Datensatz beinhaltet
↳ die Masse der in das Wälzrohr aufgegebenen Pellets,
↳ eine chemische Analyse der Zusammensetzung der Aufgabe,
↳ die Masse des zugeschlagenen Kokses und Kalks,
↳ Angaben zur mittleren Zusammensetzung von Koks und Kalk,
↳ chemische Analyse der produzierten Schlacke,
↳ die Masse des Produktes Wälzoxid,
↳ eine chemische Analyse des Produktes Wälzoxid und
↳ Prozessgrößen (Volumenstrom der Prozessluft, Temperaturen der Schlacke und der Prozessluft)

Die benötigte, aber nicht gemessene Masse der produzierten Schlacke wird über die Massebilanz der hauptsächlich in die Schlacke übergehenden Elemente abgeschätzt.

$$(45) \quad \dot{m}_{Schlacke} = \frac{\dot{m}_{Pellets} \cdot \sum_s \frac{c_{Pellets,s}}{100} - \dot{m}_{Wälzoxid} \cdot \sum_s \frac{c_{Wälzoxid,s}}{100}}{\sum_s \frac{c_{Schlacke,s}}{100}} \qquad \forall \, s = \{Fe, Ca, Si, Mg\}$$

Die Kalibrierung des Modells erfolgt durch Einsetzen der Originaldaten der Eingangsstoffströme und systematischer Variation der beschriebenen Größen des Modells, bis mittels des Modells die Originaldaten der ausgehenden Stoffströme möglichst gut reproduziert werden.

Hierbei ist zu beachten, dass bereits die Originaldaten durch ungenaue Masseerfassungseinrichtungen oder nicht repräsentative Probenahmen fehlerbehaftet sind. Um diesen Fehler bei der Modellkalibrierung berücksichtigen zu können, wird zunächst eine Massebilanz der Originaldaten berechnet. Es wird überprüft ob die Summe der Massenströme der eingehenden Elemente der Summe der Massenströme der ausgehenden Elemente entspricht. Das Ergebnis zeigt Abbildung 30. Dann wird für die wesentlichen chemischen Elemente einzeln überprüft, ob die Summe der eingehenden Massenströme derjenigen der ausgehenden entspricht. Für Zink zeigt das Ergebnis die Abbildung 31.

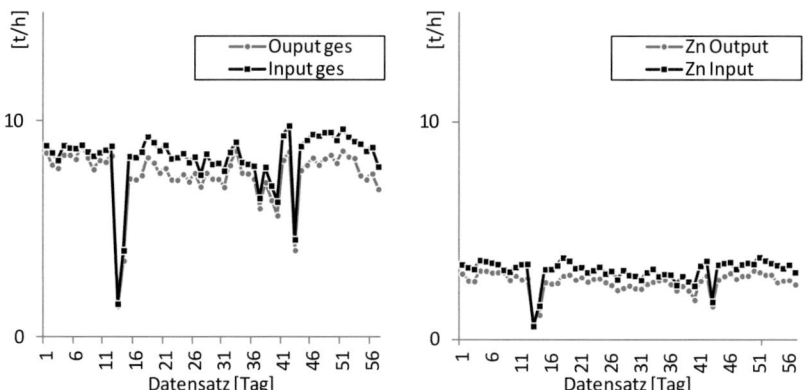

Abbildung 30: Massebilanz der Originaldaten Gesamtmasse (Korrelation r=0,97 Differenz der Mittelwerte 0,79 t/h)

Abbildung 31: Massebilanz der Originaldaten Zinkmasse (Korrelation r=0,94 Differenz der Mittelwerte 0,52 t/h)

Bei den Originaldaten zeigt sich, dass die Schwankungen der Datenreihen der eingehenden und ausgehenden Massenströme sehr gut korrelieren (r > 0,9) aber ein systematischer Fehler vorliegt, der die Datenreihen verschiebt. Insgesamt werden in den eingehenden Masseströmen 0,79 t/h höhere Massen erfasst, als in den ausgehenden Stoffströmen. Einen großen Anteil hieran hat die Abweichung in der Massenbilanz für Zink, in der 0,52 t/h höhere Massen in den eingehenden als in den ausgehenden Stoffströmen dokumentiert sind. Die Ursache dieser Verschiebung kann z. B. in einer fehlerhaften Messeinrichtung (z. B. Bandwage) liegen. Diese Differenzen in den Mittelwerten der eingehenden und ausgehenden Massenströme ist bei der Modellkalibrierung dahingehend zu berücksichtigen, dass das Fließschemamodell entsprechend höhere Ergebnisse für die ausgehenden Stoffströme berechnet.

Die Kalibrierung des verwendeten Fließschemamodells erfolgte durch Einstellen der Splitter-Grundoperationen, der Belegung der Größen für die Berechnung der kinetischen Grundoperationen und durch Festlegung von Aggregatzuständen und Zuweisung zu passenden Stoffströmen in den Gleichgewichts-Grundoperationen, falls dieses durch AspenPlus nicht korrekt erfolgte (vgl. Kapitel 5.2 und 5.3.). Dabei wurde vor allem die in AspenPlus integrierten Sensitivitätsanalyse genutzt. Die erreichte

Genauigkeit für alle in der Optimierung genutzten Prozessausgangsgrößen[28] der Fließschemasimulation zeigen die folgenden Diagramme in Abbildung 33 bis Abbildung 52.

Für die beiden wichtigsten aus dem Prozess ausgehenden Masseströme, das Produkt Wälzoxid und die zu verwertende Schlacke, sind die Ergebnisse in Abbildung 32 und Abbildung 33 dargestellt.

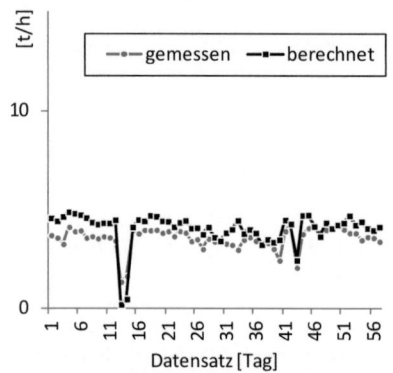 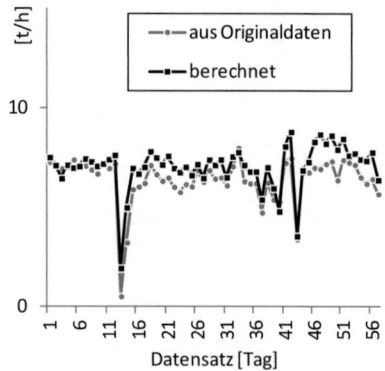

Abbildung 32: Modellkalibrierung Wälzoxidmasse (Korrelation r = 0,85 Differenz der Mittelwerte 0,51 t/h)

Abbildung 33: Modellkalibrierung Schlackemasse (Korrelation r = 0,90 Differenz der Mittelwerte 0,65 t/h)

Dabei ist das kalibrierte Fließschemasimulationsmodell in der Lage die Schwankungen der produzierten Wälzoxidmassen in vergleichbarer Qualität wie die Originaldaten zu simulieren (Korrelation von Modellergebnis und Originaldaten r = 0,85). Die mit der Massebilanz der Originaldaten identifizierte, systematische Abweichung der Originaldaten zeigt sich auch in der Kalibrierung, somit liegen die berechneten Massenströme im Mittel um 0,51 t/h über den originalen Messwerten. Eine vergleichbare Güte der Simulation wird für den Massestrom der anfallenden Schlacke erzielt. Die Schwankungen werden gut wiedergegeben (r=0,90). Die Massenströme

---

[28] Lediglich für CO_2 lagen keine Originaldaten vor. Da aber der reagierende Kohlenstoff komplett zu CO_2 umgesetzt wird und der Koksverbrauch gut abgebildet ist, sind hier keine relevanten Abweichungen zu erwarten.

liegen im Mittel um 0,65 t/h über den für die Originaldaten aus der Massenbilanz abgeschätzten Masseströmen.

Die Ergebnisse des kalibrierten Modells für den wichtigen Teilmassestrom des Zinks im Wälzoxid zeigt Abbildung 34.

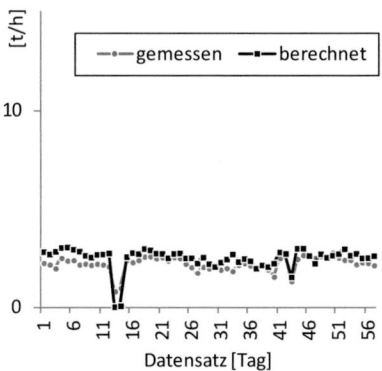

Abbildung 34: Modellkalibrierung Zinkmasse
im Wälzoxid (Korrelation r = 0,83
Differenz der Mittelwerte 0,30 t/h)

Dabei ist das kalibrierte Modell in der Lage, die im realen Betrieb gemessenen Schwankungen des produzierten Zinks mit guter Genauigkeit (r = 0,83) wiederzugeben. Wie für die anderen Datenreihen liegt der Mittelwert der modellierten Massenströme über dem der gemessenen. Die systematische Verschiebung von 0,30 t/h ist, wie bereits erläutert, auf die Erhebung der Originaldaten zurückzuführen. Sie liegt etwas unter den in der Originaldatenmassebilanz für Zink ermittelten 0,52 t/h, da die Mehrmassen an Zink während der Kalibrierung bewusst auf Wälzoxid und Schlacke verteilt wurden, um insgesamt die Abweichung gering zu halten.

Die Datenreihen für die durch das kalibrierte Modell berechnete Prozesstemperatur in der glühenden Pelletschüttung im Bereich der Reduktionszone stellt die Abbildung 35 dar. Den berechneten benötigten Kalkzuschlag zeigt Abbildung 36.

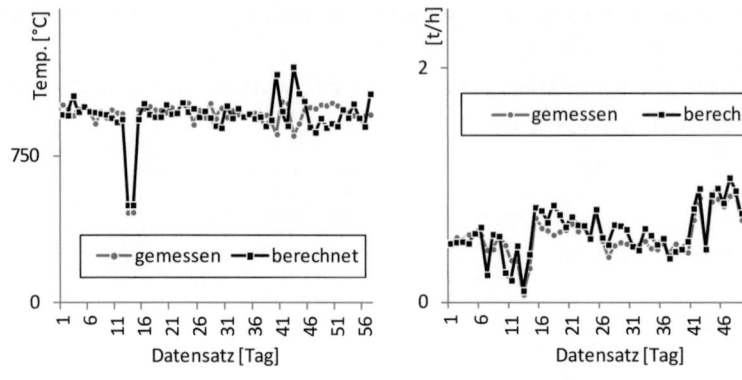

Abbildung 35: Modellkalibrierung Prozess-temperatur (Korrelation r = 0,66 Differenz der Mittelwerte -2,6 °C)

Abbildung 36: Modellkalibrierung Kalkzu-schlag (Korrelation r = 0,90 Differenz der Mittelwerte 0,05 t/h)

Wie bereits im Kapitel 5.3.3 erläutert, ist die Temperatur des Prozesses in der Reduktionszone in der Realität von einer Reihe von Faktoren abhängig, die sich mit vertretbarem Aufwand nicht in das Fließschemasimulationsmodell integrieren lässt, weshalb die Temperatur im Fließschemasimulationsmodell über die Energiebilanz im stationären Zustand des Prozesses ermittelt wird. Dieser Ansatz erzielt für den normalen Betriebszustand der Anlage gute Ergebnisse. Die Schwankungen der Originaldaten der Temperatur werden jedoch weniger gut, als die der Massenströme wiedergegeben (r=0,66). Dies liegt vor allem an den Datensätzen zu den Tagen 40 und 43 in denen entgegen den gemessenen besonders niedrigen Temperaturen, vom Modell besonders hohe Temperaturen berechnet werden. Dies liegt darin begründet, dass an hier die Annahme des stationären Zustandes nicht zutreffend ist. An diesen Tagen war das Feuerfestmaterial des Wälzrohres, welches über eine recht hohe Wärmekapazität verfügt, nach kurzen Außerbetriebnahmen ausgekühlt und musste durch einen überdurchschnittlich hohen Einsatz von Erdgas mittels des Brenners wieder auf Betriebstemperatur gebracht werden. Da das Modell aber für einen stationären Zustand ausgelegt ist, steht die in der Realität für die Erwärmung des Feuerfestmaterials benötigte Energie hier für den Prozess zur Verfügung, woraus sich zu hohe Temperaturen ergeben. Für die restlichen Tage werden mit dem Modell die

Prozesstemperaturen jedoch gut wiedergegeben. Im Mittel weicht die modellierte Temperatur nur um -2,6 °C von der gemessenen ab

Die im Fließschemasimulationsmodell auf Grundlage der Basizität berechnete benötigte Kalkmasse stimmt sehr gut mit den in der Realität hinzu geschlagenen Kalkmassen überein. Sowohl die Schwankungen der gemessenen Datenreihe (r= 0,9) als auch die mittleren Massenströme (Differenz von 0,05 t/h) werden mit sehr guter Genauigkeit modelliert.

Zusammenfassend lässt sich feststellen, dass eine gute Kalibrierung des genutzten Fließschemasimulationsmodells erreicht wurde. Das Modell ist in der Lage, die gemessenen Daten gut zu simulieren. Im Vergleich mit den in Fröhling et al. (2009) und Fröhling et al. (2010) eingesetzten Modellen wurden mit dem hier eingesetzten verbesserten Modell sowohl in Bezug auf die Mittelwertdifferenz als auch auf die Korrelation bessere Ergebnisse erzielt. Die Ergebnisse aller Stoffströme des kalibrierten Modells beinhaltet Anhang A.1.

Einschränkend muss jedoch erwähnt werden, dass die Kalibrierung lediglich mit Datensätzen des zum Zeitpunkt der Datenerhebung aktuellen Betriebs der Anlage erfolgt ist. Es kann daher nicht ausgeschlossen werden, dass die Fließschemasimulation für einen modellierten Betrieb, dessen Größen stark von denen der Kalibrierung abweichen, die realen Prozesseigenschaften nicht mehr so gut wiedergibt. Hierzu wäre eine Kalibrierung über einen weiteren Größenbereich notwendig, wozu jedoch eine Datenerhebung am realen Prozess mit gezielt vom bestimmungsgemäßen Betrieb abweichenden Größen erforderlich wäre. Aus diesem Grund werden in der PSO bei der Berechnung der Szenarios in Kapitel 7 für die Prozesseingangsgrößen obere und untere Grenzen gesetzt, die verhindern, dass Prozesszustände erreicht werden, die zu stark von den zur Kalibrierung genutzten Daten abweichen.

Kapitel 6

Anpassung des Algorithmus zur Deckungsbeitragsmaximierung durch gekoppelte Partikel-Schwarm Optimierung und Fließschemasimulation

Nach Implementierung und Kalibrierung des Fließschemasimulationsmodells für den Wälzrohrprozess sollen zur Entscheidungsunterstützung in der operativen Produktionsplanung für dieses mittels der PSO Prozesseingangsgrößen identifiziert werden, mit denen ein möglichst hoher Deckungsbeitrag erzielt werden kann.

Wie bereits bei der Beschreibung des derzeitigen wissenschaftlichen Standes des Partikel-Schwarm Algorithmus in Kapitel 3.4 beschrieben, existieren bisher noch keine Erfahrungen in der Kombination von Fließschemasimulation mit dem Partikel-Schwarm Algorithmus. Es lässt sich somit nicht einschätzen, welche der im Kapitel 4.1.1 zur Basisvariante der Partikel-Schwarm Optimierung beschriebenen Algorithmusausgestaltungen oder der in Kapitel 4.1.2 dargestellten Weiterentwicklungen auch für die Verknüpfung mit der Fließschemasimulation zu besseren Ergebnissen führen. Daher wird hier zunächst der Algorithmus in seiner von Shi und Eberhart (1998a) eingeführten, derzeit gebräuchlichen Standardform (vgl. Gl. (3) Kap. 4.1.1.2) eingesetzt.

Ziel ist es zunächst zu testen, ob die PSO mit dem gekoppelten Fließschemamodell konvergiert und wie reproduzierbar die Ergebnisse bezüglich des besten gefundenen Zielfunktionswertes und seiner Position im Lösungsraum sind.

6.1   Allgemeiner Funktionstest der PSO mit gekoppelter Fließschemasimulation

6.1.1   Belegung der PSO Parameter im Ausgangsfall

In der Standardform der Bewegungsgleichung wird der Geschwindigkeitsvektor jedes Partikels zu jeder Iterationsperiode durch Addition der drei Bewegungskomponenten Schwungkraftkomponente, kognitive Komponente und soziale Komponente gebildet. Für jede der drei Bewegungskomponenten existiert jeweils eine Beschleunigungskonstante, die definiert, mit welcher Gewichtung die Komponente in den Geschwindigkeitsvektor eingeht. Für die Schwungkraftkomponente ist dies das inertia weight w, für die kognitive Komponente die Konstante c_1 und für die soziale Komponente die Konstante c_2. Die Variante der Bewegungsgleichung mit constriction Factor (vgl. Kapitel 4.1.1.3) wird hier nicht eingesetzt, da sie lediglich einen Spezialfall der allgemeineren Form der Bewegungsgleichung mit inertia weight darstellt.

Empfehlungen für die Belegung der Konstanten der Bewegungsgleichung sind in Kapitel 4.1.1.3 zusammengestellt. Hier soll zunächst mit den von Clerc (2006) vorgeschlagenen Parametern gearbeitet werden. Diese Belegung erfüllt gleichzeitig die Bedingungen, die aus der Bewegungsgleichung mit constriction Factor abgeleitet wurden, um eine Konvergenz der PSO sicherzustellen.

Weitere Parameter der PSO sind die Anzahl der Partikel I im Schwarm sowie das genutzte Informationsschema und die darin definierte Anzahl von Nachbarn J eines Partikels. Die Anzahl der Partikel ist durch die maximale Anzahl parallel lauffähiger AspenPlus Simulationsmodelle limitiert. Diese ergibt sich aus der Hardwareaustattung des eingesetzten Rechners, insbesondere aus dem verfügbaren Arbeitsspeicher und der Prozessor-Leistungsfähigkeit. Da zunächst die grundsätzliche Lauffähigkeit getestet werden soll, wird mit einer, im Vergleich zu den sonst empfohlenen Schwarmgrößen von 20 – 50 Partikeln (vgl. Kapitel 4.1.1.1), kleinen Anzahl von fünf Partikeln begonnen. Die Startpositionen der Partikel werden für jede Dimension zufällig gleichverteilt zwischen den oberen und unteren Schranken zugewiesen.

Als Informationsschema wird zunächst mit einer global verfügbaren Information über die beste bisher gefundene Position gB des Schwarms und deren Zielfunktionswert gearbeitet. Zu diesem Zweck wird die Anzahl der Nachbarn eines Partikels (vgl. Kapitel 4.1.1.4) auf die Schwarmgröße $J = I = 5$ gesetzt. Diese Variante führt am schnellsten zur Konvergenz des Schwarms. Allerdings ist auch die Wahrscheinlichkeit, dass die Konvergenz auf einem lokalen Optimum erfolgt, am höchsten.

Der Algorithmus endet, wenn das Konvergenzkriterium erfüllt ist, oder die Anzahl an festgelegten Perioden T erreicht ist. Konvergenz gilt als erreicht, wenn sich die Position der Partikel im Lösungsraum nicht mehr ändert, da ausgehend von den aktuellen Positionen der Partikel kein höherer Zielfunktionswert mehr erreicht wird. Das hier eingesetzte Konvergenzkriterium beschreibt die folgende Gl. (46).

$$(46) \qquad C_t := \sum_{n=0}^{N} \frac{\sqrt{\frac{1}{I}\sum_{i=0}^{I}\left(x_{i,t}^n - \overline{x}_t^n\right)^2}}{\overline{x}_t^n}$$

Das Konvergenzmaß C beruht auf der Standardabweichung der Positionen aller Partikel i in der Dimension n des Lösungsraums zur aktuellen Periode t. Die Standardabweichung wird um das arithmetische Mittel der bis einschließlich zur Periode t durchlaufenen Positionen in der jeweiligen Dimension n gewichtet. Wenn die Summe über alle Dimensionen n dieser gewichteten Standardabweichungen während aller letzten t' Perioden kleiner als ein definierter Wert a ist, bricht der Algorithmus ab. Als ein sinnvolles Maß hat sich für das behandelte Problem ein Wert von $a = 0{,}25$ erwiesen, der für $t' = 20$ Perioden unterschritten sein muss.

Eine Zusammenfassung der Parametrisierung des Ausgangsfalls zeigt Tabelle 11.

Tabelle 11: PSO Parameterbelegung im Ausgangsfall zu Beginn der Untersuchungen

Parameter		Wert
Schwarmgröße	I	5
Nachbarn	J	5
inertia weight	w	0,7
Beschleunigungskonstante kognitiver Term	c_1	1,43
Beschleunigungskonstante sozialer Term	c_2	1,43
Maximale Periodenzahl	T	500
Startpositionen	$x^{n,0}$	zufällig, gleichverteilt in $[x_{min}; x_{max}]^n$

6.1.2 Ergebnisse des mit Fließschemasimulation gekoppelten PSO Algorithmus mit Standardbewegungsgleichung und Parametrisierung basierend auf Literaturempfehlungen

Um die Funktionsfähigkeit des Partikel-Schwarm Algorithmus mit dem AspenPlus Modell zu testen, wurden mit den oben beschriebenen Einstellungen des Ausgangs-falls fünf Durchläufe bis zum Erreichen des Konvergenzkriterium $C < a = 0{,}25$ bzw. bis maximal zur Periode $t = T$ durchgeführt. Um das Algorithmusverhalten in einem grö-ßeren Lösungsraum zu testen, wurden die oberen und unteren Grenzen der Dimen-sionen gegenüber den Berechnungen in Kapitel 7 weiter auseinander gesetzt. Den jeweils ermittelten besten Zielfunktionswert, die zugehörige Position und die dafür benötigte Anzahl an Iterationsschritten sowie die Rechenzeit auf einem Intel Core i7 mit 3,2 Ghz und 6 GB Ram zeigt Tabelle 12.

Tabelle 12: Ergebnisse von fünf Durchläufen der PSO mit Fließschemasimulation im Ausgangsfall

Durch-lauf	Deckungs-beitrag [GE/h][29]	Rest-stoffe [t/h]	Koks [t/h]	Prozess-luft [m³/h]	SDHL-Luft [m³/h]	Erdgas [m³/h]	Perioden	Rechen-zeit [s]
		x^1	x^2	x^3	x^4	x^5		
1	3852	14,12	1,87	40.694	3.407	737	76	568
2	4340	14,10	2,11	48.496	384	1.361	87	635
3	3844	13,85	1,90	39.123	2.687	750	79	568
4	3850	14,25	1,85	41.834	3.418	800	79	560
5	4431	14,02	1,77	39.604	55	1.066	120	859
Mittel-wert	4062	-	-	-	-	-	88	638

---

[29] Da es sich beim erwirtschafteten Deckungsbeitrag der Referenzanlage um eine interne Informati-on handelt werden hier Kosten, Erlös und Deckungsbeitrag in Geldeinheiten [GE] angegeben. Diese sind so normiert, dass sich für den Basisfall (vgl. Kapitel 3.3) ein Deckungsbeitrag von 2.500 GE ergibt.

Es wird deutlich, dass die PSO auch mit gekoppelter Fließschemasimulation, mit im Mittel 88 Iterationsschritten, relativ wenig Perioden benötigt, bis alle Partikel in einem Bereich des Lösungsraums konvergieren. Die Erwartungen aus der vergleichenden Literaturstudie zu unterschiedlichen Meta-Heuristiken und deren Konvergenzgeschwindigkeit (vgl. Kapitel 3.4) werden also erfüllt. Die schnelle Konvergenz liegt aber auch in der gewählten Form der PSO mit sehr wenigen Partikeln und globaler Information begründet.

Hieraus ergibt sich auch ein Nachteil. Während drei von fünf Durchläufen (Nr. 1, 3, 4) Prozessgrößen für einen maximalen Deckungsbeitrag von ca. 3.850 GE/h ermitteln, finden zwei Durchläufe (Nr. 2, 4) eine Prozessfahrweise, die zu einem deutlich höheren Deckungsbeitrag von ca. 4.400 GE/h führt. Offensichtlich erfolgte bei der Mehrzahl der Durchläufe die Konvergenz in einem Bereich des Lösungsraums, der vermutlich einem lokalen Optimum zuzuordnen ist. Während die zugeführte Reststoffmasse und die Prozessluft aller Durchläufe nahezu konstant sind und die zugeführten Koksmassen nur gering schwanken, unterscheiden sich die Positionen vor allem hinsichtlich der Art der Energiezufuhr zum Prozess. Bei der zu dem geringeren Deckungsbeitrag führenden Prozessfahrweise wird zur Energiezufuhr mehr SDHL-Luft und weniger Erdgas genutzt. Die mit den in Tabelle 12 aufgeführten Eingangsgrößen x^1 - x^5 für die Fließschemasimulation berechneten Ausgangswerte y^1 - y^6 zeigt die folgende Tabelle 13.

Tabelle 13: Simulationsergebnisse zu den besten gefundenen Positionen der Durchläufe im Ausgangsfall

Durchlauf	Wälzoxid [t/h]	Zink [t/h]	Schlacke [t/h]	Kalk [t/h]	CO_2 [t/h]	Temperatur [°C]
	y^1	y^2	y^3	y^4	y^5	y^6
1	5,56	3,39	9,45	0,61	6,51	1.041
2	6,40	4,11	8,21	0,64	8,21	1.138
3	5,54	3,38	9,05	0,61	6,61	1.051
4	5,60	3,41	9,52	0,61	6,60	1.047
5	6,09	3,89	8,24	0,60	7,03	1.089

Die unterschiedliche Art der Energiezufuhr führt in der Fließschemasimulation zu unterschiedlichen berechneten Temperaturen im Bereich der Reduktionszone. Während beim Einsatz von hauptsächlich SDHL-Luft Temperaturen von ca. 1.050 °C ermittelt werden, liegen die Temperaturen in den Durchläufen, in denen sehr stark mit Erdgas Energie zugeführt wird, eher bei ca. 1.100 °C. In der Folge wird ca. 15 % mehr Zink aus den Reststoffen verdampft und im Produkt Wälzoxid verfügbar. Gleichzeitig sinkt die zu verwertende Schlackemasse. Hieraus ergibt sich dann der höhere Deckungsbeitrag.

Zusammenfassend lässt sich feststellen, dass die Methodik grundsätzlich geeignet erscheint, jedoch noch Anpassungen erforderlich sind, um eine die Häufigkeit einer Konvergenz im Bereich vermuteter lokaler Maxima zu reduzieren. Um hierzu Ansatzpunkte zu identifizieren, wird detaillierter auf die Positionen der Partikel im Verlauf der Optimierung eingegangen. Die Abbildung 37 zeigt hierzu die Positionen aller Partikel in allen Dimensionen des Lösungsraums während jedes Iterationsschrittes für den fünften Durchlauf, in dem der beste Zielfunktionswert ermittelt wurde. Die y-Achse der Diagramme umfasst dabei den möglichen Lösungsbereich in der jeweiligen Dimension zwischen der oberen und unteren Schranke.

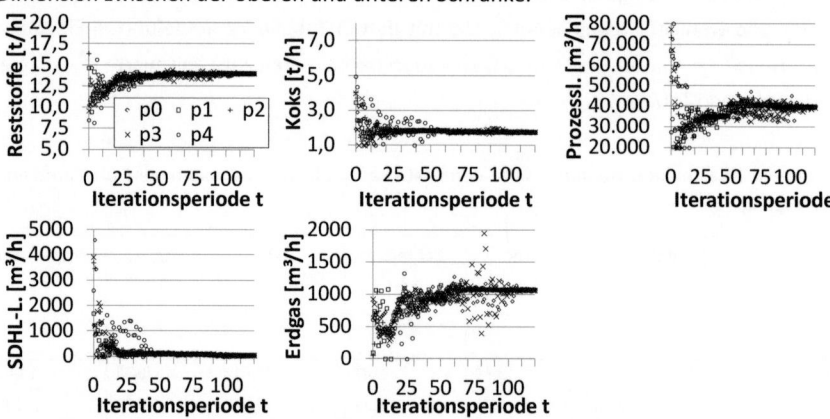

Abbildung 37: Positionen aller Partikel in allen Dimensionen des Lösungsraums im Verlauf der Optimierung für den fünften Durchlauf

Für die eingesetzte Reststoffmasse x^1 wird deutlich, dass sich bereits ab ca. der 25. Periode die Suche auf einen kleinen Ausschnitt des möglichen Lösungsraums zwischen 12,5 und 15 t/h konzentriert. Selbst in den ersten 10 Perioden wird nur ein Bereich des Lösungsraums durchsucht, der von 8,1 t/h bis 16,4 t/h reicht und damit 55 % des möglichen Lösungsraums umfasst. Ähnlich verhält sich die Suche des Schwarms für den eingesetzten Koks x^2. Bis zur Periode 25 sind bis auf das Partikel 4 alle Partikel in dieser Dimension bereits konvergiert. Offensichtlich findet der Schwarm mit der gewählten Parametrisierung in diesen beiden Dimensionen keine Bereiche des Lösungsraums mehr, die zu besseren Lösungen führen.

Ein anderes Bild ergibt sich für die zugeführte Prozessluft x^3. Hier wird in den ersten zehn Perioden der gesamte mögliche Lösungsraum durchsucht. Eine mögliche Begründung liegt darin, dass ein gewisses Mindestvolumen Prozessluft zwar erforderlich ist, die Kosten für die Prozessluft aber im Vergleich zu anderen Kostenpositionen eher gering sind. D. h. der Einfluss dieser Prozessgröße auf den Deckungsbeitrag ist deutlich geringer als der der ersten beiden Prozessgrößen Reststoffe und Koks. Jedoch ist bei Zufuhr einer größeren Reststoffmasse auch eine Zufuhr von mehr Koks erforderlich, um die zusätzliche Menge an Oxiden zu reduzieren (vgl. Kapitel 5.2.3). Die zusätzliche Menge an Koks benötigt zur Bildung des Kohlenmonoxids ebenfalls mehr Prozessluft. Nur wenn alle drei Prozessgrößen steigen, lässt sich ein höherer Deckungsbeitrag erzielen. Die Partikelpositionen für die Prozessgröße Prozessluft x^3 zeigen diesen Zusammenhang. Nachdem in einer Anfangsphase bis zur Periode 10 zunächst ein weiter Bereich des Lösungsraums erfasst wird, steigt der Prozessluftvolumenstrom zwischen Periode 10 und Periode 40 parallel mit der Reststoffmasse x^1. Dieser Zusammenhang lässt sich auch an den Simulationsergebnissen (vgl. Abbildung 38) erkennen.

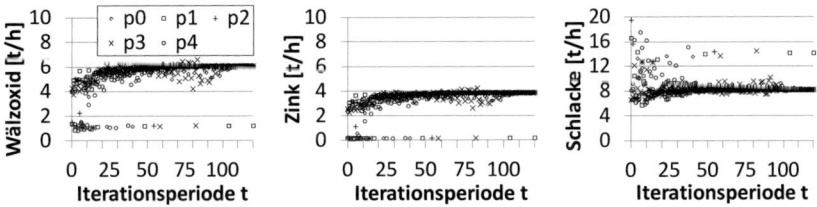

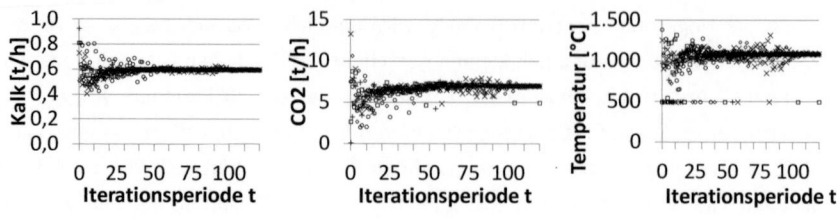

Abbildung 38: Ergebnisse für die in den Deckungsbeitrag einfließenden Prozessausgangsgrößen $y^1 - y^6$ der Fließschemasimulation im Verlauf der Optimierung für den fünften Durchlauf

Parallel zu den steigenden Reststoff- und Koksmassen sowie Prozessluftvolumen steigen auch die Massen des produzierten Wälzoxides y^1 und des darin enthaltenen Zinks y^2. Nachdem die Prozesseingangsgrößen Reststoffmasse x^1 und Koksmasse x^2 kaum noch variieren, sind neben der Wälzoxidmasse und der darin enthaltenen Zinkmasse auch die Mengen zu verwertender Schlacke y^3 und benötigten Kalks y^4 nahezu konstant. Auch für die Prozesseingangsgrößen der Prozessluft konzentriert sich die Suche nach Konvergenz der Positionen für Reststoffmasse und Koks auf einen Bereich um den Wert von ca. 40.000 m³/h. Für die Dimension der Prozessluft wird als letzte Prozessgrößen eine Konvergenz erreicht.

Die zugeführte SDHL-Luft x^4 und das Erdgas x^5 beeinflussen, neben dem Koks als Hauptenergieträger, die zusätzlich verfügbare Energie im Prozess und damit die Prozesstemperatur. Diese beiden Prozessgrößen sind substituierbar. Dies lässt sich daran erkennen, dass die Prozesstemperatur y^6 (vgl. Abbildung 38), trotz sich stark ändernder Positionen für SDHL-Luft und Erdgas (vgl. Abbildung 37), nur gering schwankt. In der Suche in diesen beiden Dimensionen x^4 und x^5 liegt mit hoher Wahrscheinlichkeit auch die Ursache für die häufige Konvergenz der PSO im Bereich vermuteter lokaler Maxima. Um dies zu veranschaulichen, sind in der Abbildung 39 noch einmal die Positionen in der Dimension x^4 des fünften Durchlaufs denen des dritten Durchlaufs gegenübergestellt.

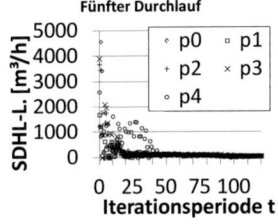
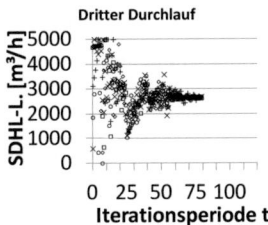

Abbildung 39: Verlauf der Positionen für die Prozesseingangsgröße SDHL-Luft x^3 im Verlauf der Optimierung für den fünften Durchlauf (links) und den dritten Durchlauf (rechts)

Die Änderungen der Positionen in den dargestellten Dimensionen zeigen sich so auch in den hier nicht abgebildeten Durchläufen 1 ,2 und 4. Einen entscheidenden Einfluss scheinen die Positionen innerhalb der ersten Perioden zu haben. Zu Beginn der Optimierung hat in der PSO die Zufallskomponente einen starken Einfluss auf die Positionen. Während im fünften Durchlauf (links) für das SDHL-Luftvolumen eine zufällige Häufung der Positionen im Bereich niedriger Mengen erkennbar ist, befindet sich im dritten Durchlauf (rechts) die Häufung eher im Bereich hoher SDHL-Luftvolumen. Im fünften Durchlauf werden dann schnell gute Lösungen mit wenig Einsatz von SDHL-Luft gefunden, was bereits bis zur Periode 25 zur Konvergenz aller Partikel bis auf Partikel 4 führt. Im dritten Durchlauf hingegen ist in den ersten 25 Perioden die Suche breiter, allerdings eher mit einer Häufung oberhalb 2.000 m³/h.

Für die Identifikation insgesamt guter Lösungen ist es demzufolge wichtig, dass Partikel möglichst häufig Positionen in einer Dimension einnehmen, die einem Bereich guter Lösungen dieser Dimension entsprechen. Je häufiger ein Partikel in einer Dimension eine Position in einem solchen guten Bereich einnimmt, desto wahrscheinlicher ist es, dass gleichzeitig auch in den anderen Dimensionen gute Positionen gefunden werden. Damit steigt die Wahrscheinlichkeit, insgesamt gut Lösungen zu identifizieren. Theoretisch sollten die Positionen der Partikel in jeder Dimension, beispielsweise durch die Wahl geschickter Startpositionen, derart beeinflusst werden, dass sie häufig im Bereich guter Lösungen liegen. Da dies bei unbekannter Zielfunktion nicht möglich ist, muss stattdessen zu Beginn der Suche, über möglichst viele Perioden, eine möglichst große Streuung der Positionen in allen Dimensionen angestrebt werden. Auf diese Art werden möglichst häufig in jeder Dimension möglichst

135

viele Bereiche guter Lösungen durchsucht. Gleichzeitig muss jedoch ebenfalls sicher-gestellt sein, dass eine Konvergenz innerhalb vertretbarer Rechenzeit erreicht wird.

6.2   Anpassungen des PSO Algorithmus auf die Kopplung mit Fließschemasimulation

Um eine möglichst gute Anpassung der PSO an die hier behandelte Anwendung zu erreichen, werden im Folgenden die bereits in Kapitel 4.1 dargestellten möglichen Parameterbelegungen und Algorithmusausgestaltungen in Hinblick auf das oben formulierte Ziel einer breiten Suche im Lösungsraum variiert.

6.2.1   Variation der Initialisierungsart der Startpositionen des Partikel-Schwarms

Wie in Kapitel 4.1.1.1 dargestellt, existieren mehrere Möglichkeiten, die Startpositio-nen der Partikel zuzuweisen. Neben der in Kapitel 6.1 im Ausgangsfall genutzten zu-fällig gleichverteilten Positionszuweisung besteht auch die Möglichkeit, alle Partikel vom Nullpunkt, bzw. der unteren Schranke x^n_{min}, zu starten. Bei dieser Variante wür-de auch in der Dimension der Prozessgröße SDHL-Luft x^4 alle Partikel in dem Bereich starten, bei der im vorangegangen Test die besten Ergebnisse erzielt wurden. Abbil-dung 40 zeigt eine Gegenüberstellung der Positionen in der Dimension der Eingangs-größe SDHL-Luft x^4 bei Initialisierung vom Nullpunkt (links) und der bisherigen Ergeb-nisse bei zufälliger Zuweisung der Startpositionen.

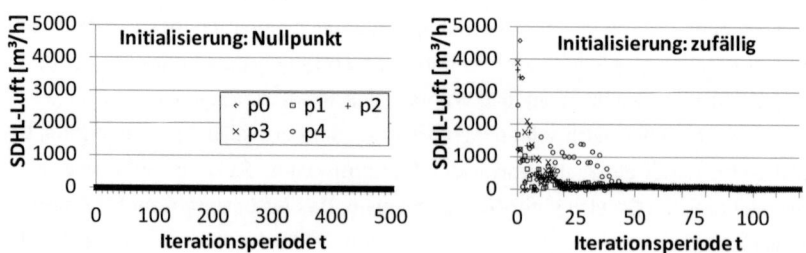

Abbildung 40: Eingesetzte SDHL-Luft x^4 aller Partikel im Verlauf der Iterationsperioden (links bei Initialisierung vom Nullpunkt, rechts bei zufälliger Initialisierung)

Es wird deutlich, dass bei einem Start aller Partikel vom Nullpunkt gar keine Position durchsucht wird, in der SDHL-Luft eingesetzt wird. Der gleiche Effekt tritt auch bei den Eingangsgrößen Prozessluft x^3 und Erdgas x^5 auf. Auch hier verharren die Positionen an der unteren Schranke. Einen anderen Verlauf zeigen die Positionen in der Dimension der Eingangsgrößen der Reststoffe x^1 und des Kokses x^2. Einen Vergleich des Verlaufes der Positionen für die eingesetzte Menge der Reststoffe bei Start von der unteren Grenze und zufälliger Verteilung zeigt Abbildung 41.

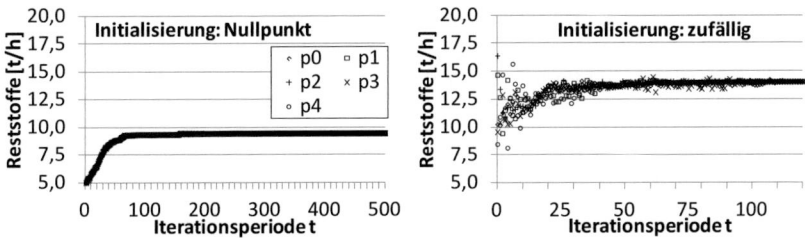

Abbildung 41: Eingesetzte Reststoffmassen x^1 aller Partikel im Verlauf der Iterationsperioden (links bei Initialisierung vom Nullpunkt, rechts bei zufälliger Initialisierung)

Hier steigt die eingesetzte Menge der Reststoffe zwar an, jedoch bewegen sich alle Partikel nahezu parallel. In der Folge liegen auch die Positionen der vom individuellen Partikel gefundenen besten Lösung pB und der vom gesamten Schwarm gefundenen besten Lösung gB eng beieinander, was sich auch im jeweiligen zugehörigen Zielfunktionswert erkennen lässt (vgl. Abbildung 42).

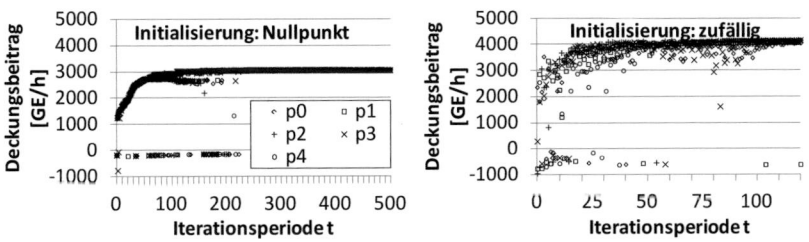

Abbildung 42: Entwicklung der besten gefundenen Zielfunktionswerte aller Partikel über die Iterationsperioden (links bei Initialisierung vom Nullpunkt, rechts bei zufälliger Initialisierung)

In der Folge erstreckt sich die Suche des Schwarms immer nur auf einen sehr engen Korridor im Lösungsraum. Mit der Variante der Initialisierung der Positionen an der unteren Grenze bleibt der beste gefundene Zielfunktionswert deutlich unter dem mit der Variante der zufälligen Startverteilung gefundenen. Der Schwarm bleibt beim Start aller Partikel von einer Position bei der hier gewählten Anwendung über den gesamten Iterationsverlauf konvergiert. Die Positionen der unterschiedlichen Partikel in den einzelnen Dimensionen weichen demnach kaum voneinander ab, woraus sich ein klar nachteiliges Suchverhalten ergibt.

6.2.2 Variation der Partikelanzahl im Schwarm

Eine naheliegende Möglichkeit eine breitere Suche zu erzielen, ist die Erhöhung der Anzahl der Partikel im Schwarm. Um die hiermit erreichbare Verbesserung zu beurteilen wurden neben den fünf Durchläufen mit der Parameterbelegung des Ausgangsfalls mit fünf Partikeln, weitere Durchläufe berechnet. In zwei Stufen wurde die Partikelanzahl auf 10 und 15 Partikel erhöht. Alle anderen Parameter blieben auf der Einstellung des Ausgangsfalls. Für die Variationen mit 10 und 15 Partikeln wurden ebenfalls jeweils fünf Durchläufe berechnet. Als Kriterium zur Bewertung wird der Mittelwert über die jeweils ermittelten besten Zielfunktionswerte der fünf Durchläufe herangezogen. Als weiteres Kriterium dient der beste in den fünf Durchläufen ermittelte Zielfunktionswert. Die Ergebnisse zeigt die Abbildung 43. Die Ergebnisse aller Durchläufe finden sich in Anhang A.3.1.

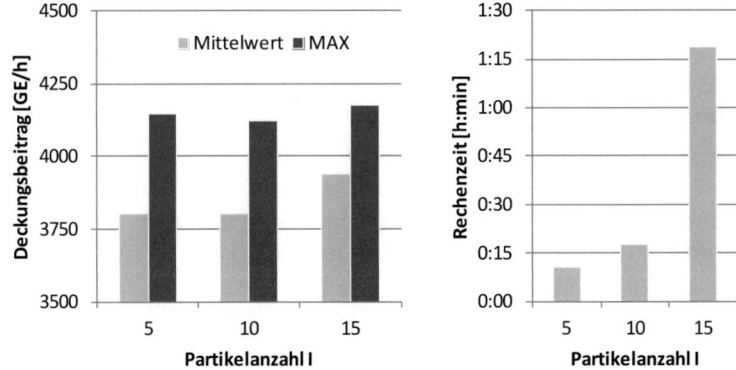

Abbildung 43: Durchschnittlich bester gefundener gültiger Zielfunktionswert aus fünf Durchläufen und bester in fünf Durchläufen gefundener Zielfunktionswert (links) sowie durchschnittliche benötigte Rechenzeit (rechts) bei I = 5, 10 und 15 Partikeln

Während zwischen den Varianten mit 5 und 10 Partikeln im Schwarm keine Verbesserungen festzustellen sind, wird mit den fünf Durchläufen mit 15 Partikeln im Mittel ein 4 % höherer Zielfunktionswert ermittelt, weil der Schwarm in den fünf Durchläufen häufiger im Bereich der in der Fließschemasimulation vorteilhafteren Lösung mit höherem Erdgaseinsatz und nur wenig SDHL-Luft konvergiert. Auch der beste gefundene Zielfunktionswert liegt mit 1 % geringfügig über dem mit 5 und 10 Partikeln im Schwarm gefundenen Wert.

Allerdings hat die Erhöhung der Partikelanzahl im Schwarm einen erheblichen Einfluss auf die Rechenzeit. Während die Variante mit 5 Partikeln im Durchschnitt in ca. 10 Minuten berechnet werden kann, benötigt die Variante mit 15 Partikeln mit ca. 80 Minuten die achtfache Zeit. Der Grund liegt zum einen darin, dass es länger dauert, bis das Konvergenzkriterium für alle 15 Partikel erfüllt ist. Während für die Variante mit fünf Partikel 88 Iterationsperioden benötigt werden, werden bei 10 Partikeln im Schwarm im Mittel 111 Perioden und bei 15 Partikeln im Mittel 281 Perioden benötigt. Zum anderen liegt ein Grund in den deutlich höheren Hardwareanforderungen. Bei 15 Partikeln muss jeder Kern des Prozessors ca. 4 Instanzen der Fließschemasimulationssoftware gleichzeitig berechnen.

Im Hinblick auf das erzielte Ergebnis ist erwartungsgemäß die Erhöhung der Partikelanzahl positiv zu bewerten, allerdings steigt mit der Partikelanzahl die benötigte Rechenzeit überproportional. Eine Steigerung über 15 Partikel erscheint angesichts der Verachtfachung der Zeit nicht sinnvoll. Auch ist bei 15 Partikeln der verfügbare Arbeitsspeicher des genutzten Rechners nahezu komplett belegt.

6.2.3   Modifikation der Partikel-Schwarmgröße und der Informationsverfügbarkeit im Schwarm

6.2.3.1.   Dynamische Reduktion der Partikel-Schwarmgröße

Nach den Ergebnissen der Variation der Partikelanzahl im Schwarm (vgl. Kapitel 6.2.2) ist eine größere Partikelanzahl vorteilhaft für das Suchverhalten. Nach den Auswertungen des Ausgangsfalls (vgl. Kapitel 6.1.2) ist ein besseres Suchverhalten vor allem in den ersten Perioden erforderlich. Es liegt daher nahe, beide Aspekte zu kombinieren. Eine Anregung hierzu liefert Clerc (2006) mit dem in Kapitel 4.1.2.2 beschriebenen TRIBES Ansatz, indem er eine dynamische Schwarmgröße verwendet. Eine vereinfachte Übertragung dieses Konzeptes auf das hier bestehende Problem würde bedeuteten, zu Beginn der Iterationen mit einer größeren Partikelanzahl zu suchen als gegen Ende.

Ein zunächst naheliegender Ansatz wäre es demnach, nach einer definierten Anzahl von Iterationsperioden die Partikelanzahl zu verringern. Auf diese Arte wird jedoch die Konvergenz des Schwarms und somit auch sein Suchverhalten aktiv eingeschränkt. Einen Lösung, die das Schwarmverhalten weniger beeinflusst, liegt in der Beobachtung des Konvergenzverhaltens des Schwarms. Die Abbildung 44 zeigt das mit Gl. (46) errechnete Konvergenzmaß im Verlauf der Iterationsperioden der fünf Durchläufe aus Kapitel 6.2.2 mit 15 Partikeln. Zwar sind die Verläufe durch den Einfluss der Zufallskomponente der PSO nicht gleich, jedoch ergibt sich im Mittel ein ähnliches Verhalten in den Anfangsperioden.

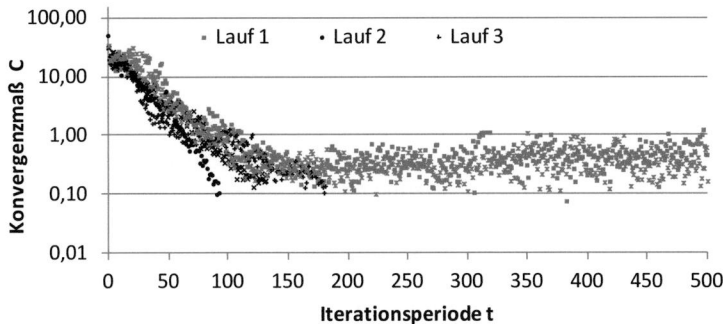

Abbildung 44: Änderung des Konvergenzmaßes im Verlauf der Iterationsperioden

Abweichungen ergeben sich für die Durchläufe eins und fünf. Hier wurde das Abbruchkriterium von $C < 0,25$ nicht erreicht, da die Fließschemasimulation zu häufig die Auslegungsvorschrift zur Berechnung der Temperatur der Reduktionszone nicht lösen konnte. Dies betrifft jedoch die späteren Iterationsperioden ab ca. $t = 150$.

Aus dem Verlauf der Werte für das Konvergenzmaß bei fortschreitender Iterationsanzahl wurden Werte für das Konvergenzmaß identifiziert, bei denen der Schwarm um jeweils ein Partikel verkleinert werden kann, wenn es im Verlauf von t' = 20 Perioden darunter bleibt. Dabei soll die Reduktion der Partikelanzahl möglichst gleichmäßig über die Perioden verteilt sein. Durch dieses Vorgehen ist es möglich, abhängig vom individuellen Verlauf der Optimierung, die Partikelanzahl zu verringern. Die Konvergenz bestimmt dabei die Schwarmgröße und nicht umgekehrt, was bei einer Reduktion der Schwarmgröße zu festen Intervallen der Fall wäre.

Um durch die Reduktion der Partikelanzahl das Suchverhalten nicht negativ zu beeinflussen wird das zu entfernende Partikel nach speziellen Kriterien ausgewählt. Dabei wird zunächst eine Matrix der Entfernung zwischen allen Partikeln berechnet. Als Maß dient wie bei Liu et al. (2007) die euklidische Distanz d in allen Dimensionen $n = \{1,..,N\}$ zwischen den Positionen von zwei Partikeln x_1^n und x_2^n. Da die absoluten Werte der oberen und unteren Schranken der Dimensionen stark voneinander abweichen und die Distanz in jeder Dimension gleich bewertet werden soll, wird jedoch die Position eines Partikels in einer Dimension vor der Distanzberechnung in den Wertebereich 0 bis 1 normiert .

141

(47)
$$d = \sqrt{\sum_{n=1}^{N} \left(\frac{x_1^n - x_{min}^n}{x_{max}^n - x_{min}^n} - \frac{x_2^n - x_{min}^n}{x_{max}^n - x_{min}^n} \right)^2}$$

Von den beiden am nächsten beieinander gelegenen Partikeln des Schwarms wird dann dasjenige entfernt, das den geringeren Zielfunktionswert aufweist. Auf diese Art wird durch die Reduktion der Schwarmgröße die Konvergenz des Schwarms nur wenig beeinflusst und es ist ausgeschlossen, dass das Partikel mit dem derzeit besten Zielfunktionswert aus dem Schwarm entfernt wird.

6.2.3.2.   Reduktion des Wertes des inertia weight

Wie sich aus der Änderung des Konvergenzmaßes im Verlauf der Iterationsperioden in Abbildung 44 ebenfalls erkennen lässt, ist dessen Verhalten in den fünf Durchläufen innerhalb der ersten 50 Perioden zwar ähnlich, der Zeitpunkt wann C < 0,25 erreicht wird, variiert jedoch. Beim Durchlauf 1 und 5 wird dieser gar nicht erreicht und die Optimierung endet beim zweiten Abbruchkriterium t = T, bei Durchlauf 2 ist C < 0,25 über t' = 20 Perioden schon nach 100 Iterationsperioden erreicht. Diese schnelle Konvergenz kann genutzt werden, um zum Ende die Suche nach der exakten Lage des eingegrenzten Optimums zu verbessern.

Hierzu wird bei Erreichen von C < a = 0,25 über t' Perioden der Zielwert a und das inertia weight w um 10 % verringert. Wenn dann wieder C < a' mit a' = 0,9 a über t' Perioden erreicht wird, erfolgt eine erneute Reduktion von a und w um 10 %. Dies wird wiederholt, bis w nur noch die Hälfte oder weniger des ursprünglichen Wertes beträgt. Mit dieser Methode wird der Einfluss der Schwungkraftkomponenten der Bewegungsgleichung zum Ende der Optimierung zugunsten der kognitiven und der sozialen Komponente reduziert, um enger im Bereich der bisher bekannten besten Positionen zu suchen.

Den Verlauf des Konvergenzmaßes über die Iterationsperioden bei Reduktion der Schwarmgröße (vgl. Kapitel 6.2.3.1) und des inertia weight zeigt Abbildung 45. Die Iterationsschritte, zu denen ein Partikel entfernt wurde, sind durch einen schwarzen Kreis auf der x-Achse gekennzeichnet. Dabei findet die Reduktion der Schwarmgröße verteilt über die ersten 100 – 150 Perioden statt. Durch die Reduktion des inertia weight kann das Konvergenzmaß noch einmal um den Faktor 10 verringert werden, d. h. die verbliebenen Partikel liegen beim Abbruch der Optimierung noch dichter beieinander, was die Wahrscheinlichkeit erhöht, die beste Position im ermittelten Bereich guter Lösungen genauer einzugrenzen.

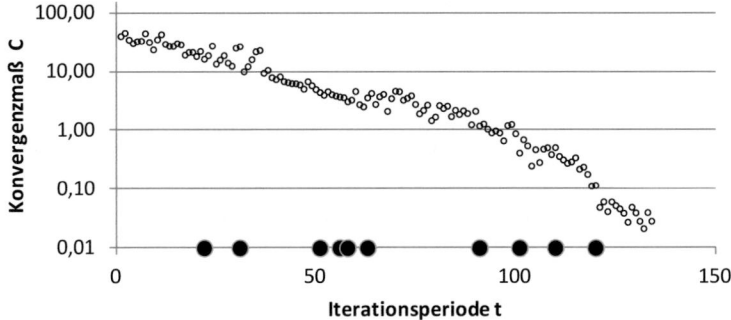

Abbildung 45: Änderung des Konvergenzmaßes im Verlauf der Iterationsperioden mit Reduktion der Partikelzahl und des inertia weight (●: Zeitpunkt der Reduktion der Partikelzahl)

6.2.3.3. Veränderung der Informationsverfügbarkeit über die Lage des bisher vom Partikel-Schwarm gefundenen besten Zielfunktionswertes

Der angestrebte Effekt, die Konvergenzgeschwindigkeit in den ersten Iterationsperioden zu verringern und in den letzten Perioden zu erhöhen, kann noch durch eine Modifikation der Informationsverfügbarkeit über die beste gefundene Position, die in der sozialen Komponente der Bewegungsgleichung verwendet wird, verstärkt werden.

Eine Umsetzung dieses Konzeptes wird bereits in der ersten Veröffentlichung zur PSO (Kennedy und Eberhard 1995) vorgeschlagen. Jedes Partikel i verfügt dann nicht mehr über die Information der beste global gefundene Position des gesamten Schwarms qB, sondern kennt lediglich die beste lokal gefundene Position $lB_{i,j}$ von insgesamt J weiteren Partikeln j. Diese Form der Informationsteilung wird, wie bereits in Kapitel 4.1.1.4 beschrieben, Nachbarschaft genannt. Die Bewegungsgleichung ändert sich dann wie folgt:

(48) $$v_i^t = w \cdot v_i^{t-1} + c_1 \cdot R \cdot \left(pB_i - x_i^{t-1} \right) + c_2 \cdot R \cdot \left(lB_{i,j} - x_i^{t-1} \right)$$

Häufig sind die Nachbarschaften statisch, wie z. B. bei wie Kennedy (1999). Aus zwei Gründen soll hier jedoch ein dynamisches Modell, ähnlich wie u. a. von Peram et al. (2003) und Clerc (2006) beschrieben, eingesetzt werden. Hierbei wird zur Identifikation der Nachbarschaft eines Partikels ebenfalls die normierte euklidische Distanz (vgl Gl. (47)) genutzt.

Der erste Grund die dynamische Form der Nachbarschaft zu wählen, ist die Ermöglichung einer breiteren Suche im Lösungsraum gegenüber der globalen Nachbarschaft, da zunächst nur Teile des Schwarms eine gute gefundene Position kennen. Weiter entfernte Partikel erhalten diese Information erst, wenn wiederum sie selbst oder Partikel in ihrer Nachbarschaft sich auch in die Richtung dieser Position bewegen und dann Ihren Zielfunktionswert verbessern. So können Partikel in anderen Regionen des Lösungsraums diesen zunächst durchsuchen, ohne in ihrer Bewegung durch an weit entfernter, anderer Stelle gefundene gute Zielfunktionswerte abgelenkt zu werden. Dies verringert gerade in der Anfangsphase, wenn der Schwarm noch weit verteilt ist, die Konvergenzgeschwindigkeit und erhöht die Wahrscheinlichkeit, lokale Maxima wieder verlassen zu können.

Der zweite Grund der Verwendung einer solchen Form der Nachbarschaft ist die gekoppelte Fließschemasimulation. In der Regel führen ähnliche Prozesseingangsgrößen auch zu ähnlichem Simulationsverhalten. Vor allem bei weiter fortgeschrittenem Iterationsverlauf ändern sich die Prozesseingangsgrößen eines Partikels von einem zum nächsten Iterationsschritt kaum noch. Hier kann es, wie z. B. in Abbildung 44 für den 1. und 5. Durchlauf beobachtet, zu einem Verhalten kommen, in dem der Algorithmus nicht mehr weiter konvergiert, da die Temperaturberechnung der Simulation häufig keine Lösung findet. Wenn solche Positionen, in denen keine Lösung gefunden werden kann, nahe an solchen liegen, für die eine hohe Temperatur berechnet wird, bewegt sich das Partikel kontinuierlich um diese Position ohne sich jedoch, bedingt durch die Simulationsfehler, noch verbessern zu können. Ein auf der Distanz im Lösungsraum basierendes Nachbarschaftsmodell reduziert den Einfluss dieses Partikels auf den gesamten Schwarm. Somit erhöht sich die Wahrscheinlichkeit, dass entferntere Partikel eine Position mit einer ähnlich guten Lösung aber stabilerem Simulationsverhalten finden.

6.2.3.4. Erzielte Reduktion der Rechenzeit

Um die Auswirkungen der in Kapitel 6.2.3 beschriebenen Modifikationen des PSO Algorithmus zu testen, werden jeweils fünf Durchläufe mit dem modifizierten Algorithmus mit J = 10 und J = 5 Nachbarn durchgeführt und mit den Ergebnissen aus Kapitel 6.2.2 des Ausgangsfalls mit 15 Partikeln verglichen. Die Zahl der Nachbarn ist dabei gleichzeitig auch die Zahl der Partikel, auf die die Schwarmgröße von I = 15 Partikeln bei t = 0 mit fortschreitender Konvergenz verringert wird, womit zum Ende der Iteration wieder globale Information vorherrscht.

Als Bewertungskriterien dienen wiederum der Mittelwert der in den fünf Durchläufen ermittelten besten Zielfunktionswerte, der beste in allen fünf Durchläufen ermittelte Zielfunktionswert sowie die Rechenzeit bis zum Erreichen eines der Abbruchkriterien. Eine Zusammenstellung zeigt Abbildung 46. Die detaillierten Ergebnisse finden sich in Anhang A.3.2.

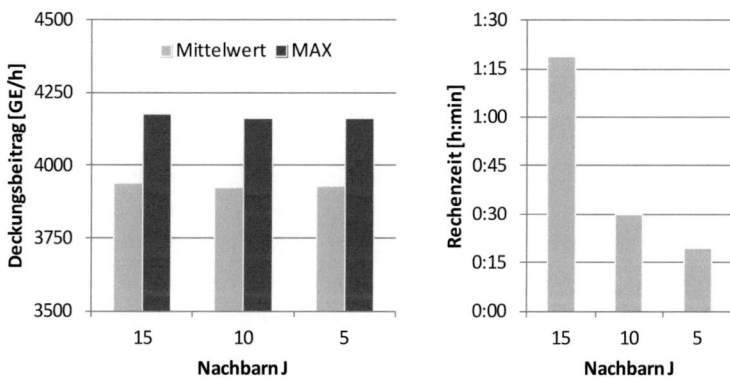

Abbildung 46: Durchschnittlich bester gefundener gültiger Zielfunktionswert aus fünf Durchläufen und bester in fünf Durchläufen gefundener Zielfunktionswert (links) sowie durchschnittliche benötigte Rechenzeit (rechts) bei J = 5, 10 und 15 Nachbarn

Es lässt sich erkennen, dass sowohl der Mittelwert der in den fünf Durchläufen ermittelten besten Zielfunktionswerte, als auch der beste in allen fünf Durchläufen ermittelte Zielfunktionswert sich trotz Variation von J nicht ändern. Demnach hat mit dieser Algorithmusmodifikation die Verringerung der Anzahl der Nachbarn hier keinen negativen Einfluss auf die Qualität der gefundenen Lösungen. Die mit der Erhöhung der Partikelanzahl erreichte Verbesserung (vgl. Kapitel 6.2.2) bleibt bestehen. Mit der Reduktion der Partikelanzahl bei fortlaufender Iteration kann jedoch die benötigte Rechenzeit gesenkt werden. Bei einer Informationsteilung mit einer Nachbarschaft von $J = 5$ Partikeln und einer konvergenzabhängigen Reduktion der Schwarmgröße von anfangs $I = 15$ auf zum Schluss $I = J = 5$ Partikel wird statt im Mittel 80 Min. nur noch eine Rechenzeit von im Mittel knapp 20 Min. benötigt.

6.2.4 Überprüfung der Parametrisierung der Konstanten der Bewegungsgleichung

Nach Modifikation des Algorithmus und Identifikation einer sinnvollen Schwarm- und Nachbarschaftsgröße sowie Initialisierungsform wird überprüft, ob sich die bisher erzielten Ergebnisse durch Variation der Beschleunigungskonstanten w, c_1 und c_2, die bisher mit Literaturwerten belegt sind, verbessern lassen.

6.2.4.1. Variation des inertia weight

Da das inertia weight als Gewichtung der Schwungkraftkomponente der Bewegungsgleichung einen erheblichen Einfluss auf die Geschwindigkeit der Partikel hat, wird zunächst der Einfluss des inertia weight untersucht. Hierzu wird w mit einer Schrittweite von 0,05 beginnend von 0,6 bis auf 0,9 erhöht. Für jede Variation werden sechs Durchläufe gerechnet. Abbildung 47 zeigt anhand der Durchläufe mit den jeweils besten gefundenen Zielfunktionswerten exemplarisch die im Verlauf der Iterationsperioden gefundenen Positionen für die eingesetzte Reststoffmasse.

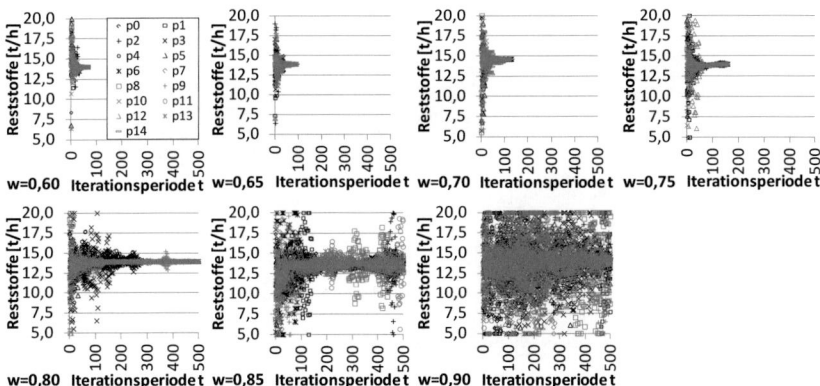

Abbildung 47: Änderung des Konvergenzverhaltens in Abhängigkeit des inertia weight am Beispiel der eingesetzten Reststoffmasse

Mittels der dargestellten Positionsverteilung im Verlauf der Iteration lässt sich ein Eindruck über die Breite der Suche des Schwarms und das Konvergenzverhalten gewinnen. Bei geringen Werten für das inertia weight von 0,6 bis 0,65 konzentriert sich die Suche bereits nach ca. 10 Perioden auf einen engen Bereich innerhalb des Lösungsraums. Nach ca. 100 Perioden ist bereits die Konvergenzbedingung erfüllt. Bei Werten von 0,7 und 0,75, wie sie auch in der Literatur empfohlen werden, werden in den ersten 10 – 25 Perioden Positionen im gesamten möglichen Lösungsbereich erfasst. Ab der Periode 50 beginnt der Algorithmus zu konvergieren. Das Abbruchkriterium wird bei ca. 150 Perioden erreicht. Höhere Werte für das inertia weight von 0,8 bis 0,9 haben zwar eine noch intensivere Suche, auch in Bereichen in denen kein hoher Zielfunktionswert erreicht wird, zur Folge, jedoch wird das Konvergenzabbruchkriterium nicht mehr erfüllt und der Algorithmus endet erst nach Ablauf der maximalen Periodenzahl von 500. Bei w = 0,9 ist keine Konvergenz der Partikel im Iterationsverlauf mehr zu erkennen.

Ein ähnliches Verhalten bei Erhöhung des Wertes für das inertia weigt lässt sich auch in den Positionen der anderen Dimensionen x^2 bis x^5 erkennen. Quantifizierbar wird der Effekt durch die Beobachtung der Änderung des Konvergenzmaßes C bei fortschreitender Periodenzahl. Dies zeigt Abbildung 48.

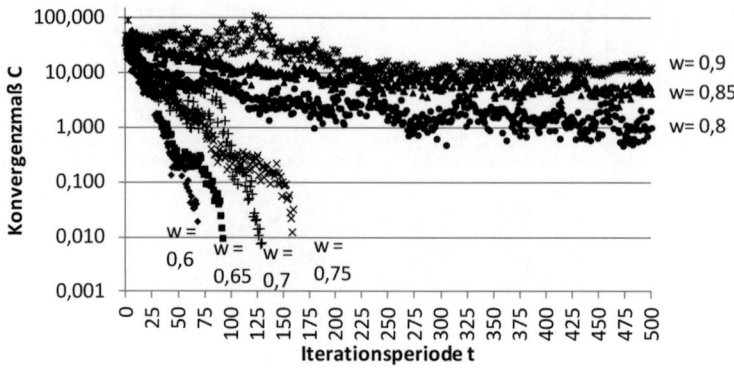

Abbildung 48: Werte des Konvergenzmaßes C während des Iterationsverlaufs in Abhängigkeit des inertia weight

Für w = 0,6 und w = 0,65 nimmt das Konvergenzmaß sehr schnell ab, was bedeutet, dass sich die Positionen der Partikel in allen Dimensionen sehr schnell annähern. Bereits vor Durchlauf von 100 Iterationsperioden ist das Abbruchkriterium erreicht. Für w = 0,7 und w = 0,75 nähern sich die Positionen der Partikel im Verlauf der Iteration weniger schnell an. Das Abbruchkriterium wird erst bei t > 125 erreicht. Speziell bei w = 0,75 ist zwischen der 75 und 125 Periode ein Zeitraum zu erkennen, indem das Konvergenzmaß kaum kleiner wird, erst danach konvergiert der Schwarm schnell auf einer guten Position. Bei höheren Werten für das inertia weight ist zwar bis ca. zur Periode t = 250 eine leichte Annäherung der Partikelpositionen festzustellen, danach stagniert das Konvergenzverhalten jedoch. Es ist selbst bei Wahl einer deutlich größeren Anzahl als von T = 500 Perioden bis zum Abbruch nicht zu erwarten, dass der Schwarm bei diesen Parameterbelegungen noch das, mittels des Konvergenzmaßes definierten, Abbruchkriterium erreicht.

Abbildung 49 zeigt für die jeweils sechs Durchläufe mit konstanter Einstellung für das inertia weight den Mittelwert des besten berechneten Zielfunktionswertes, eine lineare Regression dieser Werte zur Veranschaulichung der Tendenz und den insgesamt in sechs Durchläufen gefundenen maximalen Zielfunktionswert (links) sowie die mittlere benötigte Rechenzeit (rechts). Die detaillierten Ergebnisse finden sich in Anhang A.3.3.

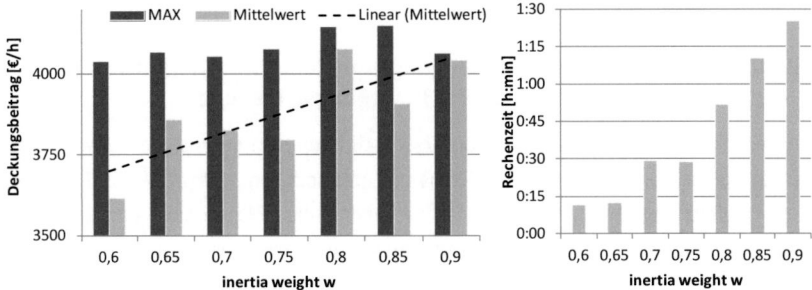

Abbildung 49: Mittelwert des besten gefundenen Zielfunktionswertes, bester gefundener Zielfunktionswert sowie benötigte Rechenzeit bei Variation des inertia weight

Der Verlauf der mittleren besten gefundenen Zielfunktionswerte bei zunehmenden Werten für w ist nicht eindeutig. Es lässt sich jedoch die Tendenz einer Zunahme der mittleren besten gefundenen Zielfunktionswerte bei größeren Werten für w erkennen. Dies bedeutet, dass bei höheren Werten für w die Wahrscheinlichkeit einer Konvergenz des Schwarms im Bereich besserer Lösungen steigt. Dabei nimmt jedoch auch die benötigte Rechenzeit stark zu. Bei $w = 0,85$ überschreitet sie eine Stunde.

Zusammenfassend lässt sich für das inertia weight feststellen, dass Werte, die unter den in der Literatur zu findenden Empfehlungen liegen, das Suchverhalten in der Anwendung der PSO hier einschränken. Werte die weit über den Empfehlungen liegen, verhindern die Konvergenz. Bei den Parametervariationen mit w = 0,65, w = 0,7 und w= 0,75 ist kein eindeutiger Zusammenhang zwischen gewähltem inertia weight und mittlerem gefundenen besten Zielfunktionswert identifizierbar. Hierzu müsste die Anzahl der Durchläufe mit gleicher Parameterbelegung erheblich erhöht werden. Jedoch wurde bei den sechs Durchläufen für die Parametereinstellungen w = {0,65; 0,7; 0,75} immer mindestens einmal ein guter bester Zielfunktionswert > 4.400 GE/h ermittelt und die besten gefundenen Zielfunktionswerte weichen nur um weniger als 0,5 % voneinander ab. Die Abweichung liegt also unter der Genauigkeit, mit der das Fließschemasimulationsmodell kalibriert werden konnte, weshalb ein größerer Aufwand zur noch genaueren Identifikation einer guten Parameterwahl nicht mehr zielführend ist. Da der Wert von w = 0,7 in der Literatur empfohlen wird, und die Ergebnisse der hier durchgeführten Variationen dem nicht widersprechen, wird er im Folgenden weiter verwendet.

6.2.4.2. Variation der Beschleunigungskonstanten der kognitiven und sozialen Komponente der Bewegungsgleichung

Die Beschleunigungskonstanten c_1 und c_2 bestimmen den Einfluss der Geschwindigkeitskomponenten des kognitiven Terms und des sozialen Terms auf die Gesamtbewegungsgleichung. Bei $c_1 > c_2$ steigt die Wahrscheinlichkeit, dass die Partikel sich an der Position des eigenen besten gefundenen Zielfunktionswertes orientieren und der Schwarm langsamer konvergiert. Für $c_1 < c_2$ gilt entsprechend das Gegenteil.

Üblicherweise sind beide Konstanten mit demselben Wert belegt (vgl. Kapitel 4.1.1.3, Tabelle 6). Da es aber in Hinsicht auf das Verhalten der hier genutzten Anwendung gewünscht ist, zu Beginn der Suche die Konvergenz zu bremsen, wird getestet, welche Auswirkungen unterschiedliche Parametereinstellungen für c_1 und c_2 jeweils zwischen den Werten 1,2 und 1,6 schrittweise erhöht um 0,1 haben. Für jede daraus mögliche Kombination der Werte für c_1 und c_2 werden vier Durchläufe gerechnet. Daraus ergeben sich insgesamt 100 Durchläufe, deren Ergebnisse in Anhang A.3.4 dokumentiert sind. Die Bewertung erfolgt analog Kapitel 6.2.4.1 anhand des Mittelwertes der jeweils in den vier Durchläufen gefundenen besten Zielfunktionswerte, anhand des insgesamt in den vier Durchläufen gefundenen besten Zielfunktionswertes und der für die vier Durchläufe im Mittel benötigte Anzahl an Iterationsperioden sowie benötigter Rechenzeit. Detaillierte Ergebnisse finden sich ebenfalls in Anhang A.3.4. Die wesentlichen Zusammenhänge zeigt die Abbildung 50.

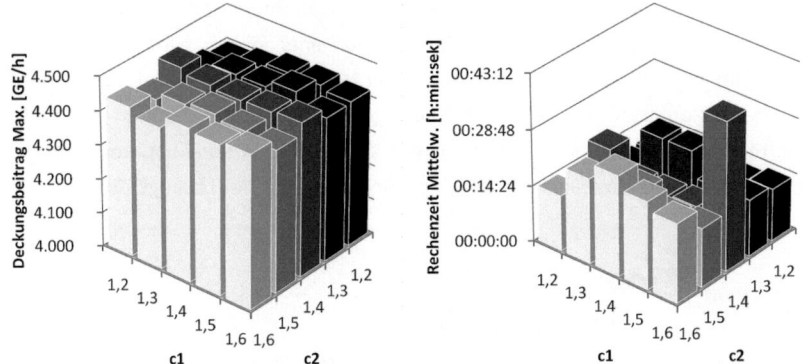

Abbildung 50: Bester in vier Durchläufen ermittelter Zielfunktionswert für jede Kombination von c_1 und c_2 (links) sowie im Mittel benötigte Rechenzeit (rechts)

Danach unterscheiden sich die besten in vier Durchläufen ermittelten Zielfunktionswerte unabhängig von der Belegung von c_1 und c_2 kaum (vgl Abbildung 50 links). Der Mittelwert aller besten gefundenen Zielfunktionswerte liegt bei 4435 GE/h. Der höchste, beste gefundenen Zielfunktionswert einer Parameterkombination liegt 0,7 % darüber, der niedrigste 0,9 % darunter. Ein exakter Zusammenhang zwischen gewählter Parametervariation und dem besten gefundenen Zielfunktionswert ist nicht ableitbar, da die Ergebnisse zu stark schwanken. Analog zu Kapitel 6.2.4.1 wären hierfür deutlich mehr Durchläufe für die Parametervariationen erforderlich. Insgesamt liegen die ermittelten Schwankungen jedoch wiederum unter der Abbildungsgenauigkeit der Fließschemasimulation, weshalb ein größerer Aufwand hier ebenfalls nicht zielführend ist.

Zwei Aspekte lassen sich jedoch aus den Ergebnissen der Parametervariationen ableiten. Für die Parameterkombinationen von (c_1; c_2) mit (1,2; 1,2), (1,2; 1,3) sowie (1,3; 1,2) liegt der beste gefundene Zielfunktionswert unter dem im Mittel gefundenen von 4435 GE/h. Dies ist ein Hinweis darauf, dass Parametervariationen mit geringen Werten für c_1 und c_2 unvorteilhaft sind. Dies bestätigt die Auswertung des Verlaufes des Konvergenzmaßes im Verlauf der Iterationen für diese Variationen im Vergleich mit den Ergebnissen der besten gefundenen Zielfunktionswerte der Parameterkombinationen $c_1 = c_2 = 1,3$ und $c_1 = c_2 = 1,4$ (vgl. Abbildung 51). Hier ist festzu-

151

stellen, dass das Konvergenzmaß der Parametervariationen mit 1,2 und 1,2, 1,2 und 1,3 sowie 1,3 und 1,2 im Verlauf der Iteration eher kleiner wird und bereits vor Durchlauf der Periode t = 100 das Abbruchkriterium erreicht ist. Bei den Reihen für $c_1 = c_2 = 1,3$ und $c_1 = c_2 = 1,4$ nimmt C hingegen im Verlauf der Iteration später kleine Werte ein und das Abbruchkriterium wird ca. 40 – 60 Perioden später erreicht. Es erfolgt also länger eine Suche in einem größeren Bereich des Lösungsraumes.

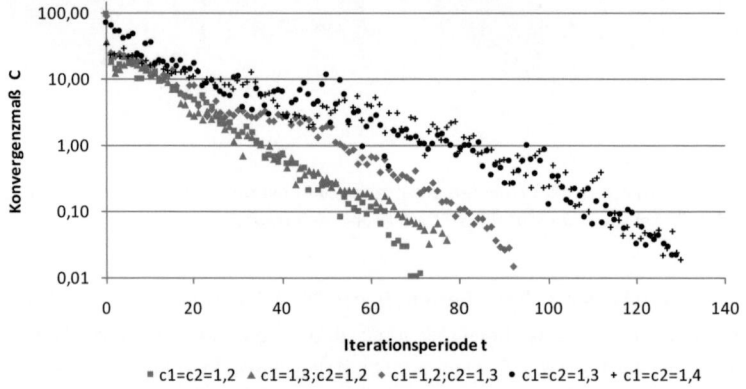

Abbildung 51: Veränderung des Konvergenzmaßes C mit fortschreitendem Iterationsverlauf bei Variation der Beschleunigungskonstanten c_1 und c_2

Weiterhin ist bei Parameterkombinationen, bei denen eine der Beschleunigungskonstanten einen Wert von 1,6 hat, im Mittel eine längere Rechenzeit bis zum Abbruchkriterium erforderlich (vgl. Abbildung 50 rechts).

Auf eine Belegung der Beschleunigungskonstanten mit den extremen Werten von 1,2 und 1,6 wird daher verzichtet. Da sich im Bereich mittlerer Werte von 1,3 bis 1,5 keine klar vorteilhafte Parameterbelegung ableiten lässt, wird im Folgenden weiterhin mit den auch für andere Probleme bereits erprobten Literaturempfehlungen $c_1 = c_2 = 1,43$ gearbeitet.

6.2.5 Identifikation falscher Simulationsergebnisse zur Laufzeit zur Verbesserung des Konvergenzverhaltens

Wie in Kapitel 4.2.2 beschrieben, müssen in der Fließschemasimulation Rückströme oder Auslegungsvorschriften iterativ gelöst werden. Auch die Minimierung der freien Enthalpie zur Berechnung von Gleichgewichtsreaktoren erfolgt iterativ. Dabei ist nicht ausgeschlossen, dass der Iterationsalgorithmus der Fließschemasimulation keine Lösung findet. In diesem Fall ist die Konvergenz in der Fließschemasimulation nicht sichergestellt. Im ungünstigsten Fall wird im Verlauf dieser Iterationen in einem Stoffstrom der Massestrom einer Verbindung über den eigentlich aus den definierten Eingangsströmen zur Verfügung stehenden Massestrom hinaus erhöht. Nach Abbruch der Iteration ist die Massenbilanz im Fließschema verletzt.

Je nachdem, welche Verbindungen hiervon betroffen sind, kann es zu erheblichen Fehlern in der Güteberechnung einer Position durch die PSO kommen. Wenn z. B. der Zinkmassestrom im Wälzoxid zu hoch ist, wird ein deutlich zu hoher Deckungsbeitrag berechnet. Falls diese Position den bisher höchsten Deckungsbeitrag aufweist wird sie als $lB_{i,j}$ bzw. bei global verfügbarer Information als gB gespeichert. Die Partikel bewegen sich dann in Richtung dieser Position. Da das Ergebnis jedoch auf einem Simulationsfehler beruht, ist es nicht reproduzierbar und der Schwarm kann die Konvergenz verlieren oder in einem Bereich des Lösungsraumes mit schlechten Zielfunktionswerten konvergieren.

Für die PSO ist es daher von Vorteil, solche falschen Lösungen sofort zu identifizieren und nicht zu berücksichtigen. Dazu wird nach dem von Hu (2003) vorgestellten Konzept zur Berücksichtigung von Nebenbedingungen in der PSO vorgegangen. Anhand von Massebilanzen wird für jede Position und die daraus berechneten Fließschemasimulationsergebnisse $y^1 - y^6$ überprüft, ob es sich um eine zulässige Lösung handelt. Falls nicht, wird der berechnete Zielfunktionswert auf einen sehr kleinen Wert gesetzt[30] und somit bei der Bestimmung der eigenen besten Position pB_i sowie $lB_{i,j}$ bzw. gB nicht berücksichtigt.

---

[30] Das Setzen eines sehr kleinen aber definierten Zielfunktionswertes ermöglicht es, gegenüber dem Verwerfen des Zielfunktionswertes, später in der Dokumentation der Schwarmpositionen Positionen mit verletzten Massebilanzen zu identifizieren und abzuleiten, welche Massebilanz verletzt wurde.

Insgesamt werden drei Massebilanzen geprüft. Für jede Grundoperation g berechnet AspenPlus bereits den Betrag der Abweichungen der Massebilanzen Δm. Diese werden für jedes Partikel i zu jeder Iterationsperiode t ausgelesen. Wenn die Summe der Massebilanzen einen definierten Wert $Fehler_{max}$ überschreitet, wird der Zielfunktionswert zur Position x_i^t des Partikels i in der Periode t auf -9999 gesetzt.

(49) $$\sum_{g=1}^{G} \Delta m_{g,i}^{t} > Fehler_{\mathrm{max}} \quad \Rightarrow \quad ZF\left(x_i^t\right) \leftarrow -9999$$

Auf diese Art werden jedoch nur Massebilanzfehler identifiziert, die bei der Berechnung von einzelnen Grundoperation auftreten. Massebilanzfehler, die bei der iterativen Berechnung von Rückströmen und Auslegungsvorschriften auftreten, sind nicht erfasst. Hierzu werden zwei weitere Massenbilanzen aus den Prozesseingangsgrößen x^n und den damit berechneten Simulationsergebnissen y^m überprüft.

Als zweites wird ein Teil der Zinkbilanz berechnet, da hier Fehler einen besonders starken Einfluss auf den Deckungsbeitrag haben. Es wird $\forall$ i,t geprüft ob die Zinkmasse in den aufgegebenen Pellets kleiner als die Zinkmasse $y_i^{2,t}$ im Produkt ist. Falls dies der Fall ist, wird der Zielfunktionswert auf -9998 gesetzt. Zur Berechnung der Massebilanz müssen die Konzentrationen beider Zink enthaltenen Verbindungen c_{ZnO} und $c_{ZnFe_2O_4}$ anhand der molaren Massen M auf die Zinkkonzentration umgerechnet, mit dem Massestrom der aufgegebenen Pellets x^1 multipliziert und durch 100 geteilt werden, da die Konzentrationen in Gew.-% angegeben sind.

(50)

$$x_i^{1,t} \cdot \left(\frac{c_{ZnO,Pellets} \cdot \frac{M_{Zn}}{M_{ZnO}} + c_{ZnFe_2O_4,Pellets} \cdot \frac{M_{Zn}}{M_{ZnFe_2O_4}}}{100} \right) < y_i^{2,t} \quad \Rightarrow \quad ZF\left(x_i^t\right) \leftarrow -9998$$

[31]

Als dritte Prüfung wird die Gesamtmassebilanz überschlagen. Hierbei ist zu berücksichtigen, dass von der Fließschemasimulation nur die für die Berechnung des

---

[31] Der im Falle eines Fehlers gesetzte Zielfunktionswert wird mit -9999, -9998 und -9997 leicht variiert, um in der Ergebnisdokumentation später die Art des Fehlers erkennen zu können.

Deckungsbeitrages erforderlichen Massenströme ausgegeben werden. Da aber ein Teil der Verbindungen in den Pellets, wie z. B. Kohlenstoff, zu gasförmigen Verbindungen reagiert, geben die ausgegebenen Massenströme nicht die vollständige Massebilanz wieder. Daher wird überprüft, ob die Gesamtmassebilanz aus zugeführten Reststoffen x^1, Kalk y^3 und Wälzoxid y^1 sowie Schlacke y^4 innerhalb definierter Plausibilitätsgrenzen $Fehler_{zulässig,max}$ und $Fehler_{zulässig,min}$ liegt.

(51)
$$\left. \begin{array}{l} y_i^{1,t} + y_i^{2,t} < \left(x_i^{1,t} + y_i^{4,t} \right) \cdot Fehler_{zulässig,min} \\ y_i^{1,t} + y_i^{2,t} > \left(x_i^{1,t} + y_i^{4,t} \right) \cdot Fehler_{zulässig,max} \end{array} \right\} \Rightarrow ZF\left(x_i^t \right) \leftarrow -9997$$

6.2.6 Wahl des pseudo-Zufallszahlengenerators

Ein wichtiges Element des Partikel-Schwarm Algorithmus ist die Einbeziehung von Zufallszahlen. Als pseudo-Zufallsgenerator wurde zunächst die RANDOM Klasse der System .Net Bibliothek von C# genutzt. Hierbei war zu beobachten, dass das Konvergenzverhalten mehrerer Durchläufe, bei aus der Systemzeit generierten Startwerten für die Funktion zur Ermittlung pseudo-zufälliger Zahlenreihen trotz derselben Parametrisierung der PSO z. T. stark variierte.

Clerc (2006, S. 59) berichtet, dass in einem seiner Experimente trotz einer höheren Zahl von Iterationsschritten, eine PSO schlechtere Ergebnisse erzielte als eine Variante mit weniger Iterationsschritten. Als Ursache ermittelt er den pseudo-Zufallszahlengenerator der eingesetzten Programmiersprache.

Um eine Verfälschung der Ergebnisse aufgrund schlechter Zufallszahlen auszuschließen, wird im Folgenden mit dem von Marsaglia (2003) beschriebenen KISS pseudo-Zufallszahlengenerator gearbeitet. Der Generator kann bei Definition konstanter Startwerte sich wiederholende pseudo-Zufallszahlenreihen erzeugen. Seine Periode, bis sich die Zahlen wiederholen, liegt über 2^{124}. In mehreren Untersuchungen zeigt Clerc (2006, S. 64 – 67), dass mit KISS erzeugte Zahlenreihen echten Zufallszahlen sehr nahe kommen und der Algorithmus gut für den Einsatz in der PSO geeignet ist.

Der KISS Algorithmus wurde ursprünglich in C entwickelt. In dieser Arbeit kommt eine Übersetzung und Implementierung in C# aus dem „RandomOps" Projekt (Pedersen 2010d) zum Einsatz.

155

6.2.7   Schritte des Programmablaufs

Die beschriebenen Modifikationen zielen darauf ab, das Verhalten der PSO auf die Erfordernisse der Kopplung an die Fließschemasimulation anzupassen. Hierzu werden sowohl neue Parameter in den Algorithmus der PSO als auch neue Ablaufschritte, wie z. B. die Konvergenzbewertung, eingefügt. Die Modifikationen sind nicht als Verbesserung sondern als Spezialisierung der PSO aufzufassen. Abbildung 52 zeigt die einzelnen Schritte im Programmablauf, welcher gegenüber der in Abbildung 15 in Pseudocode dargestellten Abfolge der Standard PSO erweitert ist.

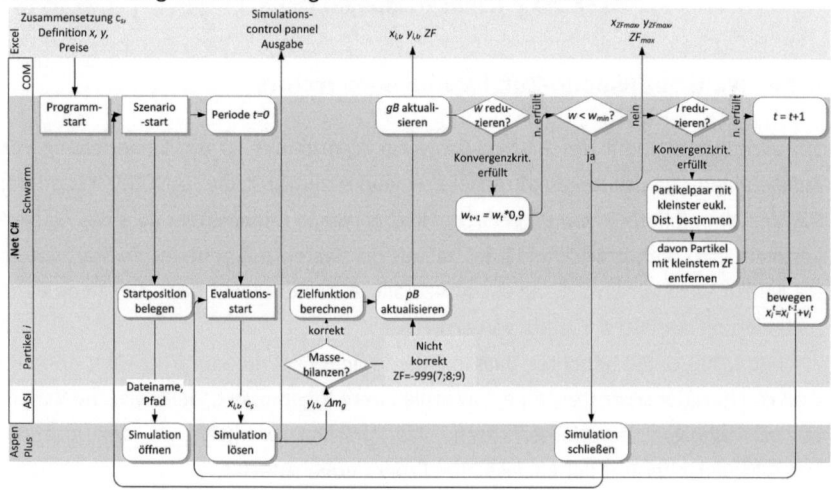

Abbildung 52: Implementierung und vereinfachter Programmablauf

Das Programm beinhaltet nicht nur die PSO, sondern übernimmt auch die folgenden Aufgaben:

↳ Steuerung des automatisierten Ablaufs mehrerer Durchläufe („Szenarios").

↳ Einlesen benötigter Startinformationen aus Excel über die COM Schnittstelle:
- Nutzervorgaben zur Parametrisierung der PSO,
- Nutzervorgaben zu Prozesseingangsgrößen und der zu lesenden Ausgangsgrößen der Simulation sowie der Zusammensetzung der in der Simulation genutzten eingehenden Stoffströme,
- Nutzervorgaben zu für die Deckungsbeitragsrechnung benötigten Preisen.

↳ Steuerung der Kommunikation zwischen AspenPlus und PSO über das ASI.

↳ Dokumentation von Ergebnissen in Excel über die COM Schnittstelle:
- Zwischenergebnisse aller Perioden,
- control panel Meldungen aller Simulationsdurchläufe,
- Endergebnisse.

↳ Überwachung aller Simulationsprogrammzweige.

Insbesondere der letzte Punkt ist wichtig für einen fehlerfreien Durchlauf der PSO. Das Simulationsprogramm AspenPlus startet zwei Programmzweige (Threads). Der erste beinhaltet die Benutzerschnittstelle bzw. hier das ASI, der zweite beinhaltet die Simulationsberechnung (vgl. Kapitel 4.2.1 und Abbildung 18). Dieser zweite Thread kann in seltenen Fällen bei längeren Lösungsdurchläufen ohne Rückmeldung terminieren. AspenPlus akzeptiert dann noch Dateneingaben, führt aber keine Simulation mehr durch. In der Folge ist die Datenausgabe immer die der letzten erfolgreichen Simulation, unabhängig von der Eingabe. Während des gesamten Programmablaufs wird deshalb der Thread der Simulation überwacht. Vor und nach jeder Datenein- und -ausgabe sowie jedes Lösungsablaufs wird abgefragt, ob der Simulationsthread noch besteht. Falls nicht, wird der Programmablauf unterbrochen und beim „Evaluationsstart" wieder aufgenommen. Dabei werden sämtliche Variablenbelegungen beibehalten.

Eine schematische Darstellung der im Programm genutzten Klassen, Methoden und Datenfelder befindet sich in Anhang A.2.

6.3 Vergleich des Ausgangsalgorithmus mit dem modifizierten Algorithmus

Bei der Auswertung der Ergebnisse der Implementierung von gekoppelter PSO und Fließschemasimulation mit dem Ausgangsalgorithmus wurde festgestellt, dass eine gewisse Wahrscheinlichkeit für eine Konvergenz der Partikel, in einem Bereich des Lösungsraums, der einem vermuteten lokalen Maximum zuzuordnen ist, besteht. Die Ursache wurde in einer zu engen Suche im Lösungsraum zu Beginn der Iterationsschritte erkannt. Um die Konvergenzgeschwindigkeit zu Beginn zu verringern und gleichzeitig zum Ende eine bessere Konvergenzrate zu erreichen, wurden die folgenden Modifikationen und Überprüfungen vorgenommen:

- ↳ Erhöhung der Partikelanzahl zu Beginn von $I = 5$ auf $I = 15$
- ↳ Dynamische Reduktion der Partikelanzahl von $I = 15$ auf $I = 5$ im Verlauf der Suche
- ↳ Änderung der Informationsverfügbarkeit über die beste gefundenen Position zu Beginn der Suche auf ein Modell mit $J = 5$ nächsten Nachbarn
- ↳ Reduktion des inertia weight zum Ende der Suche
- ↳ Überprüfung der Werte für die Beschleunigungskonstanten

Die damit erreichte Verbesserung des Schwarmverhaltens verdeutlicht die Abbildung 53 exemplarisch anhand der untersuchten Positionen für die Prozesseingangsgröße der eingesetzten Reststoffmasse x^1.

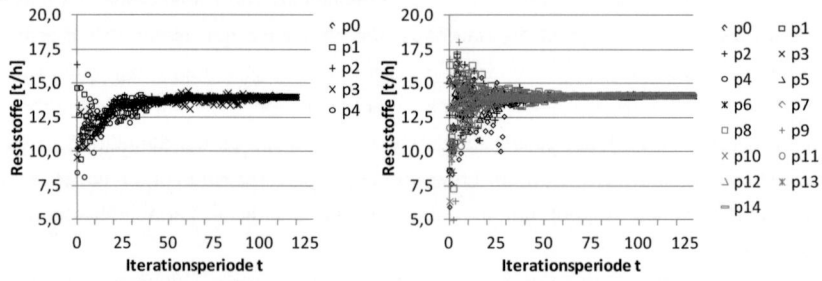

Abbildung 53: Vergleich abgesuchter Positionen beim Algorithmus aus dem Ausgangsfall (links) und beim modifizierten Algorithmus (rechts)

In der Abbildung ist erkennbar, dass sich bei der modifizierten Algorithmusvariante die Suche zu Beginn der Iterationsschritte bis zur 25 Periode auf einen größeren Bereich des Lösungsraums erstreckt, während trotzdem nur unwesentlich mehr Iterationsschritte bis zum Erreichen des Konvergenzkriteriums benötigt werden. Während die Ausgangsvariante des Algorithmus ca. 11 min Rechenzeit benötigt, liegt die Rechenzeit des modifizierten Algorithmus mit ca. 13 min nur geringfügig darüber.

Eine detailliertere Auswertung des Konvergenzverhaltens zeigt die Abbildung 54. Hier lässt sich erkennen, dass die modifizierte Variante zu Beginn der Suche ein höheres Konvergenzmaß als die Ausgangsvariante hat, was bedeutet, dass die Partikel im Lösungsraum weiter verteilt sind. Bei fortschreitender Iteration sinkt das Konvergenzmaß für die modifizierte Variante unter das des Ausgangsfalls ab. Zum Ende der Iterationen wird also der identifizierte gute Bereich im Lösungsraum intensiver untersucht.

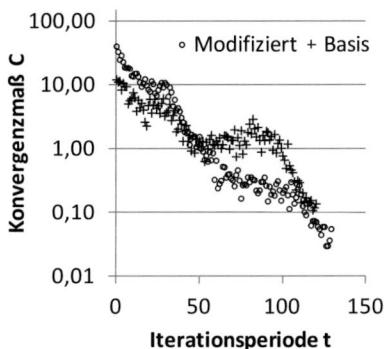

Abbildung 54: Konvergenzmaß Ausgangsfall und modifizierter Algorithmus

Zusammenfassend lässt sich damit feststellen, dass die Ziele mit den vorgenommenen Modifikationen am Algorithmus erreicht wurden, ohne dass das beste gefundene Ergebnis des Algorithmus verschlechtert wird.

Kapitel 7

Szenarioanalysen zur Entscheidungsunterstützung bei der operativen Produktionsplanung

Im Folgenden wird der in Kapitel 6 entwickelte und angepasste PSO Algorithmus auf ausgewählte wichtige Fragestellungen aus der operativen Produktionsplanung einer Wälzrohranlage angewandt. Dabei werden die Auswirkungen unterschiedlicher Reststoffzusammensetzungen und der Variation wichtiger Preise auf die Wahl von Prozesseingangsgrößen untersucht. Aus den Prozesseingangsgrößen ergeben sich durch Einsatz der Fließschemasimulation die Prozessausgangsgrößen und aus beiden der Deckungsbeitrag. Hauptziel ist es, als Entscheidungsunterstützung für den realen Betrieb Prozesseingangsgrößen zu identifizieren, die in den jeweiligen Szenarios zu einem möglichst hohen Deckungsbeitrag führen.

Neben der Berechnung jeweils möglichst guter Prozesseingangsgrößen für jeweils eine bestimmte Reststoffzusammensetzung bei jeweils bestimmten Preisen lassen sich aus den betrachteten Szenarios auch allgemeine Handlungsempfehlungen für eine gute operative Produktionsplanung ableiten. Aus der Veränderung der ermittelten Prozesseingangsgrößen über die einzelnen berechneten Variationsschritte innerhalb der Szenarios wird hierzu ausgewertet, welche Prozessgrößen durch welche Reststoffzusammensetzung bzw. durch welchen Preis besonders betroffen sind.

7.1 Ermittlung von guten Prozesseingangsgrößen zur Entscheidungsunterstützung bei Variation der chemischen Zusammensetzung der Reststoffe

Beschreibung der im Szenario untersuchten Varianten

Die Zusammensetzung der als Pellets in das Wälzrohr gegebenen Reststoffe kann erheblich schwanken (vgl. Kapitel 2.1). Diese Schwankungen resultieren aus zwei As-

161

pekten. Zum einen verändert sich die Zusammensetzung eines Reststoffes eines Lieferanten durch Schwankungen der Zusammensetzungen der Einsatzstoffe in dessen Produktionsbetrieb. Zum andern variieren die von den jeweiligen Lieferanten bereitgestellten Reststoffmassen, was zu Schwankungen in der Gesamtreststoffmischung des Wälzrohres führt (vgl. Kapitel 5.1).

Tabelle 14 zeigt exemplarisch für

↳ Reststoffe einer typischen Aufgabemischung (Basisfall)

↳ Reststoffe aus der Verzinkung von Konstruktionsteilen in der Bauindustrie,

↳ Reststoffe aus der Galvanisierung von Konstruktionsteilen im Anlagenbau und

↳ Reststoffe aus der Herstellung von Edelstahl

die unterschiedlichen mittleren Zusammensetzungen. Diese drei ausgewählten Reststoffarten sind zusammen mit den hauptsächlich eingesetzten Stahlwerkstäuben aus der Herstellung von niedriglegiertem Stahl (vgl. Kapitel 3.2 in Tabelle 2) charakteristisch für das Spektrum der im Wälzprozess eingesetzten Reststoffe.

Tabelle 14: Zusammensetzung verschiedener zinkhaltiger Reststoffe (Quelle: Unternehmensdaten)

	Zn	FeO	SiO_2	CaO	MgO	Pb	K_2O	Cl	Feuchte
	[Gew.-%] bezogen auf Trockenmasse								[Gew.-%]
Zinkbeschichtung	26,9	19,0	13	8	1	1,9	2	1,4	7
Galvanisierung	65,1	3,0	0,4	1	-	0,02	0,02	0,1	36
Edelstahlproduktion	26,4	19,2	4	5	3	2,7	7	4	0,3

Die drei Reststoffe weisen jeweils Besonderheiten in ihrer Zusammensetzung auf. Reststoffe aus der Verzinkung von Konstruktionsteilen in der Bauindustrie haben zwar einen ähnlichen Zink- und Eisengehalt wie Stahlwerkstäube aus der Herstellung von niedriglegiertem Stahl, der Anteil von SiO_2 und CaO und die sich daraus ergebende Basizität weichen jedoch erheblich ab. Reststoffe aus der Galvanisierung haben einen sehr hohen Zinkanteil, jedoch auch eine hohe Feuchte. Der betrachtete

Reststoff aus der Edelstahlherstellung hat einen sehr hohen Chlor- und Alkalienanteil.

Mit Hilfe der an Fließschemasimulation gekoppelten PSO werden im Folgenden für den Einsatz dieser Reststoffe Prozesseingangsgrößen ermittelt, die zu einem möglichst hohen Deckungsbeitrag führen. Hierzu wird der modifizierte PSO Algorithmus aus Kapitel 6 eingesetzt. Als Zusammensetzung der Reststoffe wird zunächst ein Tagesmittel aus den zur Kalibrierung des Fließschemasimulationsmodelles eingesetzten Originaldaten verwendet. Die damit ermittelten Prozesseingangsgrößen, die zugehörigen Prozessausgangsgrößen und der Deckungsbeitrag dienen als Basisszenario für die vergleichenden Betrachtungen in diesem und den folgenden Kapiteln. Dann werden nacheinander die Reststoffe gemäß Tabelle 14 eingesetzt.

Für jeden Reststoff werden sechs Durchläufe gerechnet. Von den Ergebnissen der sechs Durchläufe wird dasjenige gewählt, aus dem sich der höchste Deckungsbeitrag ergibt. Um dabei den Einfluss von potentiellen Simulationsfehlern zu verringern, werden hier und in allen weiteren Szenarios die Ergebnisse vorher auf Plausibilität geprüft. Hierbei werden die mit der Fließschemasimulation berechneten Ausgangsgrößen anhand von zwei Gesichtspunkten bewertet. Zum einen dürfen diese Ausgangsgrößen im Verlauf der letzten Iterationsschritte desselben Partikels, mit dem der höchste Deckungsbeitrag gefunden wurde, keine Sprünge aufweisen. Dies wäre ein Hinweis auf Konvergenzfehler der Simulation. Zum anderen müssen die Ergebnisse durch mindestens ein weiteres Partikel im Schwarm ebenso berechnet werden. Dies schließt Fehler innerhalb einer Programminstanz der Fließschemasimulation eines Partikels aus. In beiden Fällen wird der Durchlauf dann nicht zur Auswertung herangezogen und stattdessen derjenige von den sechs Durchläufen mit dem nächsthöchsten ermittelten Deckungsbeitrag gewählt, dessen Ergebnisse plausibel sind. Eine Auflistung der gewählten Ergebnisse finden sich in Anhang A.4.1.

Auswirkung der Variation auf die ermittelten Prozesseingangsgrößen

Die Diskussion der Ergebnisse und deren Beitrag zur Entscheidungsunterstützung bei der operativen Produktionsplanung erfolgt hier anhand von Diagrammen zu den Prozesseingangsgrößen, den Prozessausgangsgrößen, den Kosten und Erlösen sowie dem sich daraus ergebendem Deckungsbeitrag. Die Abbildung 55 zeigt die ermittelten Prozesseingangsgrößen aller vier untersuchten Varianten der unterschiedlichen Reststoffzusammensetzungen.

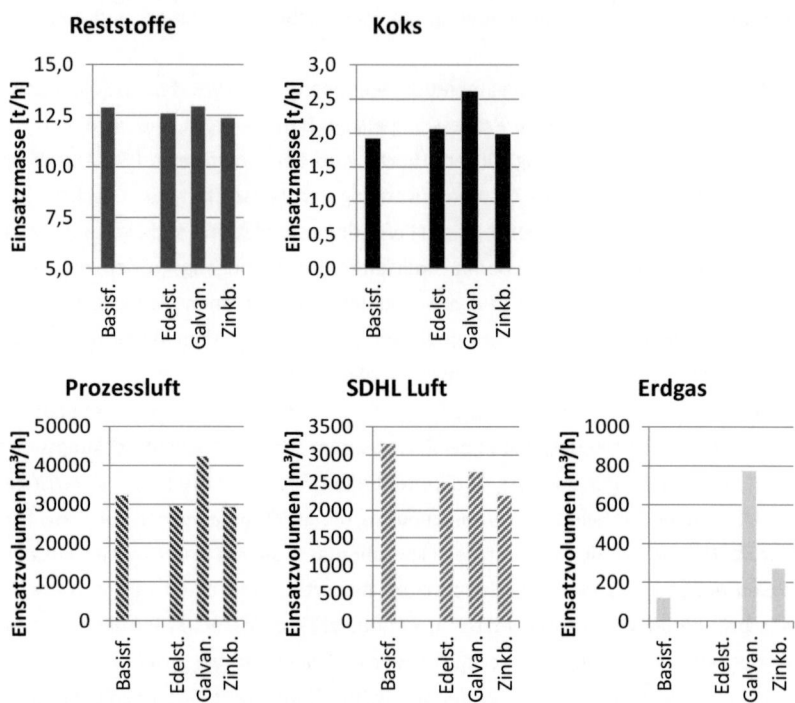

Abbildung 55: Bei Einsatz unterschiedlicher Reststoffe mittels der PSO identifizierte gute Einstellungen für die Prozesseingangsgrößen

Die eingesetzte Reststoffmasse sollte im Rahmen der operativen Produktionsplanung in Folge der unterschiedlichen Zusammensetzungen der Reststoffe nur wenig, zwischen 12,4 t/h bis 12,9 t/h, variiert werden. Sie liegt in allen vier Varianten in einer vergleichbaren Größenordnung. Dies begründet sich mit der in der Schüttung verfügbaren Prozessluft (vgl. Kapitel 5.3.4) und der kinetischen Limitierung der Hauptreaktionen (vgl. Kapitel 5.2.3). Bei einer Zuführung größere Reststoffmassen würden die chemischen Reaktionsumsätze nur wenig, der Energiebedarf zum Erreichen der Prozesstemperatur und zur Bereitstellung der Prozessluft aber stärker steigen. Die zusätzlichen Erlöse für je weitere eingesetzte Tonne Reststoffe gewonnenen Zink werden somit immer geringer, die Kosten steigen jedoch stärker.

Die Berechnung guter Lösungen für eine empfehlenswerte Masse zuzuführenden Kokses variiert ebenfalls nur wenig im Bereich von 1,9 t/h bis 2,1 t/h. Im Reststoff aus der Edelstahlherstellung ist die Konzentration der zu reduzierenden Oxide größer, weshalb auch ca. 0,1 t/h mehr Koks zugeführt wird als bei der Verwertung der Reststoffe aus der Zinkbeschichtung. Im Fall der Nutzung von Reststoffen aus der Galvanik ist mit 2,6 t/h eine deutlich höhere einzusetzende Koksmasse empfehlenswert. Dies beruht im Wesentlichen auf dem Zinkgehalt der Reststoffe. Während dieser sich bei den anderen drei Varianten um weniger als 1 % unterscheidet, ist er bei den Reststoffen aus der Galvanik doppelt so hoch. Durch die Zugabe von zusätzlichem Koks kann so eine größere Menge Zink gewonnen werden. Mit der zusätzlichen Koksmasse wird auch mehr Prozessluft benötigt.

Die empfehlenswerten Volumenströme für Erdgas und SDHL-Luft müssen im Zusammenhang mit den Koksmassenströmen bewertet werden, da alle drei dem Prozess Energie zuführen. In der Fließschemasimulation führt der Einsatz von viel Erdgas bei Konstanz aller anderen Größen einerseits zu höheren Temperaturen als mit SDHL-Luft zu erreichen ist. Andererseits fallen für Erdgas höhere Kosten an. Im Basisfall sind die Massen an in der SDHL-Zone wieder oxidierbaren Metallen größer als in den anderen Varianten, weshalb hier ein größerer Volumenstrom SDHL-Luft eingesetzt werden kann (vgl. Kapitel 5.2.5). Reststoffe aus der Zinkbeschichtung haben einen hohen Anteil an SiO_2 und CaO. Diese Oxide werden im Wälzprozess nicht durch Kohlenmonoxid chemisch reduziert. Der Anteil in der SDHL-Zone wieder oxidierbarer Metalle ist bei diesen Reststoffen geringer als bei den anderen Reststoffen, weshalb hier am wenigsten SDHL-Luft eingesetzt werden kann. Wie bereits festgestellt, ist es im Vergleich zum Basisfall bei Reststoffen aus der Edelstahlherstellung empfehlenswert, mehr Koks zuzuschlagen. Damit ist ebenfalls mehr Energie für die Verdampfung der Alkalien und Chloride verfügbar. Eine zusätzliche Energiezufuhr mittels Erdgasbrenner ist nicht mehr sinnvoll. Die Reststoffe aus der Galvanik beinhalten erheblich mehr Zink als die anderen Reststoffe. Je Tonne Zink im Wälzoxid werden hohe Erlöse erzielt. Deshalb ist es bei hohen Zinkmassen sinnvoll dem Prozess mehr Energie zuzuführen, so höhere Temperaturen zu erreichen und damit höhere Reaktionskinetiken zu bewirken. Im Fall der Reststoffe aus der Galvanik wird deshalb der Einsatz eines sehr hohen Erdgasvolumenstroms empfohlen. Bei den Reststoffen aus der Zinkbeschichtung ist allein über den SDHL-Prozess nicht ausreichend Energie verfügbar, weshalb gegenüber dem Basisfall mehr Erdgas zugeführt werden sollte.

Auswirkung auf die berechneten Prozessausgangsgrößen

Die unterschiedlichen Zusammensetzungen und ermittelten Prozesseingangsgrößen beeinflussen die Simulationsergebnisse der für die Berechnung des Deckungsbeitrages wesentlichen Prozessausgangsgrößen. Diese zeigt Abbildung 56.

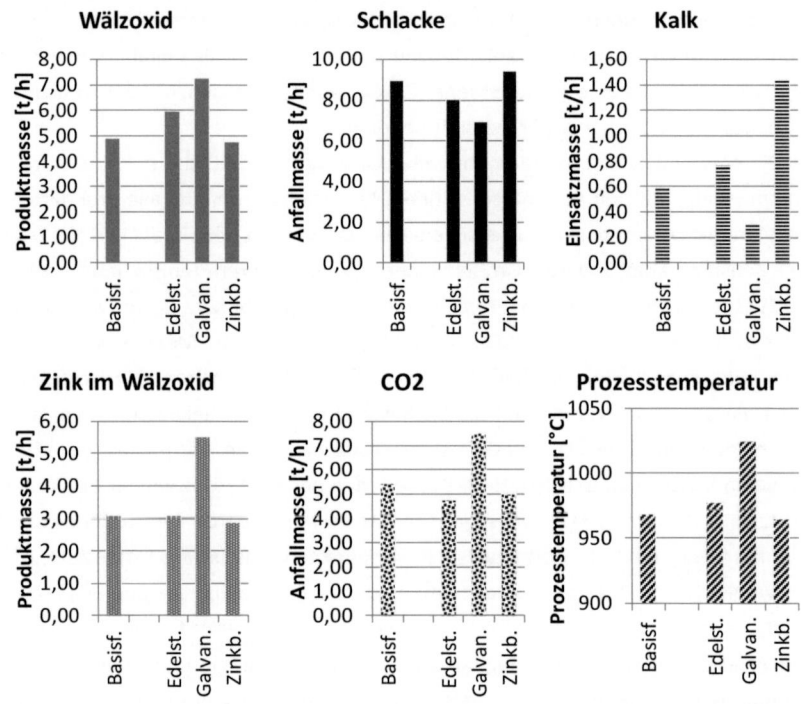

Abbildung 56: Durch die Fließschemasimulation berechnete Prozessausgangsgrößen

Obwohl die aufgegebene Reststoffmasse über alle vier Varianten nur um insgesamt 0,7 t/h variiert, sind die Unterschiede der berechneten Massen des produzierten Wälzoxides mit 4,8 t/h für den Reststoff aus der Zinkbeschichtung bis zu 5,9 t/h beim Reststoff aus der Edelstahlherstellung und 7,2 t/h bei dem Reststoff aus der

Galvanisierung erheblich größer. Die Ursache liegt vor allem in den unterschiedlichen Konzentrationen an Verbindungen, die im Wälzprozess verflüchtigt werden. Deutlicher wird dieser Zusammenhang, wenn die im Wälzoxid enthaltene Zinkmasse betrachtet wird. Im Basisfall sind im Wälzoxid ca. 63 % Zink enthalten. Bei Reststoffen aus der Edelstahlherstellung ist die produzierte Wälzoxidmasse zwar größer, der Zinkanteil beträgt mit 3,1 t/h jedoch nur 52 %. Der Grund liegt in dem hohen Alkalien- und Chloranteil in den Reststoffen. Dieser gelangt ebenfalls in das Wälzoxid und verunreinigt es. Bei den Reststoffen aus der Zinkbeschichtung wird zwar weniger Wälzoxid produziert, der Zinkanteil liegt mit 2,9 t/h jedoch bei 60 %. Bei den Reststoffen aus der Galvanisierung ist der Zinkanteil mit 76 % außergewöhnlich hoch. Dies ist in dem geringen Anteil sonstiger Beimengungen in den Reststoffen begründet.

Die zugegebene Kalkmasse ergibt sich direkt aus der Basizität der eingesetzten Reststoffe (vgl. Kapitel 5.3.1). Im Basisfall liegt die Basizität bei ca. 2,0. Um die Zielbasizität zu erreichen wird einen Zuschlag von 0,6 t/h Kalk benötigt. Die Reststoffe aus der Edelstahlproduktion haben hingegen eine Basizität von 1,7 und benötigen mit 0,8 t/h einen größeren Kalkzuschlag. Die Reststoffe aus der Galvanisierung beinhalten kaum SiO_2. Die Basizität beträgt 2,5 und damit ist der notwendige Kalkzuschlag mit 0,3 t/h sehr gering. Die Rückstände aus der Zinkbeschichtung enthalten sehr viele mineralische Rückstände und im Verhältnis sehr viel mehr SiO_2 als CaO und MgO, woraus sich die Basizität zu 0,6 berechnet. Der erforderliche Kalkzuschlag ist mit 1,4 t/h entsprechend hoch.

Die berechnete anfallende Schlackemasse wird vor allem durch den Eisengehalt und den mineralischen Anteil der Reststoffe sowie die benötigte Kalkzuschlagmasse beeinflusst. Da der Reststoff aus der Edelstahlherstellung weniger Eisenoxide als die Reststoffmischung des Basisfalls enthält, ergeben sich mit 9,0 t/h für den Basisfall größere Schlackemassen als bei dem Reststoff aus Edelstahlherstellung mit 8,0 t/h. Der geringe Anteil von Eisen und mineralischen Stoffen in den Rückständen aus der Galvanisierung führt mit 7,0 t/h auch zu geringen Schlackemassen. Für die Reststoffe aus der Zinkbeschichtung mit dem sehr großen mineralischen Anteil trifft genau das Gegenteil zu. Die berechneten Schlackemassen sind mit 9,4 t/h hoch.

Die ausgestoßene CO_2 Menge ist die direkte Folge des eingesetzten Kokses und Erdgases, da nur sehr wenig Kohlenstoff in der Schlacke verbleibt. Dementsprechend werden bei den Reststoffen aus der Galvanisierung, bei denen die Zufuhr von viel Koks und Erdgas empfehlenswert ist 7,5 t/h an CO_2-Emissionen berechnet. Die CO_2-Emissionen des Basisfalls, der Verwertung von Edelstahlherstellungsreststoffen und Zinkbeschichtungsreststoffen liegen mit 5,4 t/h, 4,7 t/h und 5,0 t/h deutlich darunter.

Die berechnete Prozesstemperatur wird stark durch die bereits im Zusammenhang mit den zugeführten Koksmassen, SDHL-Luft- und Erdgasvolumen thematisierte Energiezufuhr beeinflusst. Sie liegt im Fall der Verwertung der Galvanikreststoffe mit 1024 °C deutlich über den Temperaturen des Basisfalls mit 968 °C und auch der Temperatur von 976 °C bei der Verwertung von Edelstahlherstellungsreststoffen sowie von 964 °C bei Zinkbeschichtungsreststoffen.

Resultierende Erlöse und Kosten und sich daraus ergebender Deckungsbeitrag

Die berechneten guten Lösungen für die Prozesseingangs- und daraus ermittelten Prozessausgangsgrößen führen zu entsprechenden Änderungen der Erlöse, Kosten und des resultierenden Deckungsbeitrages der jeweiligen Varianten. Dies zeigt Abbildung 57.

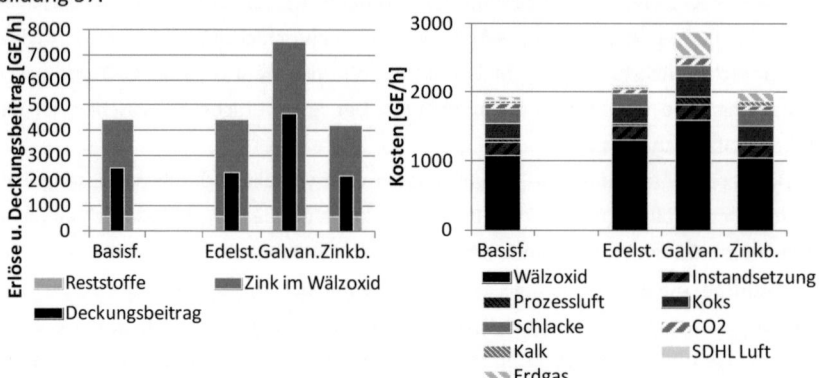

Abbildung 57: Bester ermittelter Deckungsbeitrag sowie eingehende Erlöse und Kosten bei Einsatz unterschiedlicher Reststoffe

Der beste berechnete Deckungsbeitrag für die Aufgabe von Reststoffen entsprechend des Basisfalls ist auf 2.500 GE/h definiert, alle anderen berechneten Kosten, Erlöse und Deckungsbeiträge sind entsprechend normiert.

Bei der Verwertung der Reststoffe aus der Edelstahlherstellung ist der beste ermittelte erzielbare Deckungsbeitrag mit ca. 2.340 GE/h geringer, obwohl beide Reststoffe einen vergleichbaren Zinkgehalt haben und die Erlöse mit 4.433 GE/h im Basisfall und 4.429 GE/h beim Einsatz von Reststoffen aus der Edelstahlherstellung annähernd gleich groß sind. Hauptgrund sind die um ca. 20% höheren Kosten für die Laugung und Behandlung des Wälzoxides in Folge der Verunreinigung des Wälzoxides bei Einsatz von Reststoffen aus der Edelstahlherstellung mit Alkalien und Chloriden. Insgesamt fallen bei der Behandlung von Reststoffen aus der Edelstahlherstellung mit 2.087 GE/h höhere Kosten als die 1.933 GE/h im Basisfall an.

Bei den Reststoffen aus der Galvanisierung führt der sehr hohe Anteil an gewinnbarem Zink zu sehr hohen Erlösen von 7.529 GE/h. Hierfür werden auch höhere Kosten von insgesamt 2.876 GE/h, davon 1.589 GE/h für die Wälzoxidbehandlung, 339 GE/h für Erdgas und 229 GE/h für die Instandhaltung akzeptiert. Insgesamt liegt der beste ermittelte Deckungsbeitrag mit 4.653 GE/h aber immer noch knapp doppelt so hoch, wie in den anderen Varianten.

Bei der Verwertung der Reststoffe aus der Zinkbeschichtung werden mit 4.173 GE/h die geringsten Erlöse im Vergleich aller vier Varianten erzielt. Da weniger SDHL-Luft zum Eintrag von Energie genutzt werden kann sind die Kosten für Erdgas mit 121 GE/h gegenüber dem Basisfall (54 GE/h) mehr als doppelt so hoch. Auch die erforderliche Zudosierung von Kalk aufgrund des hohen Anteils mineralischer Bestandteile und davon vor allem SiO_2 führt mit 63 GE/h gegenüber dem Basisfall (25 GE/h) zu doppelt so hohen Kalkkosten. Die Gesamtkosten liegen daher mit 1.992 GE/h über denen des Basisfalls. Für diese Variante wird in der Folge mit 2181 GE/h der kleinste Deckungsbeitrag erzielt.

Schlussfolgerungen für die operative Produktionsplanung

Für eine allgemein möglichst gute operative Produktionsplanung lassen sich aus diesem Szenario mehrere Erkenntnisse gewinnen. Zunächst lässt sich feststellen, dass sich wichtige Größen wie die Zinkkonzentration in den Reststoffen, die Konzentrationen der Alkalien und des Chlors, die Basizität etc. nicht vollkommen isoliert auf bestimmte Prozessgrößen auswirken. Zwar existieren jeweils Prozessgrößen die durch die einzelnen Einflüsse besonders betroffen sind. So wirkt sich beispielsweise eine Veränderung in der Basizität immer auf die Kalkzudosierung aus. Jedoch hat dies, wenn ein möglichst hoher Deckungsbeitrag erzielt werden soll, auch Auswirkungen auf andere Größen. Im Beispiel der veränderten Basizität ändert sich durch die Anpassung der Kalkzufuhr beispielsweise auch der Gesamtdurchsatz durch das Wälzrohr, was wiederum auch eine Änderung der benötigten Energie zu Folge hat. Diese Abhängigkeiten können auch zum Vorteil genutzt werden. So lässt sich mit der Mischung der Reststoffe im Basisfall ein höherer Deckungsbeitrag erzielen als mit den einzelnen Reststoffen aus der Edelstahlgewinnung oder der Zinkbeschichtung. Dies wird durch eine geschickte Mischung mehrere Reststoffe erreicht, so dass sich einzelne negative Aspekte der jeweiligen Reststoffe in der Mischung wieder ausgleichen. Beispielsweise kann ein Reststoff mit hoher SiO_2 Masse mit einem Reststoff mit höherer CaO Masse gemischt werden, so dass die Basizität der Mischung insgesamt der im Prozess angestrebten Basizität näher kommt. Hierbei können dann auch etwas geringere Zinkmassen in einem der Reststoffe akzeptiert werden.

Obwohl im Endeffekt alle Größen des Prozesses voneinander abhängen, lassen sich für die Entscheidungsunterstützung für eine möglichst gute operative Produktionsplanung anhand der Auswertung der Szenarios dennoch einige besonders starke Abhängigkeiten erkennen. So kann festgestellt werden, dass bezüglich der Gesamtmasse der einzusetzenden Reststoffe in der Regel keine starken Variationen sinnvoll sind, da die Gesamtmasse des Zinks im Wälzoxid, über die der größte Erlös erzielt wird, durch die Kinetik der wesentlichen Reaktionen und die Durchströmung der Feststoffschüttung mit Prozessluft limitiert ist. Dies hängt im Endeffekt von der Rohrgeometrie ab und ist für eine bestehende Anlage kaum beeinflussbar. Anhand der Ergebnisse der Variante der Verwertung von Reststoffen aus der Galvanik lässt sich ferner ableiten, dass es bei einer hohen Zinkkonzentration in den Reststoffen auch sinnvoll ist, in gewissen Grenzen höhere Kosten beispielsweise für die Energiezufuhr des Prozesses zu akzeptieren. Allerdings ist die Verfügbarkeit solcher Reststoffe in der Praxis sehr begrenzt. Ein hoher Anteil von Alkalien und Chloriden oder ein hoher mineralischer Anteil, vor allem bei starken Abweichungen von der Zielbasizität, kann auch durch Anpassung der Prozesseingangsparameter nicht kompensiert werden. Alle diese Schlussfolgerungen sind in der Praxis bereits grundsätzlich bekannt und werden auch im täglichen Betrieb ausgenutzt. Durch den hier vorgestellten Ansatz eine gekoppelten PSO mit Fließschemasimulation sind diese Effekte jedoch auch quantifizierbar.

Neben der Ermittlung von möglichst guten Prozessgrößen für die operative Produktionsplanung können diese Ergebnisse auch in der taktischen Produktionsplanung verwendet werden. So kann die an Fließschemasimulation gekoppelte PSO beispielsweise bei der Prüfung, ob ein neuer Reststoff eingesetzt werden soll, genutzt werden. Auf Basis der aktuellen Reststoffmischung kann so bereits vorab überprüft werden, ob sich mit dem neuen Reststoff ein höherer Deckungsbeitrag erzielen lässt. Sollte dies der Fall sein, kann anhand der berechneten Änderung der benötigten Hilfsstoffmassen und zu verwertenden Schlackemassen bereits eine sehr realistische Planung durchgeführt werden.

7.2 Ermittlung von guten Prozesseingangsgrößen zur Entscheidungsunterstützung bei Variation von wichtigen Preisen

Neben der Zusammensetzung der eingesetzten Reststoffe haben vor allem die Preise für das Produkt als auch die Preise der eingesetzten Hilfsstoffe und Energie bzw. die Gebühren für anfallende Stoffströme einen Einfluss auf den Deckungsbeitrag des Unternehmens. Die betrifft vor allem den Zinkpreis, da über den Verkauf des Produktes die größten Erlöse erzielt werden, und die Behandlungsgebühren für das Wälzoxid, da hierfür die größten Kosten anfallen. Dabei setzen sich diese Kosten aus den Kosten für die Wäsche des Wälzoxides und den Kosten aus der Behandlungsgebühr der Zinkhütte zusammen.

Interessant ist darüber hinaus aus zwei Gründen der Einfluss des Preises der CO_2-Emissionszertifikate. Zum einen ist der Einfluss, den Änderungen dieses Preises haben, interessant, da derzeit die genaue Ausgestaltung der Verteilung der Zertifikate nach 2012 noch nicht feststeht und Unternehmen außerhalb der Europäischen Union keine Zertifikate erwerben müssen. Zum anderen ist der Einfluss des Preises auf die Prozesseingangsgrößen aus technischer Sicht interessant, da Kohlenstoffdioxid in unterschiedlichen Mengen sowohl durch die Nutzung von Koks als auch von Erdgas entsteht und hier somit grundsätzlich Betriebsanpassungen durch Substitution möglich sind.

Für alle drei beschriebenen Szenarios werden im Folgenden jeweils die betrachteten Preise variiert und alle anderen Preise sowie die aufgegebene Reststoffmischung auf den Werten des Basisfalls konstant gehalten. Zur Entscheidungsunterstüzung im Rahmen der operativen Produktionsplanung werden dann jeweils mittels der an Fließschemasimulation gekoppelten PSO die Prozesseingangsgrößen ermittelt, für die der höchste Deckungsbeitrag erzielt werden kann. Um die durch die Veränderung der Prozesseingangsgrößen erreichte Verbesserung zu quantifizieren, wird der so mittels der PSO ermittelte Deckungsbeitrag mit demjenigen verglichen, der sich ergeben hätte, wenn der Prozess stattdessen wie im Basisfall betrieben worden wäre.

7.2.1 Berechnung von guten Prozesseingangsgrößen als Entscheidungsunterstützung bei Variation des Zinkpreises

Beschreibung der im Szenario untersuchten Varianten

Der Zinkpreis ist der größte monetäre Einflussfaktor auf den Deckungsbeitrag des Wälzprozesses. Schwankungen des Zinkpreises haben daher eine erhebliche Auswirkung auf die operative Produktionsplanung. Um Entscheidungsunterstützung für eine möglichst gute Wahl von Prozesseingangsgrößen im Rahmen der operativen Produktionsplanung zu untersuchen, wird in diesem Szenario der Zinkpreis zwischen 677 $/t und 2.333 $/t in 333 $/t Schritten variiert. Dabei stellt 677 $/t ein Szenario für den aus Sicht des Wälzrohrbetreibers ungünstigsten anzunehmenden Fall dar. Die Preisspanne zwischen 1.000 $/t und 2.3333 $/t entspricht dem Preisbereich der letzten zwei Jahre. Zusätzlich wird noch eine Variante mit einem Preis von 4.500 $/t, dem bisher erreichten Höchststand aus dem Jahr 2006 berücksichtigt. Insgesamt wurden für jede Preisstufe acht Durchläufe gerechnet, die Ergebnisse für den jeweils besten gültigen ermittelten Zielfunktionswert sind vollständig in Anhang A.4.2 aufgeführt.

Auswirkung der Variation auf die ermittelten Prozesseingangsgrößen

Die Prozesseingangsgrößen mit denen in Abhängigkeit des Zinkpreises durch die an Fließschemasimulation gekoppelte PSO der höchste Deckungsbeitrag ermittelt wird zeigt die Abbildung 58.

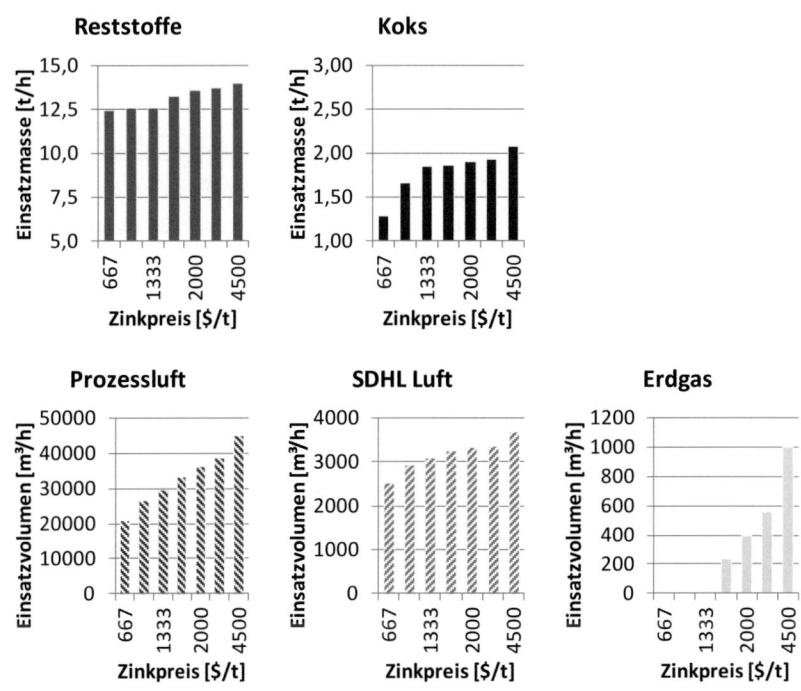

Abbildung 58: Ermittelte Prozesseingangsgrößen bei Variation des Zinkpreises

Um einen möglichst hohen Deckungsbeitrag zu erzielen, sollten beim sehr niedrigen Zinkpreis von 667 $/t mit 12,5 t/h auch nur verhältnismäßig geringe Reststoffmassen verwendet werden. Es ist empfehlenswert 1,3 t/h Koks und 20.864 m³/h Prozessluft einzusetzen. Diese Prozesseingangsgrößen sind so niedrig gewählt, dass der Prozess gerade noch funktionsfähig gehalten werden kann. Statt Erdgas sollte ausschließlich SDHL-Luft zur zusätzlichen Energiezufuhr eingesetzt werden.

Bei einem steigenden Zinkpreis von 1.000 $/t und 1.333 $/t wird ein möglichst hoher Deckungsbeitrag erzielt, indem die Masse zugeführter Reststoffe mit 12,6 t/h kaum erhöht wird. Es ist aber empfehlenswert mit dem steigenden Zinkpreis die Masse von zuzuschlagendem Koks und die Volumenströme von Prozessluft und SDHL-Luft zu erhöhen. Der höchste Deckungsbeitrag bei einem Zinkpreis von 1.000 $/t und 1.333 $/t wird bei einem Einsatz von 1,65 t/h bzw. 1,85 t/h Koks, 26.545 m³/h bzw. 29.508 m³/h Prozessluft und 2.913 m³/h bzw. 3.084 m³/h SDHL-Luft ermittelt.

Zwischen 1.667 $/t bis 2.333 $/t Zink ist es empfehlenswert, auch die eingesetzte Reststoffmasse in den Schritten 13,2 t/h, 13,6 t/h und 13,7 t/h zu erhöhen. Eine Erhöhung der Koksmasse ist aufgrund der limitierten Kinetik der Boudouardreaktion (vgl. Kapitel 5.2.3) nur noch in kleinen Schritten von 1,85 t/h, 1,90 t/h und 1,93 t/h sinnvoll. Da somit die Masse der reduzierten Metalloxide auch nur wenig zunimmt, ist auch eine Erhöhung des SDHL-Luft Volumenstroms nur in kleinen Schritten von 3.233 m³/h, 3.315 m³/h und 3.353 m³/h empfehlenswert. Der Prozessluft Volumenstrom sollte weiterhin in größeren Schritten von 33.256 m³/h, 35.983 m³/h und 38.334 m³/h angehoben werden, um trotz ebenfalls zunehmender Reststoffmasse eine gute Durchströmung der Pelletschüttung im Rohr zu erreichen. Um eine höhere Reaktionskinetik für die Reduktion von Zinkoxid zu erreichen, ist es empfehlenswert, dem Prozess mehr Energie zuzuführen. Hierzu sollte bei den höheren Zinkpreisen auch Erdgas in den Schritten 233 m³/h, 399 m³/h und 560 m³/h eingesetzt werden.

Bei dem extrem hohen Zinkpreis von 4.500 $/t wird der höchste Deckungsbeitrag ermittelt, wenn alle Prozesseingangsgrößen noch einmal deutlich angehoben werden. Die Reststoffmasse sollte auf 14,0 t/h, die Koksmasse auf 2,1 t/h und die Volumenströme von Prozessluft auf 44.972 m³/h, von SDHL-Luft auf 3.663 m³/h sowie von Erdgas auf 1.000 m³/h erhöht werden.

Auswirkung auf die berechneten Prozessausgangsgrößen

Die sich bei den oben beschriebenen Prozesseingangsgrößen in der Simulation ergebenden Prozessausgangsgrößen zeigt Abbildung 59.

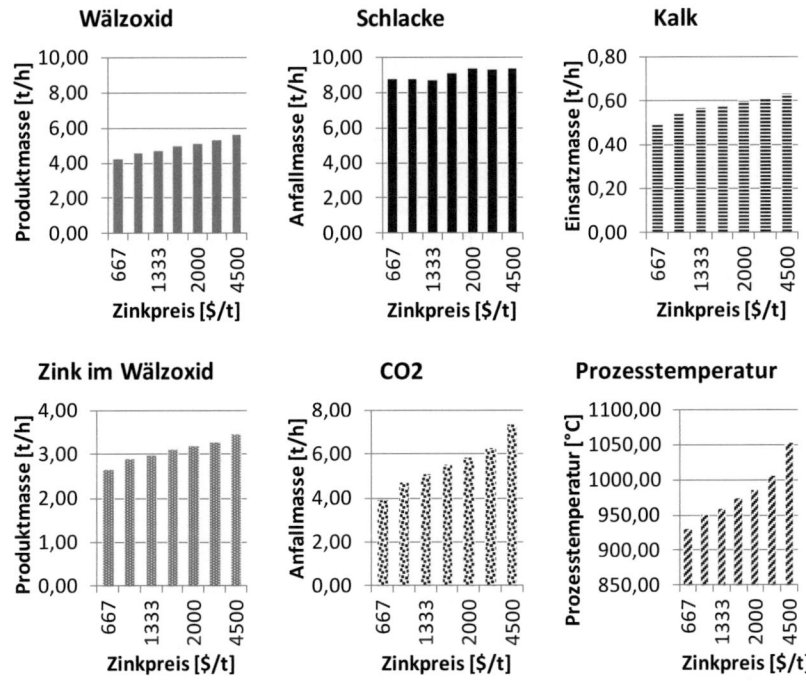

Abbildung 59: Simulationsergebnisse bei Variation des Zinkpreises

Beim sehr geringen Zinkpreis von 667 $/t werden mit 4,2 t/h auch nur geringe Mengen Wälzoxid produziert. Der Grund liegt darin, dass mit der sehr geringen zugeführten Koksmasse wenig Kohlenmonoxid gebildet wird. Auf diese Art kann nicht die vollständige Masse reduzierbarer Oxide in den Reststoffen zu Metallen umgesetzt werden. Durch die geringe Energiezufuhr zum Prozess ist auch die Prozesstemperatur mit 930 °C sehr gering und liegt nur knapp über dem Siedepunkt von Zink bei 907 °C unter Normalbedingungen. Daher ist die Zinkmasse im Wälzoxid mit 2,7 t/h

175

ebenfalls sehr gering. Ein verhältnismäßig großer Anteil des Zinks verbleibt in der Feststoffphase, weshalb die Schlackemasse mit 8,8 t/h für die geringe eingesetzte Reststoffmasse hoch ist.

Mit der schrittweisen Erhöhung der Zufuhr von Koks und SDHL-Luft bei den Zinkpreisen von 1.000 $/t und 1.333 $/t steigt dann sowohl die Masse des produzierten Wälzoxides auf 4,6 t/h und 4,7 t/h als auch die Masse des darin enthaltenen Zinks auf 2,9 t/h und 3,0 t/h, ohne dass hierfür die Reststoffmasse wesentlich erhöht worden ist. Dieser Effekt wird erreicht, indem durch die Erhöhung der Koks- und Energiezufuhr günstigere Prozessbedingungen erreicht werden. Die in den Reststoffen enthaltene Zinkmasse kann so zu einem größeren Anteil in das Wälzoxid überführt werden. Dieser Quotient von in den Reststoffen enthaltener Zinkmasse zu im Produkt gewonnener Zinkmasse wird als „Ausbringung" η_{Zink} bezeichnet (vgl. Gl. (52)).

(52)
$$\eta_{Zink} = \frac{m_{Zink,Wälzoxid}}{m_{Zink,Reststoffe}} \cdot 100$$

Die Abbildung 60 zeigt die anhand der Zinkkonzentration in den Reststoffen, der eingesetzten Reststoffmasse x^1 und der im Wälzoxid enthaltenen Zinkmasse y^2 berechnete Ausbringung für jeden Zinkpreisschritt.

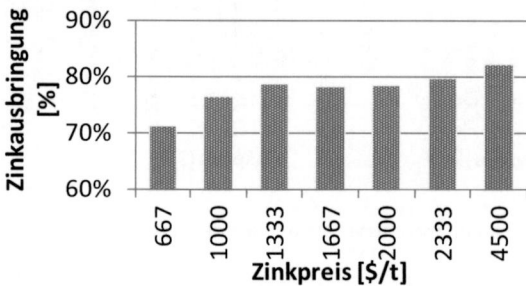

Abbildung 60: Zinkausbringung in Abhängigkeit des Zinkpreises

Durch die besseren Prozessbedingungen kann die Zinkausbringung von 71 % bei einem Zinkpreis von 667 $/t auf 79 % bei einem Zinkpreis von 1.333 $/t erhöht werden. Dieser Effekt zeigt sich auch in der Prozessausgangsgröße der Schlackemasse. Trotz annähernd konstanter Reststoffmasse und sogar zunehmender zuzuschlagender Kalkmasse geht die Schlackemasse mit 8,8 t/h und 8,7 t/h leicht zurück. Die

Kalkmasse muss leicht auf 0,54 t/h und 0,57 t/h erhöht werden, da mit der zunehmenden Koksmasse auch mehr SiO_2 in den Prozess gelangt (vgl. Kokszusammenset-
zung, Kapitel 5.2.1, Tabelle 9). Durch den zunehmenden Kokseinsatz steigen die CO_2-
Emissionen auf 4,7 t/h und 5,1 t/h. In Kombination mit der steigenden Zufuhr von
SDHL-Luft erhöht sich die Prozesstemperatur auf 950 °C und 959 °C.

Im Bereich der Zinkpreise zwischen 1.667 $/t und 4.500 $/t steigt die Masse des
produzierten Wälzoxides durch die zunehmende eingesetzte Reststoffmasse von
5,0 t/h auf 5,6 t/h und des Zinks im Wälzoxid von 3,1 t/h auf 3,4 t/h. Die Schlackemasse ändert sich nur wenig bei ca. 9,4 t/h. Die benötigte Kalkmasse erhöht sich
leicht von 0,58 t/h auf 0,63 t/h. Infolge des zunehmenden Einsatzes von Erdgas steigt
die Masse emittierten CO_2 von 5,5 t/h auf 7,3 t/h und die Prozesstemperatur von
973 °C auf 1.053 °C. Die Aussage, dass diese Steigerungen der produzierten Wälzoxidmasse und der darin enthaltenen Zinkmasse nicht durch die anderen Prozesseingangsparameter sondern durch die Erhöhung der Reststoffmassen erreicht wird,
lässt sich anhand der Ausbringung (vgl. Abbildung 60) belegen, da diese im Bereich
der Zinkpreise zwischen 1.333 $/t und 2.333 $/t nahezu konstant ist. Erst durch die
deutliche Erhöhung der Koksmasse und Erdgaszufuhr beim Zinkpreis von 4.500 $/t
wird die Ausbringung noch einmal auf dann 82 % verbessert.

Resultierende Erlöse und Kosten und sich daraus ergebender Deckungsbeitrag

Die berechneten guten Lösungen für die Prozesseingangs- und daraus ermittelten Prozessausgangsgrößen führen zu entsprechenden Änderungen der Erlöse, Kosten und des resultierenden Deckungsbeitrages der jeweiligen Varianten. Dies zeigt Abbildung 61.

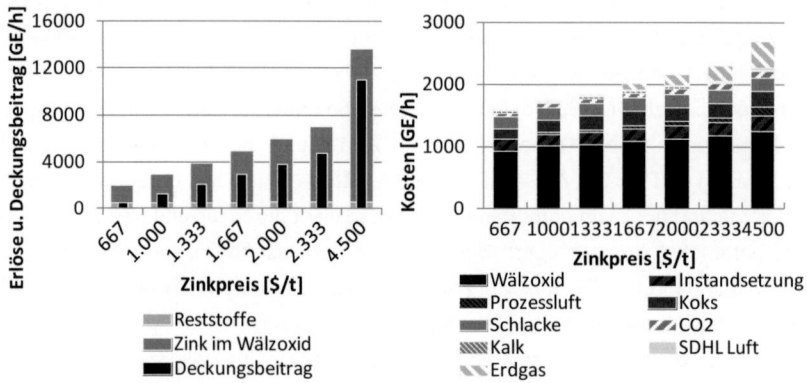

Abbildung 61: Änderung der ermittelten Erlöse und Kosten sowie des Deckungsbeitrages bei Variation des Zinkpreises

Aus der Aufstellung der Kosten, Erlöse und des Deckungsbeitrages lassen sich Empfehlungen für die Änderung der operativen Produktionsplanung bei steigendem Zinkpreis ableiten. Bei einem Zinkpreis von 667 $/t kann das Unternehmen nicht dauerhaft wirtschaftlich arbeiten, die erzielbaren Erlöse decken gerade die variablen Kosten[32]. Während die Erlöse aus der Annahme der Reststoffe aufgrund der nur von 12,5 t/h auf maximal 14,0 t/h steigenden eingesetzten Reststoffmasse kaum steigen, wirkt sich der steigende Zinkpreis stark aus. Obwohl sich der Zinkpreis von der Variante mit dem geringsten zu der mit dem höchsten Preis nur ungefähr um den Faktor 6,6 erhöht, steigt der berechnete Deckungsbeitrag überproportional von 460 GE/h auf 11.002 GE/h um den Faktor 24. Hierzu tragen zwei Einflüsse bei. Zum einen stei-

---

[32] Die Fixkosten können nicht mehr gedeckt werden.

gen die Kosten nur leicht von 1569 GE/h auf 2.696 GE/h. Diese Steigerung beträgt gerade den Faktor 1,7 und ist damit deutlich geringer als die zusätzlichen Erlöse aus dem steigenden Zinkpreis. Zum anderen ist es sinnvoll, bei höherem Zinkpreis höhere Kosten zu Gunsten einer besseren Ausbringung zu akzeptieren. Damit steigt auch die produzierte Zinkmasse um den Faktor 1,3.

Bei der Darstellung der anfallenden Kosten (vgl. Abbildung 61) ist eine Änderung der Anteile der unterschiedlichen Kosten an den Gesamtkosten zu erkennen. Beim Zinkpreis von 667 $/t werden Kosteneinsparungen vor allem für die Prozesseingangsgrößen Koks, Prozessluft und SDHL-Luft erreicht. Die Kosten für Koks liegen mit 154 GE/h nur bei zwei Drittel der Kosten des Basisfalls. Die Kosten für Prozessluft liegen mit 14 GE/h bei nur einem Drittel der Kosten des Basisfalls und die für SDHL-Luft mit 10 GE/h bei der Hälfte des Basisfalls. Beim sehr hohen Zinkpreis von 4.500 $/t fallen vor allem durch den Erdgaseinsatz und das erhöhte Prozessluftvolumen höhere Kosten an. Die Kosten für Erdgas liegen bei 436 GE/h und damit beim achtfachen des Basisfalls. Die Kosten für Prozessluft liegen bei 135 GE/h und somit knapp dem Dreifachen des Basisfalls.

Es kann zunächst festgestellt werden, dass bei unterschiedlichen Zinkpreisen die PSO gekoppelt an die Fließschemasimulation ebenfalls unterschiedliche Prozesseingangsgrößen und somit auch unterschiedliche Prozessausgangsgrößen, Kosten und Erlöse ermittelt. Durch Abgleich mit dem Basisfall wird überprüft, inwieweit hierdurch eine Verbesserung erreicht wird. Zu diesem Zweck wurde der Deckungsbeitrag berechnet, der sich bei Variation des Zinkpreises ergibt, wenn die Prozesseingangsgrößen konstant auf den für den Basisfall ermittelten Werten gehalten werden. Der so errechnete Deckungsbeitrag wird in Abbildung 62 dem in diesem Szenario mittels der an Fließschemasimulation gekoppelten PSO identifizierten höchsten Deckungsbeitrag gegenübergestellt.

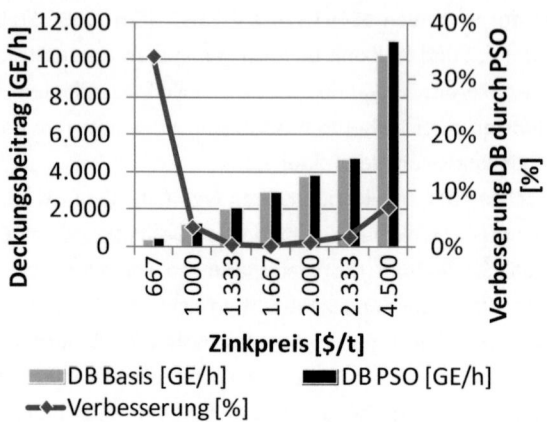

Abbildung 62: Verbesserung des Deckungsbeitrages mittels PSO gegenüber dem Basisfall

Es zeigt sich, dass sich in Abhängigkeit des Zinkpreises durch die Verwendung der PSO ein bis zu 7 % höherer Deckungsbeitrag erzielen lässt. Im Extremfall des sehr niedrigen Zinkpreises, für den mittels der PSO stark vom Basisfall abweichende Prozesseingangsgrößen berechnet werden, liegt die Verbesserung bei über 30 %. Im Basisfall ist ein Zinkpreis von 1.500 $/t zugrundegelegt. Bei den Zinkpreisvariationen von 1.333 $/t und 1.667 $/t sind daher die erzielten Verbesserungen mit ca. 0,5 % geringer.

Schlussfolgerungen für die operative Produktionsplanung

Zusammenfassend kann festgehalten werden, dass der Zinkpreis einen erheblichen Einfluss auf den höchsten zu erzielen Deckungsbeitrag hat und dass durch den Einsatz der an Fließschemasimulation gekoppelten PSO als Entscheidungsunterstützung bei der operativen Produktionsplanung eine Verbesserung des Deckungsbeitrages erzielt wird. Dies wird nicht durch die isolierte Änderung einzelner Prozessgrößen sondern durch die integrierte Anpassung aller Prozesseingangsgrößen auf den jeweiligen Zinkpreis erreicht. Anhand der Ergebnisse dieses Szenarios lassen sich folgende allgemeine Handlungsempfehlungen zur operativen Produktionsplanung ableiten:

↳ Bei hohen Zinkpreisen ist es sinnvoll die Zinkausbringung des Prozesses zu erhöhen und dabei auch verhältnismäßig hohe Kosten vor allem für die Energiezufuhr zum Prozess zu akzeptieren.

↳ Bei niedrigen Zinkpreisen sollten die Kosten möglichst gering gehalten werden, so dass der Prozess gerade noch betrieben werden kann, auch wenn dies die Zinkausbringung deutlich verschlechtert.

Diese Empfehlungen werden, wie diejenigen im Kapitel 7.1, bereits prinzipiell in der Praxis umgesetzt und können somit als realistisch bestätigt werden. Die mit der hier vorgestellten Methodik erzielbare Verbesserung liegt in der Quantifizierbarkeit dieser Aussagen.

7.2.2 Berechnung von guten Prozesseingangsgrößen als Entscheidungsunterstützung bei Variation der Behandlungsgebühr für das Wälzoxid

Beschreibung der im Szenario untersuchten Varianten

Bei der Behandlung zinkhaltiger Reststoffe fallen für die Wäsche und Behandlung der produzierten Wälzoxidmassen die größten Kosten an. Die Wäsche des produzierten Wälzoxides erfolgt im Unternehmen. Die Behandlungsgebühr, die sogenannte „treatment charge" wird von der Zinkhütte erhoben. Während sich die Vergütung für das Produkt Wälzoxid nur nach der Masse des im Wälzoxid enthaltenen Zinks richtet, wird gleichzeitig diese Gebühr für die gesamte Produktmasse erhoben. Sie stellt eine Umlage der Kosten der Zinkhütte zur Gewinnung des im Wälzoxid enthaltenen Zinks dar. Um zu überprüfen, welche Auswirkungen Änderungen dieser Gebühr haben, wird in diesem Szenario die Behandlungsgebühr in sieben Variationsschritten von je 25 €/t von 56 €/t auf 176 €/t erhöht. Für jede Variante werden acht Durchläufe gerechnet. Die Ergebnisse des gewählten Durchlaufs mit dem jeweils höchsten ermittelten Deckungsbeitrag finden sich in Anhang A.4.3.

Auswirkung der Variation auf die ermittelten Prozesseingangsgrößen

Die Prozesseingangsgrößen mit denen in Abhängigkeit der Behandlungsgebühr durch die an Fließschemasimulation gekoppelte PSO der höchste Deckungsbeitrag ermittelt wird zeigt die die Abbildung 63.

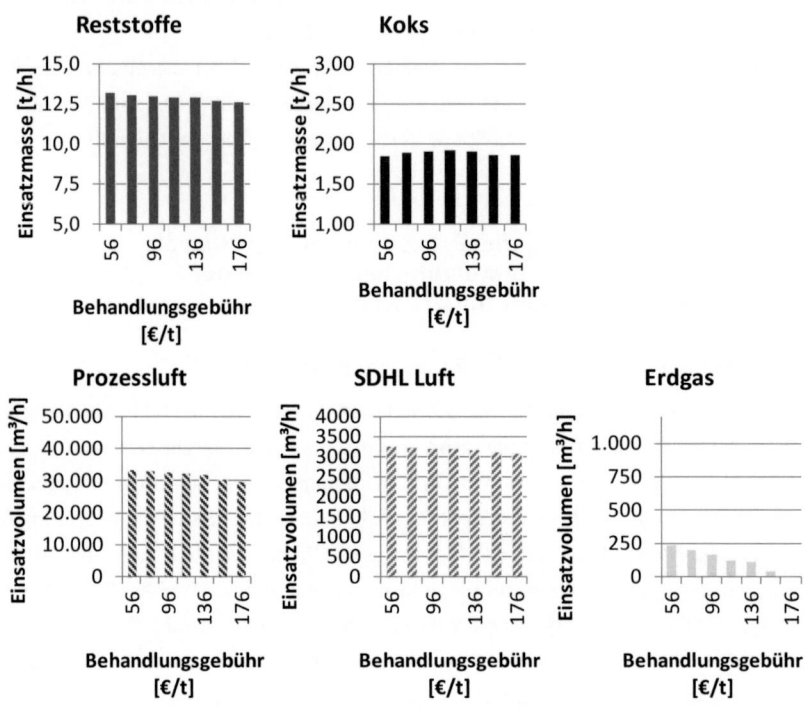

Abbildung 63: Ermittelte Prozesseingangsgrößen bei Variation der Behandlungsgebühr

Bei steigender Behandlungsgebühr werden die jeweils höchsten Deckungsbeiträge ermittelt, wenn die eingesetzte Reststoffmasse von 13,3 t/h bei einer Behandlungs-gebühr von 56 €/t auf 12,6 t/h bei 176 €/t gesenkt wird. In Zusammenhang stehen hiermit der ebenfalls von 33.334 m³/h auf 29.788 m³/h reduzierte Prozessluftstrom und der von 3.236 m³/h auf 3086 m³/h reduzierte SDHL-Luftstrom. Bei geringeren Reststoffmassen wird auch weniger Prozessluft zur Durchströmung und Sauerstoffbereitstellung in der Feststoffschüttung benötigt. Ebenfalls sinkt die Masse der in der SDHL-Zone oxidierbaren Metalle, so dass auch weniger SDHL-Luft benötigt wird. Eine erhebliche Verringerung wird für den Volumenstrom des einzusetzenden Erdgases berechnet. Hier sinkt der Volumenstrom vom mit 237 m³/h Doppelten des Basisfalls auf nur 3 m³/h. Bei hoher Behandlungsgebühr wird so praktisch keine zusätzliche Energie mehr über den Erdgasbrenner bereitgestellt. Eine abweichende Entwicklung wird für die empfehlenswerte Koksmassezudosierung berechnet. Hier steigt die zuzuführende Koksmasse zunächst von 1,86 t/h bei einer Behandlungsgebühr von 56 €/t auf 1,93 t/h bei einer Gebühr von 116 €/t. Danach sinkt die zuzuschlagende Koksmasse wieder auf 1,86 t/h bei einer Behandlungsgebühr von 176 €/t.

Auswirkung auf die berechneten Prozessausgangsgrößen

Die sich bei den oben beschriebenen Prozesseingangsgrößen in der Simulation ergebenden Prozessausgangsgrößen zeigt die Abbildung 64.

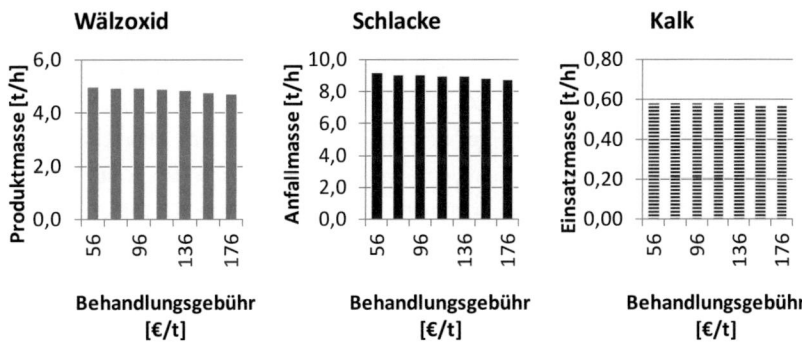

183

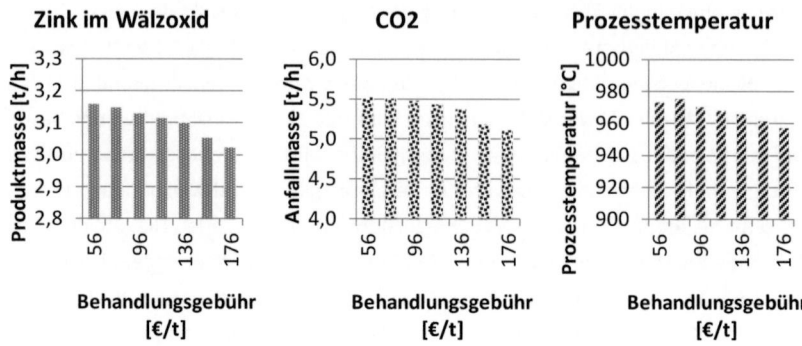

Abbildung 64: Simulationsergebnisse bei Variation der Behandlungsgebühr

In Folge der bei den Prozesseingangsgrößen mit steigender Behandlungsgebühr reduzierten aufgegebenen Reststoffmasse sinken bei den Prozessausgangsgrößen die produzierte Wälzoxidmasse von 5,0 t/h auf 4,7 t/h. Ebenso sinkt die Schlacke-masse von 9,2 t/h auf 8,8 t/h und die benötigte Kalkzuschlagmasse von 0,58 t/h auf 0,57 t/h. Die Masse emittierten CO_2 sinkt zunächst nur wenig von 5,5 t/h auf 5,4 t/h bei einer Gebühr von 116 $/t. Dies begründet sich in dem zwar gleichmäßig verrin-gerten Erdgasvolumenstrom aber dem steigenden Koksmassestrom. Erst bei höhe-ren Gebühren für die Wälzoxidbehandlung sinkt die emittierte CO_2 Masse stärker auf dann 5,1 t/h bei einer Gebühr von 176 €/t, da hier sowohl die eingesetzte Koksmasse als auch der Erdgasvolumenstrom zurückgehen. Ein ähnliches Verhalten ist für die Prozesstemperatur zu beobachten. Diese steigt sogar zunächst leicht von 973 °C auf 975 °C an und sinkt dann bis zur Gebühr von 116 €/t nur wenig auf 968 °C. Bei höhe-ren Gebühren sinkt die Temperatur stärker auf 957 °C bei 176 $/t. Die Auswirkung der zunächst angehobenen und dann wieder abgesenkten Masse des zugeführten Kokses zeigt sich ebenfalls deutlich in der berechneten Zinkmasse im Wälzoxid. Diese geht zunächst nur leicht von 3,11 t/h bei einer Behandlungsgebühr von 56 €/t auf 3,06 t/h bei 116 $/t zurück. Erst dann sinkt die im Wälzoxid enthaltene Zinkmasse stärker auf noch 2,97 t/h bei einer Gebühr von 176 €/t für die Wälzoxidbehandlung. Die Vorteilhaftigkeit dieser Wahl der Prozesseingangsgrößen in der operativen Pro-duktionsplanung zeigt sich in der Auswertung der erzielten Zinkausbringung (vgl. Ab-bildung 65).

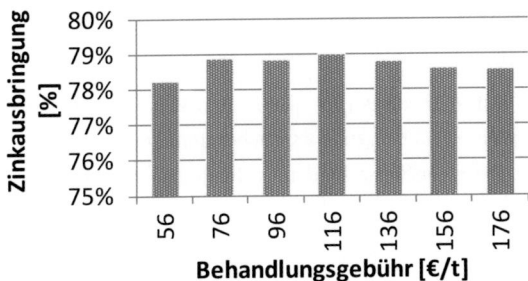

Abbildung 65: Zinkausbringung in Abhängigkeit der von der Zinkhütte erhobenen Behandlungsgebühr für Wälzoxid

Durch die Erhöhung der Kokszudosierung bei sinkender Reststoffmasse wird eine leichte Erhöhung der Zinkausbringung von 78,2 % bei einer Gebühr von 56 €/t auf 79,0 % bei einer Gebühr von 116 €/t erreicht. Erst bei weiter steigender Gebühr für die Wälzoxidbehandlung und dann wieder sinkender Kokszuschlagmasse sinkt auch die Ausbringung wieder auf 78,6 % bei einer Gebühr von 176 €/t.

Resultierende Erlöse und Kosten und sich daraus ergebender Deckungsbeitrag

Die berechneten guten Lösungen für die Prozesseingangs- und daraus ermittelten Prozessausgangsgrößen führen zu entsprechenden Änderungen der Erlöse, Kosten und des resultierenden Deckungsbeitrages der jeweiligen Varianten. Dies zeigt Abbildung 66.

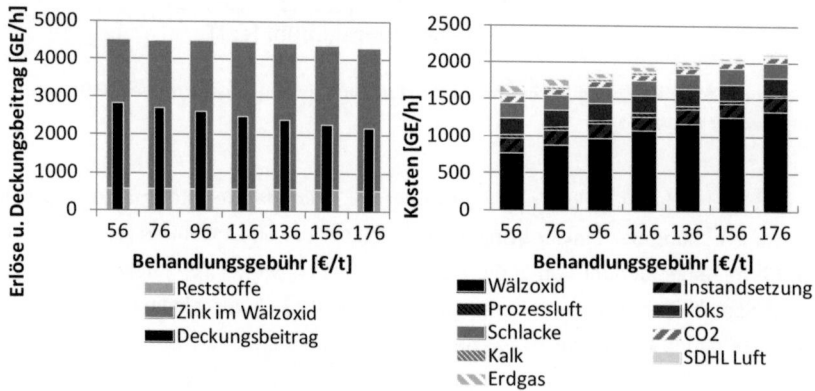

Abbildung 66: Änderung der ermittelten Erlöse und Kosten sowie des Deckungsbeitrages bei Variation der Behandlungsgebühr

Die mittels der an Fließschemasimulation gekoppelten PSO berechneten Empfehlungen für gute Prozesseingangsgrößen als Entscheidungsunterstützung bei der operativen Produktionsplanung im Fall der Variation der Behandlungsgebühr für Wälzoxid haben im Wesentlichen zwei Auswirkungen auf die Kosten und Erlöse. Durch die Verbesserung der Zinkausbringung sinken die Erlöse für die Veräußerung des Zinks bis zur Behandlungsgebühr für Wälzoxid von 116 €/t nur leicht um 58 GE/h von 3.942 GE/h auf 3.883 GE/h. Bis zur Behandlungsgebühr von 176 €/t sinken die Zinkerlöse dann stärker um 115 GE/h auf 3.768 GE/h. Auf Seiten der Kosten steigen die Behandlungskosten für das Wälzoxid in Folge der steigenden Behandlungsgebühr deutlich um 580 GE/h von 765 GE/h bei einer Behandlungsgebühr von 56 €/t auf 1.345 GE/h bei einer Behandlungsgebühr von 176 €/h. Einen gegenläufigen Effekt zeigen die Kosten für die Nutzung von Erdgas. Hier fallen bei einer Wälzoxidbehandlungsgebühr von 56 €/t noch Kosten von 103 GE/h an, die dann auf 1 GE/h bei einer

Gebühr von 176 $/t sinken. Somit steigen die Gesamtkosten von 1.681 GE/h mit einer Zunahme von 438 GE/h über alle Variationsschritte bis 2119 GE/h nicht so stark an, wie die Behandlungskosten für das Wälzoxid. Ein Teil der Kostensteigerung kann also durch eine angepasste operative Produktionsplanung kompensiert werden. Somit sinkt der Deckungsbeitrag über alle Variationsschritte nur von 2.824 GE/h auf 2.185 GE/h.

Inwieweit durch Einsatz der an Fließschemasimulation gekoppelten PSO hier eine Verbesserung erzielt wird, wird wieder anhand des Abgleichs mit dem Deckungsbeitrag, der sich bei Variation der Behandlungsgebühr mit den Prozesseingangsgrößen des Basisfalls ergeben würde, überprüft (vgl. Abbildung 67).

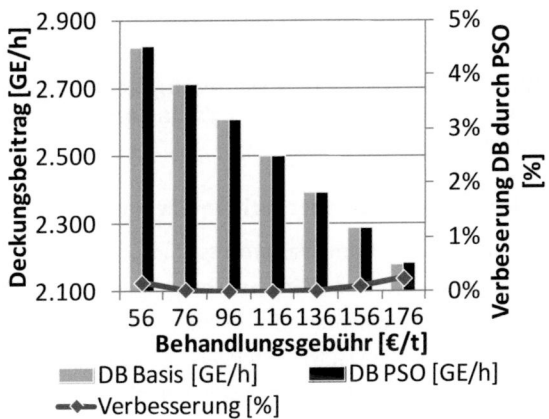

Abbildung 67: Verbesserung des Deckungsbeitrages mittels PSO gegenüber dem Basisfall

Im Ergebnis zeigt sich, dass mittels der an Fließschemasimulation gekoppelten PSO für jede Variante Prozesseingangsgrößen ermittelt werden, die zu einem höheren oder demselben[33] Deckungsbeitrag führen. Allerdings liegen alle erzielten Verbesserungen deutlich unter 1 %. Der Grund liegt in der mit -50 % bis + 50 % der Gebühr des Basisfalls nur gering variierten Spannbreite, welches aber realistischen Werten entspricht.

---

[33] Die Variante mit der Behandlungsgebühr von 116 €/t entspricht genau dem Basisfall

Schlussfolgerungen für die operative Produktionsplanung

Als allgemeine Empfehlung für die Entscheidungsunterstützung bei der operativen Produktionsplanung kann aus dem berechneten Szenario abgeleitet werden, dass es bis zu einem gewissen Punkt sinnvoll ist, höhere Behandlungsgebühren dadurch auszugleichen, dass die Reststoffmasse reduziert und die Ausbringung verbessert wird. Dies führt dazu, dass die produzierte Wälzoxidmasse verringert und damit die gestiegene Behandlungsgebühr zu einem kleinen Teil wieder kompensiert werden kann, wobei gleichzeitig die Zinkmasse im Wälzoxid nur wenig sinkt, was die Erlöse stabilisiert. Bis zu welcher Gebühr diese Vorgehensweise sinnvoll ist, hängt von der Gesamtsituation, d. h. den anderen Preisen und der Reststoffzusammensetzung ab. Eine genaue Quantifizierung ist mit der hier vorgestellten Methode möglich.

7.2.3 Berechnung von guten Prozesseingangsgrößen als Entscheidungsunterstützung bei Variation des Preises von CO_2-Emissionszertifikaten

Beschreibung der im Szenario untersuchten Varianten

Quellen für die Bildung von CO_2 im Wälzprozess sind der als Reduktionsmittel und Energieträger genutzte Koks und das Erdgas. Ebenso kann in den Reststoffen eine geringe Menge Kohlenstoff elementar oder in chemischen Verbindungen vorliegen. Bei der Gewinnung von Stahl im Elektrolichtbogenofen können beispielsweise kleinere Mengen der im Ofen eingesetzten Blaskohle in den abgesaugten Staub und damit in die Reststoffmischung des Wälzprozesses gelangen. Der größte Teil des in den Wälzprozess eingetragenen Kohlenstoffs verlässt diesen als Kohlendioxid. Nur geringe Mengen von Kohlenstoff werden im Wälzprozess nicht oxidiert und treten mit der Schlacke aus dem Prozess aus.

In Hinblick auf Preisschwankungen für Zertifikate für CO_2-Emissionen sind somit vor allem bei der zugeführten Koksmasse und dem eingesetzten Erdgasvolumen Auswirkungen zu erwarten. Dabei unterscheiden sich Koks und Erdgas als Energieträger sowohl bezüglich des Heizwertes, als auch der resultierenden CO_2-Emissionen (vgl. Tabelle 15). Außerdem kann im Wälzprozess die wichtige Reduktion der Metalloxide nur durch Koks erreicht werden.

Tabelle 15: Heizwert und resultierende CO_2-Emissionen für Erdgas und Koks
(vgl. Pawlek 1983 und Heinen 1997)

Energieträger	Heizwert H_U	CO_2 Emissionen[*]
Koks	ca. 33 MJ/kg	ca. 3,5 kg/kg Koks
Erdgas	ca. 53 MJ/kg	ca. 2,6 kg/kg Erdgas

[*] berechnet anhand des Kohlenstoffgehaltes

Bei einer Variation der Preise der Zertifikate für die Emission von CO_2 ist vor allem interessant, welche besten Prozesseingangsgrößen ermittelt werden, wenn der Zertifikatspreis gleich Null ist. Dies entspricht den Bedingungen, denen Unternehmen außerhalb der Europäischen Union unterliegen. Hier soll betrachtet werden, ob diese Variante eine andere Prozessfahrweise ermöglicht und wie groß der ggf. dadurch entstehende Vorteil ist. Dies lässt sich im Abgleich dieses Szenarios mit dem Basisfall ermitteln. Die Variation der Emissionszertifikate in diesem Szenario beginnt daher bei der Stufe eines Preises von Null €/t. Um die Auswirkungen eines steigenden Zertifikatspreises zu ermitteln, wird dieser dann in sechs weiteren Varianten um jeweils 5 €/t CO_2-Emission auf maximal 30 €/t erhöht. Insgesamt wurden für jede Preisstufe acht Durchläufe gerechnet, die Ergebnisse für den jeweils gewählten besten ermittelten Zielfunktionswert sind vollständig in Anhang A.4.4 aufgeführt.

Auswirkung der Variation auf die ermittelten Prozesseingangsgrößen

Die Prozesseingangsgrößen, mit denen in Abhängigkeit des Emissionszertifikatspreises durch die an Fließschemasimulation gekoppelte PSO der höchste Deckungsbeitrag ermittelt wird, zeigt die Abbildung 68.

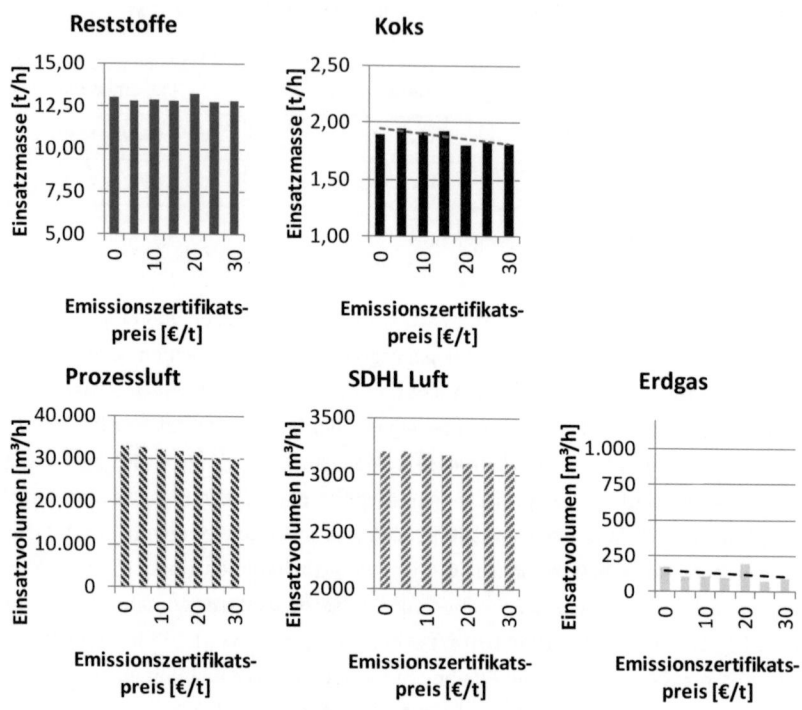

Abbildung 68: Ermittelte Prozesseingangsgrößen bei Variation des CO_2-Emissionszertifikatspreises (gestrichelt: lineare Regression)

Für die eingesetzte Reststoffmasse werden Ergebnisse zwischen 12,8 t/h und 13,3 t/h ermittelt. Es ist keine Tendenz einer Zu- oder Abnahme feststellbar, die Einsatzmassen bei 0 €/t CO_2 und 20 €/t CO_2 liegen jedoch ca. 0,2 t/h über den Werten der anderen Preisvarianten. Die in Abhängigkeit des Emissionszertifikatspreises für CO_2 besten ermittelten Prozesseingangsgrößen für Koks, Erdgas, SDHL-Luft und Prozessluft stehen in Zusammenhang. Für Koks ist anhand der mittels linearer Regression berechneten Trendlinie eine mit steigendem Zertifikatspreis leicht abnehmende Tendenz sichtbar. Die Einsatzmasse sinkt von 1,90 t/h bei einem Zertifikatspreis von 0 €/t CO_2 bzw. 1,95 t/h bei 5 €/t CO_2 auf 1,82 t/h bei 30 €/t CO_2. Mit den abnehmenden Kokszugabemassen wird auch weniger Prozessluft benötigt. Der Prozessluftvolumenstrom sinkt bei steigenden Zertifikatspreisen von 33.105 m³/h auf 29.983 m³/h. Bei den Einsatzmassen von Koks ist neben der allgemein sinkenden Tendenz wie bereits auch bei der Reststoffmasse eine Besonderheit feststellbar. Bei den Zertifikatspreisen von 0 €/t CO_2 und 20 €/t CO_2 werden Einsatzmassen ermittelt, die ca. 0,05 t/h unter den benachbarten Werten liegen. Bei diesen Zertifikatspreisen werden für Erdgas im Vergleich mit den Einsatzvolumenströmen bei den anderen Preisen höhere Werte ermittelt. Nach der linearen Regression ist zwar auch für die Einsatzvolumenströme von Erdgas bei steigendem Emissionszertifikatspreis von 180 m³/h auf 97 m³/h eine abnehmende Tendenz erkennbar, jedoch sind die Prozesseingangsgrößen für Erdgas und Koks leicht negativ korreliert (r = -0,23). Dies unterstützt die Annahme, dass Koks und Erdgas zu einem gewissen Anteil substitutiv sind. Hierbei wird die geringere Verfügbarkeit des Reduktionsmittels durch stärkere Energiezufuhr und höhere Reststoffmassen ausgeglichen.

Eine sehr starke Abhängigkeit zur eingesetzten Koksmasse besteht für die Prozesseingangsgröße der SDHL-Luft. In den drei Variationen bei einem Zertifikatspreis von 20 €/t CO_2 bis 30 €/t CO_2, für die geringere Kokseinsatzmassen berechnet werden, sind auch die SDHL-Luftvolumenströme niedriger. Da durch die geringere Kokszugabe weniger Metalloxide in den Reststoffen reduziert werden, können in der SDHL-Zone auch weniger Metalle wieder oxidiert werden, womit auch der Einsatz von weniger SDHL-Luft sinnvoll ist.

Vergleicht man die Prozesseingangsgrößen bei einem Emissionszertifikatspreis von 0 €/t CO_2 mit den Prozesseingangsgrößen für höhere Zertifikatspreise, kann festgehalten werden, dass alle berechneten Prozessgrößen mit Ausnahme der Reststoffmasse reduziert sind.

Auswirkung auf die berechneten Prozessausgangsgrößen

Die sich bei den oben beschriebenen Prozesseingangsgrößen in der Simulation ergebenden Prozessausgangsgrößen zeigt Abbildung 69.

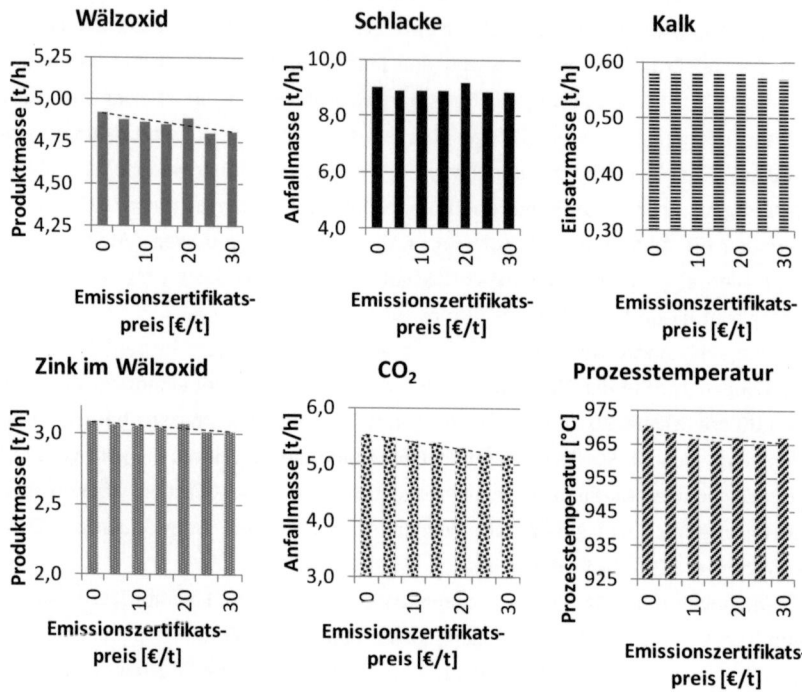

Abbildung 69: Simulationsergebnisse bei Variation des CO_2-Emissionszertifikatepreises (gestrichelt: lineare Regression zur Visualisierung von Trends)

Die Prozessausgangsgrößen als Ergebnisse der Simulation zeigen eine ähnliche Entwicklung wie die in Abhängigkeit des Emissionszertifikatspreises berechneten Prozesseingangsgrößen. Die Masse produzierten Wälzoxides sinkt bei von 0 €/t CO_2 auf 30 €/t CO_2 steigendem Zertifikatspreis leicht von 4,93 t/h auf 4,81 t/h. Die Masse des darin enthaltenen Zinks sinkt leicht von 3,09 t/h auf 3,02 t/h. Ebenso sinkt die Prozesstemperatur geringfügig von 970 °C auf 967 °C.

Bei den Zertifikatspreisen von 0 €/t CO_2 und 20 €/t CO_2 bewirkt die Reduktion der Kokseinsatzmasse bei gleichzeitiger Erhöhung des Erdgaseinsatzvolumens und der Reststoffeinsatzmasse gegenüber den anderen Variationsschritten eine geringfügig höhere Prozesstemperatur und auch geringfügig größere Wälzoxid-, Zink- und Schlackemassen. Die anfallenden CO_2-Emissionen nehmen bei zunehmendem Emissionszertifikatspreis gleichmäßig von 5,5 t/h auf 5,2 t/h ab.

Resultierende Erlöse und Kosten und sich daraus ergebender Deckungsbeitrag

Die berechneten guten Lösungen für die Prozesseingangs- und daraus ermittelten Prozessausgangsgrößen führen zu entsprechenden Änderungen der Erlöse, Kosten und des resultierenden Deckungsbeitrages der jeweiligen Varianten. Dies zeigt Abbildung 70.

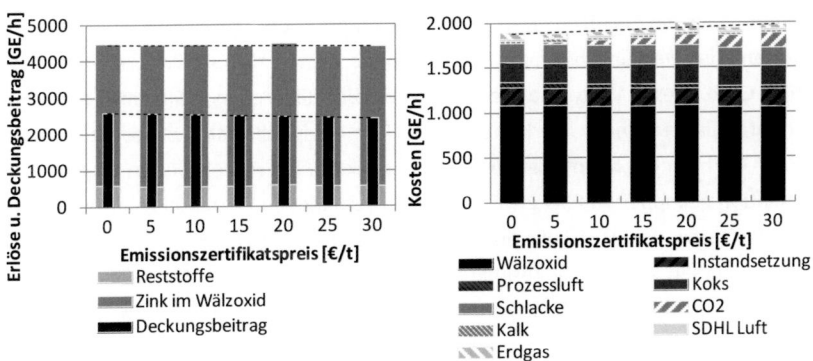

Abbildung 70: Änderung der ermittelten Erlöse und Kosten sowie des Deckungsbeitrages bei Variation des CO_2-Emissionszertifikatepreises (gestrichelt: Visualisierung des Trends mittels linearer Regression)

Die Erlöse werden im Wesentlichen durch die Vergütung des Zinkgehaltes im Wälzoxid erzielt. Mit steigendem Zertifikatspreis sind die Zinkerlöse leicht rückläufig von 3.915 GE/h bei einem Zertifikatspreis von 0 €/t CO_2 auf 3.824 GE/h bei einem Zertifikatspreis von 30 €/t CO_2. Dabei liegen die Erlöse bei den Zertifikatspreisen von 0 €/t CO_2 und 20 €/t CO_2 ca. 50 GE/h über denen der anderen Varianten.

Auf der Kostenseite steigen die Kosten für CO_2-Emissionen von 0 GE/h auf 169 GE/h. Bei den Zertifikatspreisvarianten von 0 €/t CO_2 und 20 €/t CO_2 mit höherem Erdgaseinsatz liegen die Kosten für Erdgas mit 78 GE/h und 89 GE/h etwa doppelt so hoch wie im Mittel der anderen Varianten. Die Kosten für Koks, SDHL-Luft und Prozessluft sinken in Folge der mit steigendem Zertifikatspreis geringeren Einsatzmassen und –volumina leicht, können aber die höheren CO_2-Zertifikatskosten nicht kompensieren, so dass die Gesamtkosten von 1.891 GE/h bei 0 €/t CO_2 Zertifikatskosten auf 1.966 GE/h bei 30 €/t CO_2 leicht steigen. In Summe sinkt der erwirtschaftete Deckungsbeitrag somit ebenfalls leicht von 2.580 GE/h um jeweils ca. 29 GE/h pro 5 €/t CO_2 steigendem Zertifikatspreis auf 2.404 GE/h. Die leicht erhöhten Kosten und Erlöse bei den Varianten von 0 €/t CO_2 und 20 €/t CO_2 gleichen sich aus, so dass der Deckungsbeitrag über alle Zertifikatspreisstufen gleichmäßig sinkt.

Beim aktuellen Zertifikatspreis von etwas unter 15 €/t (vgl. Kapitel 2.1.2) liegt die Differenz des Deckungsbeitrages mit und ohne Kosten für CO_2-Emissionszertifikate bei 89 GE/h. Diesen Vorteil hat derzeit also ein Betreiber eines Wälzrohres außerhalb der Europäischen Union. Die Höhe von 89 GE/h entspricht dabei nahezu den Kosten von 88 GE/h für die benötigten Emissionszertifikate. Die mittels der an Fließschemasimulation gekoppelten PSO ermittelten leicht sinkenden Prozesseingangsgrößen für die Koksmasse, die SDHL-Luft, die Prozessluft und den Erdgasvolumenstrom und die in Folge dessen geringfügig gesenkten CO_2-Emissionen können die zusätzlichen Kosten nur minimal um 1 GE/h senken. Dieselben Ergebnisse zeigen sich ebenfalls, wenn der mittels PSO verbesserte Deckungsbeitrag dem der Betriebsweise des Basisfalls gegenübergestellt wird (vgl. Abbildung 67).

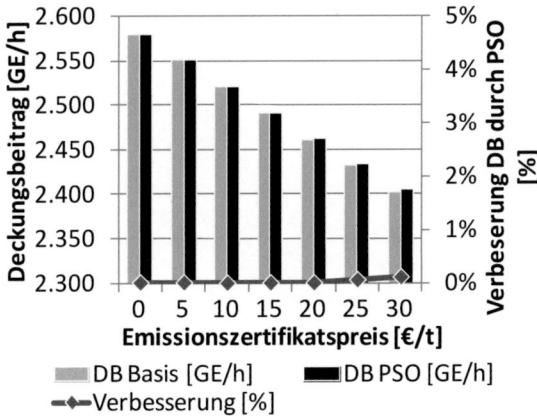

Abbildung 71: Verbesserung des Deckungsbeitrages mittels PSO gegenüber dem Basisfall

Der mittels an Fließschemasimulation gekoppelter PSO ermittelte Deckungsbeitrag liegt zwar immer in Höhe oder leicht über dem Deckungsbeitrag der Betriebsweise gemäß des Basisfalls, die realisierbare Verbesserung durch eine Anpassung der operativen Planung liegt aber selbst in der Variante mit dem höchsten Zertifikatspreis von 30 €/t CO_2 weit unter einem Prozent.

Schlussfolgerungen für die operative Produktionsplanung

In Auswertung dieses Szenarios kann festgehalten werden, dass mit der hier vorgestellten Methodik zur Entscheidungsunterstützung bei der operativen Produktionsplanung grundsätzlich eine Möglichkeit der Verbesserung der Planung durch eine geringfügig CO_2 – emissionsärmere Betriebsweise ermittelt wurde. Die Möglichkeiten der Kostenreduktion sind jedoch für eine bestehende Anlage sehr gering.

Kapitel 8

Schlussfolgerungen
und mögliche Weiterentwicklungen

8.1 Einschätzung der Eignung der vorgestellten Methodik und kritische Erwägungen

Die in dieser Arbeit entwickelte Methodik dient der Entscheidungsunterstützung bei der Wahl guter Prozesseingangsgrößen im Rahmen der operativen Produktionsplanung, mit dem Ziel der Verbesserung des Deckungsbeitrages. Die Durchführbarkeit der Methodik wird am Anwendungsfall des Wälzprozesses aufgezeigt, eines Verfahrens der Prozessindustrie zum Recycling zinkhaltiger Reststoffe. Die Eignung der Methodik soll anhand der in Kapitel 3.3 aufgeführten Aspekte beurteilt werden:

↳ Ist die Prozesscharakteristik in Form der Auswirkungen der Prozesseingangsgrößen auf den Deckungsbeitrag hinreichend genau berücksichtigt?

↳ Gelingt es, mit einem adäquaten zeitlichen und rechentechnischem Aufwand eine entsprechende Verbesserung des Deckungsbeitrages zu erzielen?

↳ Ist die Methode in der Praxis anwendbar und auf andere Prozesse übertragbar?

Wie bereits von Penkuhn (1997), Schultmann (2003) und Rentz et al. (2006) aufgeführt, wird durch den Einsatz von Fließschemasimulation eine gute Prozessabbildung für Aspekte der Produktionsplanung erreicht (vgl. Kapitel 3.3.2.). Mit dem in dieser Arbeit genutzten Fließschemasimulationsmodell, werden für den Prozess wichtige Abläufe, wie beispielsweise die Reduktion der in den Reststoffen vorhandenen Metalloxide und die Verdampfung wichtiger Verbindungen, bis hinab auf die Ebene der chemischen Reaktionen einzelner Stoffe abgebildet(vgl. Kapitel 5.2). Die Kalibrierung mit Originaldaten des Prozesses zeigt, dass die mittels der Fließschemasimulation berechneten Datenreihen zu den Masseströmen von Einsatzstoffen und Produkten sehr gut mit den in der Praxis erhobenen Datenreihen korrelieren ($r = 0,83$ bis $r = 0,90$). In Kopplung mit der PSO werden in der Untersuchung von Szenarien mit

Schwankungen wesentlicher Einflussgrößen, wie Reststoffzusammensetzungen oder wichtiger Preise realistische und in der Praxis bestätigte Handlungsempfehlungen ermittelt (vgl. Kapitel 7). Insgesamt kann daher geschlussfolgert werden, dass die Prozessabbildungsgenauigkeit der in dieser Arbeit entwickelten Methodik hinreichend genau ist.

Der Einsatz von Fließschemasimulation reduziert trotz der erzielbaren detaillierten Prozessabbildung den zur Prozessbeschreibung notwendigen zeitlichen Aufwand. In der Fließschemasimulation müssen lediglich die zur Prozessbeschreibung wichtigen Stoffe sowie thermodynamische und chemische Abläufe definiert werden. Unterprogramme zur Berechnung dieser Abläufe und der dazu erforderlichen Stoffdaten sind bereits im Fließschemasimulationsprogramm integriert (vgl. 4.2). Weiterhin existieren durch den weit verbreiteten Einsatz von Fließschemasimulation in der Prozessindustrie bereits für viele Anlagen entsprechende Simulationsmodelle. Fließschemasimulation und PSO lassen sich durch den iterativen Ansatz der PSO gut koppeln. Dabei sind Randbedingungen zu berücksichtigen, die vom sonst üblichen Anwendungsfall der PSO abweichen. Durch die Verwendung der rechenzeitaufwändigen Simulation muss in der PSO mit einer kleineren Partikelanzahl und weniger Iterationsschritten als üblich gearbeitet werden. Dies erfordert u. a. eine dynamische Schwarmgröße und Informationsverfügbarkeit über gute gefundene Positionen. Weiterhin sind Maßnahmen zur Erkennung von Simulationsfehlern und zur Wiederaufnahme der Simulation bei Programmfehlern zu treffen (vgl. Kapitel 6). Nach erfolgter Anpassung lassen sich mit einem vertretbaren Aufwand von Rechenzeit gute Ergebnisse erzielen. Zur Berechnung des Basisfalls wurden 105 Iterationsschritte und insgesamt 798 Durchläufe der Fließschemasimulation benötigt. Zur Berechnung kam dabei, mit einem Intel Core i7 mit 3,2 Ghz Taktfrequenz und 6 GByte Ram, Rechentechnik aus dem gehobenen Heimanwenderbereich zum Einsatz. Die in dieser Arbeit berechneten Szeanrios benötigen damit ca. 15 – 30 Minuten Rechenzeit (vgl. Anhang A.4). Mit der PSO konnte im Vergleich zum Basisfall in allen untersuchten Szenarien Ergebnisse mit einem mindesten gleich guten bis zu einem ca. 7 % besseren Deckungsbeitrag erzielt werden.

Durch die Verwendung der in den Ingenieurwissenschaften etablierte Art der Prozessbeschreibung in Form der Fließschemasimulation gekoppelt mit der universell einsetzbaren PSO und die geringen Anforderungen an die Rechentechnik wird eine gute Einsetzbarkeit der Methode in der Praxis erwartet. Nach der einmalig in dieser Arbeit durchgeführten Anpassungen der PSO wird davon ausgegangen, dass bei einer Überführung in die Praxis keine weiteren Anpassungen des Suchverhaltens der PSO mehr notwendig sind.

Da die durchgeführten Anpassungen der PSO auf die Kopplung mit Fließschemasimulation im Allgemeinen und nicht nur auf das in dieser Arbeit verwendete Wälzrohrmodell zielen, wird auch erwartet, dass die Methode auf andere Prozesse übertragbar ist. So existieren beispielsweise aus den Arbeiten von Fröhling et al. (2009), Fröhling et al. (2010) sowie Fröhling und Rentz (2010) Fließschemasimulationsmodelle für einen weiteren Recyclingprozess für Reststoffe aus der Metallindustrie mit niedrigen Zinkkonzentrationen, für einen ebenfalls zur Aufbereitung von Sekundärrohstoffen eingesetzten Elektrolichtbogenofen und für Aggregate aus der Bereitstellung von Stahl aus Primärrohstoffen in einem integrierten Hüttenwerk. Diese Modelle wurden bereits zur Untersuchung von Fragestellungen auf der strategischen und taktischen Planungsebene genutzt und sollten sich grundsätzlich auch mit der PSO koppeln lassen. Allerdings bestehen hier höhere Anforderungen an die Simulation als im ursprünglichen Einsatzfeld. So muss die Simulation nicht nur die Originaldaten des Prozesses gut reproduzieren können. Zu Beginn der Iterationsschritte werden die Prozesseingangsgrößen stark durch die Zufallskomponente der PSO beeinflusst. So ergeben sich Prozesszustände, die aus Sicht eines Prozessingenieurs offensichtlich keinen guten Betrieb ermöglichen und auf deren Berechnung die Simulationsmodelle üblicherweise nicht ausgelegt sind. Vor einer Kopplung mit der PSO muss daher sichergestellt sein, dass es in den Modellen auch bei unüblichen Prozesseingangsparametern, nicht zu Konvergenzfehlern oder andere Simulationsfehlern kommt und die Ergebnisse reproduzierbar bleiben. Zwar ist die PSO robust gegen seltene Simulationsfehler, bei zu häufigem Auftreten wird jedoch die Konvergenz des Algorithmus zu stark negativ beeinflusst. Auch müssen schon geringe Verbesserungen sonst unplausibler Prozesseingangsgrößen reproduzierbar zu besseren Simulationsergebnissen führen, damit die Schwarm-Partikel Bereiche schlechter Lösungen verlassen können. Wenn die Simulation diese Anforderungen erfüllt, ist sie grundsätzlich mit der PSO verwendbar und die in dieser Arbeit entwickelte Methode als Ganzes geeignet.

Da es sich bei der PSO um kein exaktes Verfahren handelt, können jedoch in Abhängig von der Art des betrachteten Prozesses bei anderen Verfahren andere Methoden besser geeignet sein. Zwar wurden mit der PSO bereits sehr viele Probleme erfolgreich gelöst und in Tests mit bekannten, auch komplexen Zielfunktionen mit lokalen Optima, liefert die PSO Ergebnisse nahe am globalen Optimum (vgl. Kapitel 3.4 und Kapitel 4.1), jedoch ist dies nicht auf andere nicht untersuchte Zielfunktionen übertragbar. Es ist für Zielfunktionen mit unbekannter Lage des Optimums nicht überprüfbar, ob die PSO nur vergleichsweise schlechte Lösungen ermittelt. Im hier behandelten Anwendungsfall lässt sich zeigen, dass mit der PSO gegenüber dem Basisfall bessere Ergebnisse berechnet werden. Auch sind diese Ergebnisse Im Abgleich mit den Praxiserfahrungen plausibel (vgl. Kapitel 7). Ob es sich dabei jedoch um die tatsächlich optimale Planungsvariante handelt ist unsicher. Der hier gewählte Weg stellt einen systematischen Ansatz zur Verbesserung des Deckungsbeitrages, nicht aber einen zielgerichteten Ansatz zur Auffindung des Optimums dar. Wenn ein zu verbessernder Prozess mittels einer vertretbaren Anzahl von Gleichungen gut beschrieben werden kann und das Problem bezüglich der Größe lösbar ist, sollte daher statt der PSO ein exaktes Optimierungsverfahren eingesetzt werden. Wenn auf diese Art keine hinreichend genau Prozessabbildung erreicht werden kann, aber Aspekte zu betrachten sind, die sich ausschließlich auf die im Fließschemasimulationsmodell beschriebenen Abhängigkeiten beziehen, und wenn die Konvergenz der Simulation hinreichend gut zu erreichen ist, sollte geprüft werden, ob eine Lösung mittels der in AspenPlus verfügbaren SQP möglich ist (vgl. Penkuhn 1997).

Diese Bedingungen treffen für den hier betrachteten Anwendungsfall des Wälzprozesses nicht zu (vgl. Kapitel 3). Daher kann hier die an Fließschemasimulation gekoppelte PSO hinsichtlich der Genauigkeit der Prozessabbildung, hinsichtlich des erforderlichen Aufwandes der Methodik, der damit erzielbaren Verbesserung des Deckungsbeitrages und hinsichtlich der Anwendbarkeit in der Praxis als gut geeignet für die Entscheidungsunterstützung im Rahmen der operativen Produktionsplanung angesehen werden.

8.2 Mögliche Weiterentwicklungen und weitere Anwendungsfelder

8.2.1 Erweiterung der behandelten Fragestellung

Die vorgestellte Methodik behandelt die Verbesserung des Deckungsbeitrages unter Berücksichtigung des verfahrenstechnischen Teils des Wälzrohrprozesses. Diese Fokussierung auf die thermodynamischen und chemischen Abläufe im Prozess und deren Einfluss auf den Deckungsbeitrag erfolgt, da hierfür bei der hier betrachteten Art von Prozessen bisher keine entsprechenden Arbeiten mit Bezug auf die operative Produktionsplanung vorliegen. Der Ansatz ist aber auf weitere Aspekte der Produktionsplanung, wie vorgelagerte Logistik oder Lagerhaltung, erweiterbar. Bei der Kopplung von Fließschemasimulation und PSO ist dies möglich, da der optimierende Algorithmus getrennt von der Prozessabbildung implementiert ist und damit nicht auf die mit dem Fließschemasimulationsmodell abgebildeten Vorgänge beschränkt bleiben muss. Im Fall des betrachteten Unternehmens wäre das Planungsproblem grundsätzlich auch um die im Folgenden betrachteten Aspekte erweiterbar.

Die in den Anlagen verwerteten Reststoffe werden zu einem großen Teil mit Silo-LKW antransportiert. Die Anzahl der Lieferanten ist deutlich größer als die Anzahl der zur Zwischenlagerung verfügbaren Silos am Standort. Bei der Reststoffanlieferung ist daher zu entscheiden, in welches Silo die Reststoffe eingelagert werden sollen. Hierbei ist zum einen die Kapazität der Silos zu berücksichtigen. Zum andern wird das Ziel verfolgt, die Reststoffe nicht nachteilig zu vermischen, sondern so zu lagern, dass eine, entsprechend der in Kapitel 7.1 ermittelten Zusammenhänge, gute Mischung aus den Befüllungen der einzelnen Silos für den Prozess bereit gestellt werden kann. Das Mischungsproblem wird, neben den bereits behandelten qualitativen Schwankungen, auch durch zeitliche Schwankungen der angelieferten Reststoffmassen komplexer. Die meisten Unternehmen, bei denen Reststoffe anfallen, haben nur eine sehr begrenzte Zwischenlagerkapazität, so dass ein regelmäßiger Abtransport erfolgen muss. Bedingt durch das Sonntagsfahrverbot für Lastkraftwagen müssen die Zwischenlager der Lieferanten freitags möglichst weit geleert werden, damit über das Wochenende weiter produziert werden kann. Beim Wälzrohr werden demnach vor und nach dem Wochenende größere Mengen angeliefert als unter der Woche. Hinzu kommt eine zeitliche Schwankung der Massen über die Monate, da bedingt durch die Urlaubszeit in den Sommermonaten weniger Reststoffe anfallen (vgl. Fröhling et al., 2008). Mit der in dieser Arbeit erarbeiteten Methode ließen sich diese zeitlichen Schwankungen und das Mischungsproblem bei der Zwischenlagerung ebenfalls in den Partikel-Schwarm Algorithmus integrieren. So könnte mit der direkten Ankopplung der Fließschemasimulation eine Prozessbeschreibung genutzt werden, die gegenüber den von Fröhling et al. 2008 verwendeten linearen Input-Output Funktionen die Prozesscharakteristik genauer abbildet. Die Zusammensetzung der Reststoffmischung wird dann nicht mehr vorgegeben, sondern in jedem Iterationsschritt durch die PSO bestimmt und an die Fließschemasimulation weitergegeben.

Ein weiteres Problem behandeln Fröhling et al. (2010). So betreibt das betrachtete Recycling Unternehmen weitere Wälzrohre in Deutschland, Frankreich, der Türkei und Spanien. Die einzelnen Rohre unterscheiden sich in ihren Abmessungen und Ihrer Eignung für die Behandlung der individuellen Reststoffe. Das Unternehmen ist nicht nur für Behandlung der Reststoffe, sondern auch für den Transport vom Lieferanten zum Wälzrohrstandort zuständig. Hieraus ergibt sich ein integriertes Transport und Mischungsproblem, welche Reststoffe zu welchem Standort zu transportieren sind, um eine gute Mischung und einen insgesamt verbesserten Deckungsbeitrag zu erzielen. Auch dieses Problem lässt sich in den Partikel-Schwarm Algorithmus integrieren.[34]

8.2.2 Erweiterung des Partikel-Schwarm Algorithmus

Neben dem bisher betrachteten statischen Ansatz ist auch eine fortlaufende Optimierung denkbar. Hierfür notwendige Anpassungen der PSO auf Grundlage bereits in anderen Arbeiten vorgestellter Lösungsansätze beschreibt Kapitel 4.1.2.1. Mit diesen Ansätzen ist es denkbar, den Algorithmus begleitend zur laufenden Produktion rechnen zu lassen und direkt zur Prozesssteuerung einzusetzen. Alle Änderungen von Preisen oder anderen Einflussgrößen werden dann zur Laufzeit an den Algorithmus übergeben. Der Algorithmus berücksichtigt diese neuen Informationen und deren Einfluss auf die Zielfunktion und sucht fortlaufend eine neue beste Position. Wenn

---

[34] Beide Ansätze erfordern die Kodierung der Reststoffmassen der Lieferanten in die Positionsvariablen der PSO. Dies erscheint grundsätzlich lösbar, ist aber vom Aufwand zu umfangreich um ebenfalls in dieser Arbeit durchgeführt zu werden.

sich beispielsweise die Reststoffmischung aufgrund einer neu eintreffenden Lieferung ändert, kann der Algorithmus mit wenig Verzug eine angepasste Prozesssteuerung ermitteln. Dies lässt sich prinzipiell auch mit den in Kapitel 8.2.1 vorgestellten erweiterten Optimierungsproblemen durchführen. Bei Kenntnis einer neuen Lieferung kann dynamisch berechnet werden, in welches Silo die neuen Reststoffe zwischengelagert werden sollen.

Ein weiterer interessanter Ansatzpunkt ist die Eignung der PSO zur Mehrzielentscheidungsunterstützung, wie in Kapitel 4.1.2.1 beschrieben. So können durch Nutzung vektorwertiger Zielfunktionen weitere Unternehmensziele berücksichtigt werden. Dies können zum Beispiel im Rahmen eines Umweltmanagementsystems definierte Umweltziele sein. So können Prozesseingangsparameter berechnet werden, bei denen nicht nur ein möglichst hoher Deckungsbeitrag, sondern gleichzeitig möglichst geringe Umweltauswirkungen angestrebt werden.

Alle bisher in diesem Kapitel vorgestellten Weiterentwicklungen führen zu einem komplexeren Optimierungsproblem, welches Auswirkungen auf die Rechenzeit und die Güte der gefundenen besten Lösungen haben kann. Um diesem entgegenzuwirken, sind ebenfalls Erweiterungen des eingesetzten Algorithmus möglich. Ein Ansatz hierzu liefert die z. T. schwankende für die Lösung der Fließschemasimulation benötigte Rechenzeit (vgl. Kapitel 5.4). Die Iterationsschrittsynchrone Bewegung aller Partikel im Schwarm führt dazu, dass alle Schwarm-Partikel je Iterationsschritt genau die Güte eines Satzes von Prozesseingangsparametern prüfen. Wenn der hierzu notwendige Durchlauf der Fließschemasimulation eines oder mehrerer Partikels deutlich länger als die sonst im Mittel benötigten 6 s andauert, müssen alle anderen Partikel, deren Simulation bereits beendet ist, warten. Schutte et al. (2004) schlagen vor, dieses Problem mit einem asynchronen Ansatz lösen. Es wird nicht nach festen schwarmweit synchronen Iterationsschritten vorgegangen. Jedes Partikel bewegt sich unabhängig davon, in welchem Iterationszyklus sich die anderen befinden. Wenn die Berechnung einer zu den Prozesseingangsgrößen passenden Lösung eines Partikels länger dauert, können die anderen Partikel in dieser Zeit bereits mehrere Male ihre Position geändert haben. Die für die Berechnung der Bewegungsgleichung benötigte Information über die beste in der Nachbarschaft eines Partikels gefundene Position wird für jedes Partikel in dem Moment ermittelt, in dem Sie benötigt wird. Die beste gefunden Lösung wird immer dann aktualisiert, wenn ein Partikel eine bessere Lösung gefunden hat. Bei diesem Vorgehen werden die verfügbaren Systemressourcen besser ausgelastet.

Um die Suche nach besseren Lösungen bei weit fortgeschrittener Iteration weiter zu intensivieren, ist die Nutzung eines hybriden Algorithmus (vgl. Kapitel 4.1.2.2) denkbar. So kann bei Erreichen eines definierten Konvergenzmaßes der Algorithmus zur Bestimmung der nächsten Position verändert werden. Statt des Schwarm-Algorithmus könnte dann beispielsweise auf eine, oder entsprechend des Scatter Search Prinzips, mehrere Instanzen des Local Search Algorithmus (vgl. Kapitel 3.4) gewechselt werden. So kann im bereits identifizierten guten Bereich im Lösungsraum genauer oder schneller die Lage der hier besten Lösungen ermittelt werden. Das nachteilige Verhalten des Schwarm-Algorithmus, bei weit fortgeschrittener Iteration verhältnismäßig viele Iterationsschritte für verhältnismäßig kleine Verbesserungen des Zielfunktionswertes zu benötigen, kann so vermindert werden.

Kapitel 9

Zusammenfassung

Eisen und Zink gehören zu den wichtigsten Industrierohstoffen. Die zu ihrer Erzeugung in Deutschland benötigten Primärrohstoffe müssen größtenteils am Weltmarkt erworben werden, da deutsche Unternehmen über keine nennenswerten eigenen Zugänge zu Lagerstätten verfügen. Aufgrund dieser Abhängigkeit von Rohstoffimporten ist die deutsche Industrie durch die zunehmende Verteuerung und sich abzeichnende Verknappung der Primärrohstoffe besonders betroffen. Dem kann durch die Schließung von Stoffkreisläufen und Nutzung von Sekundärrohstoffen entgegen gewirkt werden. In Deutschland hat sich hierzu in der Metallindustrie ein Stoffstromnetzwerk verschiedener Unternehmen ausgebildet, die Reststoffe verwerten und darin enthaltene Metalle wieder dem Rohstoffkreislauf zugänglich machen. Bei der Wiederverwertung von Stahlschrott im Elektrolichtbogenofen entsteht u. a. ein zinkhaltiger Staub. Dieser Staub wird im Wälzrohrprozess verwertet, welcher ein Wälzoxid produziert, das wieder in der Zinkindustrie eingesetzt wird. Der Wälzrohrprozess ist ein wichtiges Bindeglied der Stoffkreisläufe von Stahl und Zink und leistet so einen wesentlichen Beitrag zur Bereitstellung von Sekundärrohstoffen.

Das technische Verfahren des Wälzprozesses ist bereits seit ca. hundert Jahren bekannt und technologisch weit entwickelt. Weitere technische Verbesserungen erfordern in der Regel hohe Investitionen bei geringem zusätzlichem Nutzen. Die Produktion ist gekennzeichnet durch stark schwankende Zusammensetzungen der verwerteten Reststoffe und durch stark schwankende Preise, vor allem für Zink, aber auch für benötigte Hilfsstoffe. Dies hat direkte Auswirkungen auf Entscheidungsprozesse in der operativen Produktionsplanung. Im Rahmen der Planung sind sinnvolle Prozesseingangsgrößen zu identifizieren, um einen möglichst hohen Deckungsbeitrag zu erzielen. Durch eine bessere Planung ist auch eine Verbesserung des Deckungsbeitrages ohne die Notwendigkeit technischer Änderungen möglich. Allerdings sind dazu die Auswirkungen der Schwankungen der Reststoffzusammensetzung oder veränderter Hilfsstoffmengen auf die komplexen chemischen und thermodynamischen

Zusammenhänge im Prozess zu berücksichtigen. Derzeit existiert jedoch kein systematisches Verfahren zur Entscheidungsunterstützung bei der operativen Produktionsplanung, welches diese Abhängigkeiten berücksichtigt. In dieser Arbeit wird daher die Verbesserung des Deckungsbeitrages des Prozesses im Rahmen der operativen Produktionsplanung unter Berücksichtigung detaillierter Prozesscharakteristika bis auf die Ebene der Auswirkungen einzelner chemischer Reaktionen untersucht.

Üblicherweise wird in der Praxis zur operativen Produktionsplanung nach dem sukzessiven Konzept vorgegangen. Zunächst wird ein deckungsbeitragsmaximales Produktionsprogramm ermittelt. Hieraus werden die benötigten Produktionsfaktoren abgeleitet. Anschließend wird aus Produktionsprogramm und –faktoren ermittelt, wie die Produktionsabläufe zu organisieren sind, um das gewünschte Programm bei möglichst geringen Kosten herzustellen. Im Fall des Wälzprozesses erscheint dieser stufenweise Ansatz nicht sinnvoll, da der Deckungsbeitrag durch Produktionsprogramm, Produktionsfaktoren und den Produktionsprozess selber gleichermaßen beeinflusst wird. So führt nach den Ergebnissen dieser Arbeit bei hohem Zinkpreis eine Anpassung des Produktionsprozesses in Richtung einer höheren Zinkausbeute zu dem höchsten erzielbarem Deckungsbeitrag. Dies erfordert jedoch eine kombinierte Anpassung mehrerer Produktionsfaktoren, was wiederum sowohl die Masse als auch die Qualität des erzeugten Produktes verändert. Dieser Zusammenhang und der damit erzielbare höhere Deckungsbeitrag lässt sich nur identifizieren, wenn Produktionsprogrammplanung, Faktorplanung und Produktionsablauf gleichzeitig in einem monolithischen Ansatz betrachtet werden.

Ein solcher monolithischer Ansatz zur Entscheidungsunterstützung für die operative Produktionsplanung für den Wälzprozess oder ähnliche Prozesse ist bisher noch nicht bekannt. Hierzu sind zwei Aspekte zu beachten. Zum einen muss der Prozess derart abgebildet werden, dass die Auswirkungen der Schwankungen von Massen und Zusammensetzungen eingesetzter Reststoffe und Hilfsstoffe auf den Deckungsbeitrag hinreichend genau berechnet werden können. Zum anderen ist ein systematischer Ansatz notwendig, der Prozessgrößen identifiziert, die unter den gegebenen Bedingungen, bezüglich Preisen von Produkt und Hilfsstoffen und Zusammensetzung der Reststoffe, die Realisierung eines möglichst hohen Deckungsbeitrages ermöglichen.

Um dieses zu realisieren, wird zunächst eine Methode zur realitätsnahen Abbildung des betrachteten Prozesses benötigt. In den Ingenieurwissenschaften existiert hierzu mit der Fließschemasimulation ein etablierter Ansatz. Die Simulation basiert auf dem Fließschema des betrachteten Prozesses und berechnet die auftretenden Stoff- und Energieströme sowie die einzelnen thermodynamischen und chemischen Umwandlungen. Für den betrachteten Prozess existiert jedoch bisher kein Modell, das in der Lage ist, bei größeren Schwankungen diese Zusammenhänge ausreichend genau abzubilden. Daher wird, auf Grundlage vorangegangener Arbeiten und einer detaillierter Auswertung der Reaktionszonen des betrachteten Prozesses und der dort stattfindenden Vorgänge, zunächst ein solches Modell erstellt. Dieses wird dann im Rahmen der Suche nach Prozesseingangsgrößen zur Erzielung eines möglichst hohen Deckungsbeitrages eingesetzt. Die Optimierungsmethode, die diese Suche systematisch durchführen soll, muss auch für komplexere Fließschemasimulationsmodelle geeignet sein. Die Komplexität der Simulation erhöht sich beispielsweise durch Rückströme oder sogenannten Auslegungsvorschriften, bei denen sich zu Beginn der Simulation benötigte Informationen iterativ erst im Verlauf der Modellierung ergeben. Außerdem soll es möglich sein, Aspekte, wie Lagerhaltung, Transport und Wartung einzubeziehen, die nicht mit der Fließschemasimulation abgebildet werden. Dies erfordert eine Optimierung außerhalb der Fließschemasimulation. Ein solcher Ansatz zur direkten Verknüpfung eines Optimierungsalgorithmus mit einem Fließschemasimulationsmodell für den Wälzprozess oder ähnliche Verfahren wurde bisher noch nicht beschrieben.

Konzepte zur Verknüpfung von Simulation und Optimierung wurden dagegen bereits verfolgt. Dazu werden Simulation und Optimierung derart gekoppelt, dass die Ergebnisse der Simulation als Eingangsinformation für die Optimierung der Simulationsgrößen genutzt werden. Dabei ist zu berücksichtigen, dass Simulationsfehler die Ergebnisse überlagern können und dass die Simulation rechenzeitintensiv ist. Unter diesen Bedingungen sind Meta-Heuristiken als Optimierungsverfahren besonders geeignet. Meta-Heuristiken arbeiten iterativ und lassen sich somit gut mit dem Rechenschritt der Simulation koppeln. Es existieren einzellösungsbasierte und populationsbasierte Meta-Heuristiken. Diese unterscheiden sich dadurch, dass bei den populationsbasierten Verfahren je Iterationsschritt die Güte mehrerer Lösungen geprüft wird. Aufgrund der Parallelisierbarkeit und Robustheit gegen fehlerbehaftete

Simulationsergebnisse sind bei der Verknüpfung mit Fließschemasimulation solche populationsbasierte Verfahren besser geeignet. Von diesen wird aufgrund des rechenzeitintensiven Simulationsschrittes ein Verfahren benötigt, welches schnell gute Lösungen identifiziert. Nach dem bisherigen Stand ist hierfür grundsätzlich die Partikel-Schwarm Optimierung (PSO) besonders geeignet. Eine Implementierung der Verknüpfung von PSO und Fließschemasimulation wurde bisher jedoch noch nicht durchgeführt.

Eine solche Verknüpfung wird in dieser Arbeit über die Schnittstellen der Prozesseingangsgrößen und Prozessausgangsgrößen der Fließschemasimulation realisiert. In jedem Iterationsschritt ermittelt die PSO für jedes Partikel der Population eine Belegung von Eingangsgrößen. Solche Größen sind beispielsweise die im Prozess eingesetzte Reststoffmasse, die Masse der eingesetzten Hilfsstoffe etc. Hieraus errechnet die Simulation Ausgangsgrößen, wie die erzeugte Masse des Produktes, die Masse des enthaltenen Zinks usw. Mit Kenntnis von Eingangs- und Ausgangsgrößen wird dann der Deckungsbeitrag berechnet. Der Deckungsbeitrag dient als Kriterium zur Bewertung der Güte einer Lösung. Diese wird iterativ verbessert, bis die Änderung der Lösung in einem definierten Zeitraum ein definiertes Maß nicht mehr überschreitet.

Die PSO wurde 1995 durch Kennedy und Eberhart entwickelt und seitdem von vielen Autoren in Ihrer Funktionsweise untersucht sowie in ihrem Anwendungsbereich und um Mechanismen aus anderen Optimierungsverfahren erweitert. Da jedoch bisher keine Erfahrungen mit dem Ansatz der Kopplung an Fließschemasimulation vorliegen, ist kaum abzuschätzen, welche Erweiterung des Algorithmus hier sinnvoll ist. Daher wird in dieser Arbeit von der etablierten Standardform des Algorithmus ausgegangen. Die Parametrisierung wichtiger Konstanten des Algorithmus erfolgt zunächst auf Grundlage in der Literatur beschriebener Standardwerte. Dabei begrenzt der Einsatz der Fließschemasimulation zur Evaluation der Lösungen und die Leistungsfähigkeit der eingesetzten Rechentechnik die Anzahl der Partikel im Schwarm. Der Algorithmus wird daher an die Verwendung mit der Fließschemasimulation angepasst, wobei auf bereits bekannte und untersuchte Konzepte der PSO zurückgegriffen wird.

Im Ergebnis lässt sich zunächst für die Simulation des betrachteten Prozesses in einem Fließschemamodell feststellen, dass das entwickelte Modell in der Lage ist, die

Reaktionen des Prozesses bei Schwankungen der Eingangsgrößen gut zu beschreiben. Eine durchgeführte Kalibrierung mit Originaldaten zeigt, dass das Modell die in der Realität beobachteten Zusammenhänge gut abbildet. Prozessausgangsgrößen für die Berechnung des Deckungsbeitrages sind die Massen produzierten Wälzoxids, im Wälzoxid enthaltenen Zinks, der Schlacke und des benötigten Kalks. Die Korrelation zwischen den Datenreihen der Modellergebnisse und der vor-Ort gemessenen Originaldaten für diese Prozessausgangsgrößen liegt zwischen r = 0,83 und r = 0,92.

Die Umsetzbarkeit der Kopplung von Fließschemasimulation und PSO wird mit dieser Arbeit aufgezeigt. Die Eignung der Literaturempfehlungen für die Belegung von Algorithmusparametern für das hier betrachtete Problem wird durch Berechnung mehrerer Parametervariationen bestätigt. Die notwendige, kleine Partikelzahl führt ohne Anpassung des Algorithmus aber teilweise zur Konvergenz des Partikel-Schwarms im Bereich vermuteter lokaler Optima. Ursache ist die durch die wenigen Partikel zu gering gestreute Suche im Lösungsraum in den ersten Iterationsperioden. Durch Einführung einer dynamischen Populationsgröße und Veränderung der Nachbarschaftsstruktur, welche über die Verfügbarkeit von Informationen zu guten Positionen im Schwarm entscheidet, werden die Ergebnisse verbessert, ohne die benötigte Rechenzeit nennenswert zu erhöhen.

Zur Bewertung der Eignung der entwickelten Methodik werden vier Szenarios untersucht. Es werden die Änderung der Prozesseingangsgrößen gegenüber einem Basisfall bei Variation der Reststoffzusammensetzung, Variation des Zinkpreises und Variation der Gebühren für die Wälzoxidbehandlung sowie des Preises für CO_2-Emissionszertifikate betrachtet. Anhand der Ergebnisse werden Handlungsempfehlungen zur Entscheidungsunterstützung im Rahmen der operativen Produktionsplanung des Wälzprozesses abgeleitet. Bei der Variation der Reststoffzusammensetzung werden im Ergebnis jeweils gute Anpassungen der Prozesseingangsgrößen identifiziert, die zu einem hohen Deckungsbeitrag führen. Aus Praxiserfahrungen kann die Plausibilität der Ergebnisse bestätigt werden.

Bei den Untersuchungen zur Variation des Zinkpreises wird festgestellt, dass dieser einen erheblichen Einfluss auf die Wahl jeweils guter Prozesseingangsgrößen hat. Je nach Zinkpreis ist eine unterschiedlich gute Abtrennung des Zinks aus den Reststoffen im Prozess sinnvoll. Dies wird durch die Zinkausbringung beschrieben, die durch den Quotienten der in den Reststoffen enthaltenen Zinkmasse zur im Produkt enthaltenen Zinkmasse definiert ist. Erreicht wird eine hohe Ausbringung vor allem durch eine Erhöhung des Energieeintrags und daraus resultierend höhere Prozesstemperaturen sowie eine Erhöhung der Reduktionsmittelzufuhr in Form von Koks. Bei geringen Zinkpreisen sollte die operative Produktionsplanung so erfolgen, dass Kosten auch zu Ungunsten der Zinkausbringung reduziert werden, bei hohen Zinkpreisen sollte zur Erzielung eines möglichst hohen Deckungsbeitrages auch die Erhöhung der Zinkausbringung angestrebt werden. Diese mit dem Modell berechneten Handlungsempfehlungen entsprechen den in der Praxis beobachteten Vorgehensweisen, lassen sich mit dem hier verfolgten Ansatz jedoch auch quantifizieren.

Im Fall einer Erhöhung der Gebühren für die Wälzoxidbehandlung ist nur eine geringe Kompensation durch angepasste Prozesseingangsgrößen möglich. Dies erfolgt zunächst ebenfalls durch eine Erhöhung der Zinkausbringung und, bei höheren Behandlungsgebühren, durch eine Verringerung der Kosten über eine Reduktion des Einsatzes von Hilfsstoffen.

Bei der Erhöhung der Preise für die CO_2-Emissionszertifikate können die steigenden Kosten für die Zertifikate nur zu einem sehr kleinen Teil durch eine geringe Reduktion der eingesetzten Koksmasse und des Erdgasvolumens kompensiert werden. Dabei zeigt sich, dass Koks und Erdgas in einem gewissen Grad gegenseitig substituierbar sind.

Zusammenfassend lässt sich aus den Ergebnissen der durchgeführten Untersuchungen ableiten, dass die entwickelte Methode den verfolgten Zweck der Entscheidungsunterstützung im Rahmen der operativen Produktionsplanung erfüllt. In Abhängigkeit der Reststoffzusammensetzung, der Höhe von Produkt- und Hilfsstoffpreisen sowie weiterer Gebühren, lassen sich Handlungsempfehlungen und gute Prozesseingangsgrößen zur Erzielung eines möglichst hohen Deckungsbeitrages berechnen. Bei Änderungen von Preisen mit hohem Einfluss auf den Deckungsbeitrag kann durch die so erfolgte Anpassung im günstigen Fall ein über 7 % höherer Deckungsbeitrag erzielt werden.

Weiterhin lässt sich die Methode auch für darüber hinaus gehende Fragestellungen, wie beispielsweise die Auswahl von Lieferanten, nutzen. Der PSO Algorithmus kann über die in dieser Arbeit genutzte Standardform hinaus ergänzt werden, um z. B. zur Berechnung von Aspekten, wie der Einbeziehung einer dynamischen Lagerhaltung oder von Transportkosten, bei Berücksichtigung mehrere Standorte, genutzt zu werden. Durch die Verknüpfung von etablierten Methoden der ingenieurtechnischen Prozessabbildung mit einer daran angepassten universell einsetzbaren Meta-Heuristik in Form der PSO wird ebenfalls eine gute Anwendbarkeit in der Praxis erwartet.

Aus diesen Gründen sowie aufgrund der im Vergleich zu bisherigen Arbeiten sehr realitätsnahen Prozessabbildung und des monolithischen Ansatzes, der eine integrierte Betrachtung aller Größen mit Einfluss auf den Deckungsbeitrag ermöglicht, wird die entwickelte Methode als gut geeignet für die Entscheidungsunterstützung in der operativen Produktionsplanung des Wälzprozesses und vergleichbaren Verfahren angesehen.

A Anhänge

A.1 Stoffströme im Fließschemamodell nach Kalibrierung

Ofenbereich	Schüttung	Schüttung	Schüttung	Schüttung	Schüttung	Atmosp.	Schüttung	Atmosp.	Schüttung
Stoffstrom	KALK	KOKS	WASSER	RESTSTOF	nach MXAUFG	MCH-STAUB	nach TR-MECHST	VERDH2O	nach SEPVERD
Temperatur [°C]	25	25	25	25	25	25	25	100	100
Druck [bar]	1	1	1	1	1	1	1	1	1
Massestrom [t/h]	0,58	1,829	1,391	10,287	14,124	0,706	13,418	1,481	11,938
Volumenstrom [m³/h]	0,286	13,198	77,188	3,419	94,11	4,706	89,405	2549,894	7,216
Enthalpie [MW]	-1,857	-1,129	-6,126	-16,289	-25,525	-1,276	-24,249	-5,463	-17,559
Verbindungen [t/h]									
AL2O3-S		0,004		0,109	0,113	0,006	0,107		0,107
AL2S3									
C-S		1,512		0,186	1,697	0,085	1,612		1,612
CO									
CO2									
CACO3-S	0,037				0,039	0,002	0,037		0,037
CAO-S	0,5	0,008		0,545	1,087	0,054	1,032		1,032
CAOH2-S									
CASO4-S									
CASIO4-S	0,043				0,046	0,002	0,044		0,044
CAS-S									
CU									
CU-S									
CUO-S				0,029	0,029	0,001	0,027		0,027
CU2O-S									
CU2S									
CU2S-S									

Ofenbereich / Stoffstrom	Schüttung KALK	Schüttung KOKS	Schüttung WASSER	Schüttung RESTSTOF	Schüttung nach MXAUFG	Atmosp. MCH-STAUB	Schüttung nach TR-MECHST	Atmosp. VERDH2O	Schüttung nach SEPVERD
FE									
FE-S									
FE2O3									
FE2O3-S									
FE3O4									
FE3O4-S				3,129	3,129	0,156	2,973		2,973
FEO									
FEO-S									
FES									
K									
K2O									
K2O-S									
KCL									
KCL-S	0,003			0,122	0,125	0,006	0,119		0,119
K2SIO3									
K2SIO3-S									
MGO-S	0,003			0,245	0,247	0,012	0,235		0,235
MNO-S				0,301	0,301	0,015	0,286		0,286
MNS									
MNS-S									
NA									
NA2O									
NA2O-S									
NACL									
NACL-S	0,005			0,163	0,168	0,008	0,159		0,159
NA2SIO3									
NA2SIO-S									
PB									
PBO									
PBO-S				0,206	0,206	0,01	0,196		0,196
PBCL2									
PBCL2-S									
PBS									
PBS-S									
PBSO4									

Ofenbereich	Schüttung	Schüttung	Schüttung	Schüttung	Schüttung	Atmosp.	Schüttung	Atmosp.	Schüttung
Stoffstrom	KALK	KOKS	WASSER	RESTSTOF	nach MXAUFG	MCH-STAUB	nach TR-MECHST	VERDH2O	nach SEPVERD
PBSO4-S									
S									
S-S	0,05			0,059	0,109	0,005	0,104		0,104
SO2									
SO3									
SIO2									
SIO2-S	0,076			0,475	0,55	0,028	0,523		0,523
SIS									
ZN									
ZN-S									
ZNCL2									
ZNCL2-S									
ZNO-S				3,55	3,55	0,178	3,373		3,373
ZNS									
ZNS-S									
ZNFE2O4-S				1,168	1,168	0,058	1,11		1,11
O2									
H2									
H2O	0,168	1,391			1,559	0,078	1,481	1,481	
N2									
NO									
N2O									
NO2									
HCL									
CH4									
C2H6									

Ofenbereich	Schüt-tung	Atmosp.	Schüt-tung	Atmosp.	Atmosp.	Schüt-tung	Atmosp.	Schüt-tung	Atmosp.
Stoffstrom	nach RS-TOWARM	CO2	nach SEPCO2	LUFT	LUFEST	nach RKINBOUD	REDMET	nach RKINRED	LUSDHL
Temperatur [°C]	700	700	700	25	25	977,7	977,7	977,7	25
Druck [bar]	1	1	1	1	1	1	1	1	1
Massestrom [t/h]	11,938	0,016	11,921	40,192	16,202	28,124	21,479	6,645	2,328
Volumen-strom [m³/h]	37,172	29,956	7,216	34534,37	13921,47	64500,26	68475,41	3,018	2000
Enthalpie [MW]	-15,783	-0,037	-15,745			-14,206	-2,731	-9,581	
Verbindungen [t/h]									
AL2O3-S	0,107		0,107			0,107		0,107	
AL2S3									
C-S	1,612		1,612			0,166		0,166	
CO						3,282	1,165		
CO2	0,016	0,016				0,145	3,47		
CACO3-S									
CAO-S	1,053		1,053			1,053		1,053	
CAOH2-S									
CASO4-S									
CASIO4-S	0,044		0,044			0,044		0,044	
CAS-S									
CU									
CU-S									
CUO-S	0,027		0,027			0,027		0,027	
CU2O-S									
CU2S									
CU2S-S									
FE									
FE-S								1,562	
FE2O3									
FE2O3-S								0,016	
FE3O4									
FE3O4-S	2,973		2,973			2,973		0,814	
FEO									

Ofenbereich	Schüttung	Atmosp.	Schüttung	Atmosp.	Atmosp.	Schüttung	Atmosp.	Schüttung	Atmosp.
Stoffstrom	nach RS-TOWARM	CO2	nach SEPCO2	LUFT	LUFEST	nach RKINBOUD	REDMET	nach RKINRED	LUSDHL
FEO-S									
FES									
K									
K2O									
K2O-S									
KCL									
KCL-S	0,119		0,119			0,119		0,119	
K2SIO3									
K2SIO3-S									
MGO-S	0,235		0,235			0,235		0,235	
MNO-S	0,286		0,286			0,286		0,286	
MNS									
MNS-S									
NA									
NA2O									
NA2O-S									
NACL									
NACL-S	0,159		0,159			0,159		0,159	
NA2SIO3									
NA2SIO-S									
PB							0,174		
PBO									
PBO-S	0,196		0,196			0,196		0,009	
PBCL2									
PBCL2-S									
PBS									
PBS-S									
PBSO4									
PBSO4-S									
S									
S-S	0,104		0,104			0,104		0,104	
SO2									
SO3									
SIO2									

Ofenbereich	Schüttung	Atmosp.	Schüttung	Atmosp.	Atmosp.	Schüttung	Atmosp.	Schüttung	Atmosp.
Stoffstrom	nach RS-TOWARM	CO2	nach SEPCO2	LUFT	LUFEST	nach RKINBOUD	REDMET	nach RKINRED	LUSDHL
SIO2-S	0,523		0,523			0,523		0,523	
SIS									
ZN							2,447		
ZN-S									
ZNCL2									
ZNCL2-S									
ZNO-S	3,373		3,373			3,373		0,335	
ZNS									
ZNS-S									
ZNFE2O4-S	1,11		1,11			1,11		1,085	
O2				9,361	3,774	1,794	1,794		0,542
H2									
H2O									
N2				30,831	12,428	12,428	12,428		1,786
NO									
N2O									
NO2									
HCL									
CH4									
C2H6									

Ofenbereich	Schüt-tung	Atmosp.	Schüt-tung	Atmosp.	Atmosp.	Atmosp.	Atmosp.	Atmosp.	Atmosp.
Stoffstrom	nach RS-TOSDHL	STAUBFES	SCHLACKE	BRENN-LUF	ERDGAS	nach Brenner	LUATMO	nach MXATMO	nach RS-TOATMO
Temperatur [°C]	977,7	977,7	977,7	25	25	1850,3	25	216,1	800,6
Druck [bar]	1	1	1	1	1	1	1	1	1
Massestrom [t/h]	8,972	2,104	6,869	2,011	0,106	2,117	23,99	26,107	47,586
Volumen-strom [m³/h]	6631,048	7139,08	3,314	1733,171	163,596	13558,81	20612,90	36946,99	132875,5
Enthalpie [MW]	-11,477	0,304	-11,89		-0,137	-0,137		-0,137	-7,605
Verbindungen [t/h]									
AL2O3-S	0,107		0,107						
AL2S3									
C-S	0,166		0,166						
CO						0,011		0,011	
CO2						0,273		0,273	5,591
CACO3-S									
CAO-S	1,053		0,01						
CAOH2-S									
CASO4-S									
CASIO4-S	0,044		1,543						
CAS-S			0,086						
CU			0,004						
CU-S									
CUO-S	0,027								
CU2O-S									
CU2S			0,022						
CU2S-S									
FE									
FE-S	0,143								
FE2O3									
FE2O3-S	0,016								
FE3O4									
FE3O4-S	2,775		3,683						
FEO									
FEO-S									

Ofenbereich	Schüttung	Atmosp.	Schüttung	Atmosp.	Atmosp.	Atmosp.	Atmosp.	Atmosp.	Atmosp.
Stoffstrom	nach RS-TOSDHL	STAUBFES	SCHLACKE	BRENN-LUF	ERDGAS	nach Brenner	LUATMO	nach MXATMO	nach RS-TOATMO
FES									
K									
K2O									
K2O-S									
KCL		0,119							
KCL-S	0,119								
K2SIO3									
K2SIO3-S									
MGO-S	0,235		0,235						
MNO-S	0,286		0,286						
MNS									
MNS-S									
NA									
NA2O									
NA2O-S									
NACL		0,159							
NACL-S	0,159								
NA2SIO3									
NA2SIO-S									
PB			0,002						
PBO									
PBO-S	0,009								0,188
PBCL2									
PBCL2-S									
PBS		0,003	0,003						
PBS-S									
PBSO4									
PBSO4-S									
S									
S-S	0,104								
SO2		0,034							
SO3									
SIO2									
SIO2-S	0,523								
SIS									

Ofenbereich	Schüttung	Atmosp.	Schüttung	Atmosp.	Atmosp.	Atmosp.	Atmosp.	Atmosp.	Atmosp.
Stoffstrom	nach RS-TOSDHL	STAUBFES	SCHLACKE	BRENN-LUF	ERDGAS	nach Brenner	LUATMO	nach MXATMO	nach RS-TOATMO
ZN		0,003							
ZN-S									
ZNCL2									
ZNCL2-S									
ZNO-S	0,335		0,589						3,045
ZNS			0,131						
ZNS-S									
ZNFE2O4-S	1,085								
O2				0,422		0,007	5,588	5,595	6,105
H2									
H2O						0,235		0,235	0,235
N2	1,786	1,786		1,589		1,587	18,402	19,99	32,418
NO						0,003		0,003	0,003
N2O									
NO2									
HCL									
CH4					0,106				
C2H6									

Ofenbereich	Atmosp.	Atmosp.	Abgas	Abgas	Produkt
Stoffstrom	nach RG-GWATMO	nach MX-ROHGAS	nach VER-DKUEL	ABGAS	WOX
Temperatur [°C]	800,6	764,6	160	160	160
Druck [bar]	1	1	1	1	1
Massestrom [t/h]	49,69	51,893	51,893	47,696	4,197
Volumenstrom [m³/h]	138989,5	141485,9	59005,00	59003,35	1,655
Enthalpie [MW]	-7,435	-14,212	-23,944	-18,76	-5,184
Verbindungen [t/h]					
AL2O3-S		0,006	0,006		0,006
AL2S3					
C-S		0,085	0,085		0,085
CO					
CO2	5,591	5,608	5,609	5,609	
CACO3-S		0,002			
CAO-S		0,054	0,057		0,057
CAOH2-S					
CASO4-S					
CASIO4-S		0,002			
CAS-S					
CU					
CU-S					
CUO-S		0,001	0,001		0,001
CU2O-S					
CU2S					
CU2S-S					
FE					
FE-S					
FE2O3					
FE2O3-S					
FE3O4					
FE3O4-S		0,156	0,156		0,156
FEO					
FEO-S					
FES					

Ofenbereich	Atmosp.	Atmosp.	Abgas	Abgas	Produkt
Stoffstrom	nach RG-GWATMO	nach MX-ROHGAS	nach VER-DKUEL	ABGAS	WOX
K					
K2O					
K2O-S					
KCL	0,119	0,119			
KCL-S		0,006	0,125		0,125
K2SIO3					
K2SIO3-S					
MGO-S		0,012	0,012		0,012
MNO-S		0,015	0,015		0,015
MNS					
MNS-S					
NA					
NA2O					
NA2O-S					
NACL	0,159	0,159			
NACL-S		0,008	0,168		0,168
NA2SIO3					
NA2SIO-S					
PB					
PBO					
PBO-S	0,191	0,201	0,041		0,041
PBCL2					
PBCL2-S					
PBS					
PBS-S					
PBSO4					
PBSO4-S			0,217		0,217
S					
S-S		0,005			
SO2	0,035	0,035			
SO3					
SIO2					
SIO2-S		0,028	0,028		0,028
SIS					
ZN					
ZN-S					

Ofenbereich	Atmosp.	Atmosp.	Abgas	Abgas	Produkt
Stoffstrom	nach RG-GWATMO	nach MX-ROHGAS	nach VER-DKUEL	ABGAS	WOX
ZNCL2					
ZNCL2-S					
ZNO-S	3,049	3,226	3,226		3,226
ZNS					
ZNS-S					
ZNFE2O4-S		0,058	0,058		0,058
O2	6,101	6,101	6,086	6,086	
H2					
H2O	0,238	1,796	1,796	1,796	
N2	34,204	34,204	34,205	34,205	
NO	0,003	0,003			
N2O					
NO2					
HCL					
CH4					
C2H6					

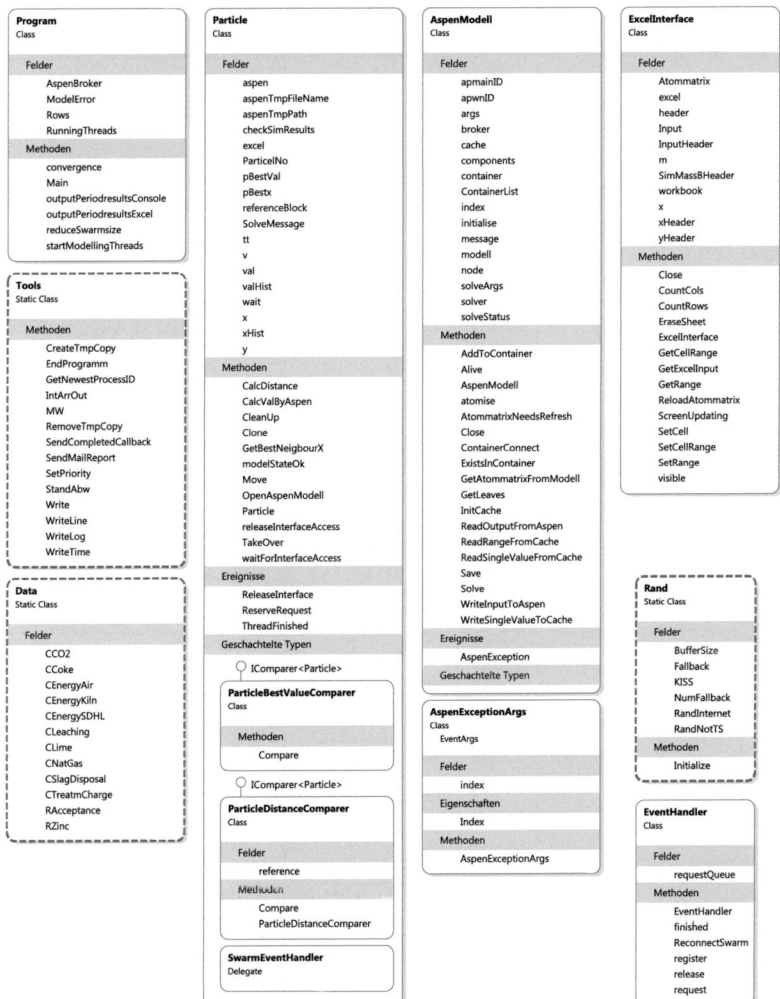

A.3 Ergebnisse zur Algorithmusanpassung berechneter Szenarios

A.3.1 Variation der Startposition und der Partikelanzahl I

		1	1	2	3	4	5	1	2	3	4	5
DB	GE/h	3.282	3.852	4.340	3.844	3.849	4.431	3.847	3.852	4.365	4.408	3.847
Eingang	**x**											
Restst.	0 t/h	9,4	14,1	14,1	13,8	14,3	14,0	14,1	14,1	13,7	13,8	14,1
Koks	1 t/h	1,3	1,9	2,1	1,9	1,9	1,8	1,9	1,9	1,9	1,9	1,9
Prozessl.	2 m³/h	20.005	40.694	48.496	39.123	41.834	39.604	40.426	40.226	39.163	37.930	40.085
SDHL-L.	3 m³/h	0	3.407	384	2.687	3.418	55	2.672	3.413	295	97	2.693
Erdgas	4 m³/h	0	737	1.361	750	800	1.066	827	719	1.120	965	813
Ausgang	**y**											
Wälzoxid	0 t/h	4,1	5,6	6,4	5,5	5,6	6,1	5,6	5,5	6,2	6,0	5,6
Zink	1 t/h	2,6	3,4	4,1	3,4	3,4	3,9	3,4	3,4	4,0	3,8	3,4
Schlacke	2 t/h	5,3	9,4	8,2	9,0	9,5	8,2	9,2	9,4	8,0	8,2	9,2
Kalk	3 t/h	0,4	0,6	0,6	0,6	0,6	0,6	0,6	0,6	0,6	0,6	0,6
CO2	4 t/h	3,0	6,5	8,2	6,6	6,6	7,0	6,7	6,5	7,3	6,9	6,6
T Schl.	5 °C	1.078	1.041	1.138	1.051	1.047	1.089	1.054	1.042	1.146	1.079	1.054
Parameter												
I		5	5	5	5	5	5	10	10	10	10	10
T		500	500	500	500	500	500	500	500	500	500	500
c1		1,43	1,43	1,43	1,43	1,43	1,43	1,43	1,43	1,43	1,43	1,43
c2		1,43	1,43	1,43	1,43	1,43	1,43	1,43	1,43	1,43	1,43	1,43
w		0,70	0,70	0,70	0,70	0,70	0,70	0,70	0,70	0,70	0,70	0,70
J		5	5	5	5	5	5	10	10	10	10	10
Rechenzeit												
Perioden		500	76	87	79	79	120	110	92	83	167	105
Dauer	h:min:s	2:17:05	0:09:28	0:10:35	0:09:28	0:09:20	0:14:19	0:20:29	0:17:50	0:12:00	0:23:38	0:14:51
Bemer-kung		Initialisie-rung von x_{min}										

		1	2	3	4	5
DB	€/h	4.465	3.852	4.448	3.851	4.432
Eingang	**x**					
Restst.	1 t/h	14,4	14,1	14,4	14,0	14,1
Koks	2 t/h	1,8	1,9	1,8	1,9	1,9
Prozessl.	3 m³/h	44.012	40.167	43.972	40.104	40.991
SDHL-L.	4 m³/h	9	3.400	9	1.840	74
Erdgas	5 m³/h	1.261	722	1.261	848	1.089
Ausgang	**Y**					
Wälzoxid	1 t/h	6,3	5,5	6,3	5,5	6,1
Zink	2 t/h	4,0	3,4	4,0	3,4	3,9
Schlacke	3 t/h	8,5	9,4	8,5	9,3	8,4
Kalk	4 t/h	0,6	0,6	0,6	0,6	0,6
CO2	5 t/h	7,4	6,5	7,4	6,7	7,2
T Schl.	6 °C	1.099	1.041	1.099	1.050	1.085
Parameter						
I		15	15	15	15	15
T		500	500	500	500	500
c1		1,43	1,43	1,43	1,43	1,43
c2		1,43	1,43	1,43	1,43	1,43
w		0,70	0,70	0,70	0,70	0,70
J		*15*	*15*	*15*	*15*	*15*
Rechenzeit						
Perioden		500	93	181	132	500
Dauer	h:min:s	2:02:39	0:23:53	0:45:36	0:34:29	2:46:44

A.3.2 Variation der Anzahl der Nachbarn

		1	2	3	4	5	1	2	3	4	5
DB	GE/h	4448,6	3852,3	3852,3	4373,3	4439,9	3852,1	3852,1	4447,2	4414,8	4441,3
Eingang	**x**										
Restst.	1 t/h	14,3	14,1	14,1	13,5	14,1	14,1	14,1	14,3	14,6	14,2
Koks	2 t/h	1,8	1,9	1,9	1,8	1,8	1,9	1,9	1,8	1,9	1,8
Prozessl.	3 m³/h	42.505	39.980	40.565	33.591	38.774	40.560	40.704	42.325	49.177	42.044
SDHL-L.	4 m³/h	22	3.388	3.413	82	25	3.400	3.420	29	44	52
Erdgas	5 m³/h	1.197	716	730	849	1.073	743	742	1.183	1.398	1.148
Ausgang	**Y**										
Wälzoxid	1 t/h	6,2	5,5	5,6	5,9	6,1	5,6	5,6	6,2	6,4	6,2
Zink	2 t/h	4,0	3,4	3,4	3,8	3,9	3,4	3,4	4,0	4,1	3,9
Schlacke	3 t/h	8,4	9,4	9,4	8,0	8,3	9,4	9,4	8,5	8,6	8,4
Kalk	4 t/h	0,6	0,6	0,6	0,6	0,6	0,6	0,6	0,6	0,6	0,6
CO2	5 t/h	7,3	6,4	6,5	6,5	7,0	6,5	6,5	7,3	7,8	7,2
T Schl.	6 °C	1.096	1.040	1.041	1.082	1.095	1.043	1.044	1.094	1.094	1.090
Parameter											
I		15	15	15	15	15	15	15	15	15	15
T		500	500	500	500	500	500	500	500	500	500
c1		1,43	1,43	1,43	1,43	1,43	1,43	1,43	1,43	1,43	1,43
c2		1,43	1,43	1,43	1,43	1,43	1,43	1,43	1,43	1,43	1,43
w		0,70	0,70	0,70	0,70	0,70	0,70	0,70	0,70	0,70	0,70
J		10	10	10	10	10	5	5	5	5	5
Rechenzeit											
Perioden		128	146	118	242	219	89	461	134	109	138
Dauer	h:min :s	0:26:48	0:29:03	0:24:01	0:36:21	0:33:16	0:11:20	0:37:28	0:19:41	0:13:26	0:16:01

A.3.3 Variation des inertia weight w

		1	2	3	4	5	6	1	2	3	4	5	6
DB	GE/h	3851,4	3846	3852,2	3851,6	3852,3	4403,1	3851,5	4361,6	4431,3	3847,3	4323,4	4436,7
Eingang x													
Restst.	1 t/h	14,1	14,2	14,1	14,0	14,1	14,0	14,0	13,5	14,0	14,1	14,6	13,9
Koks	2 t/h	1,9	1,8	1,8	1,9	1,9	1,9	1,9	1,8	1,8	1,9	2,0	1,8
Prozessl.	3 m³/h	41.303	40.591	39.818	39.369	39.831	42.704	39.306	32.610	39.322	40.356	51.782	37.743
SDHL-L.	4 m³/h	3.432	2.645	3.388	3.407	3.399	135	3.405	70	61	2.692	252	64
Erdgas	5 m³/h	756	859	717	693	711	1.072	685	833	1.050	823	1.619	996
Ausgang Y													
Wälzoxid	1 t/h	5,6	5,6	5,5	5,5	5,5	6,1	5,5	5,9	6,1	5,6	6,6	6,0
Zink	2 t/h	3,4	3,4	3,4	3,4	3,4	3,9	3,4	3,7	3,9	3,4	4,2	3,9
Schlacke	3 t/h	9,5	9,3	9,4	9,4	9,4	8,4	9,3	8,1	8,3	9,2	8,5	8,2
Kalk	4 t/h	0,6	0,6	0,6	0,6	0,6	0,6	0,6	0,6	0,6	0,6	0,6	0,6
CO2	5 t/h	6,6	6,7	6,4	6,4	6,4	7,3	6,4	6,4	7,0	6,7	8,4	6,9
T Schl.	6 °C	1.043	1.057	1.041	1.042	1.042	1.073	1.041	1.084	1.087	1.054	1.155	1.086
Parameter													
I		15	15	15	15	15	15	15	15	15	15	15	15
T		500	500	500	500	500	500	500	500	500	500	500	500
c1		1,43	1,43	1,43	1,43	1,43	1,43	1,43	1,43	1,43	1,43	1,43	1,43
c2		1,43	1,43	1,43	1,43	1,43	1,43	1,43	1,43	1,43	1,43	1,43	1,43
w		*0,60*	*0,60*	*0,60*	*0,60*	*0,60*	*0,60*	*0,65*	*0,65*	*0,65*	*0,65*	*0,65*	*0,65*
J		5	5	5	5	5	5	5	5	5	5	5	5
Rechenzeit													
Perioden		71	//	67	68	57	68	70	131	105	67	108	92
Dauer	h:min:s	0:12:53	0:13:01	0:11:35	0:11:48	0:10:14	0:11:03	0:11:18	0:16:09	0:13:39	0:08:42	0:12:53	0:11:06

		1	2	3	4	5	6	1	2	3	4	5	6
DB	GE/h	3852,1	4273,4	4359,2	4262,5	3850,4	4423	3852	3852,2	4429,2	4371,8	3852,1	4362,3
Eingang	**x**												
Restst.	1 t/h	14,1	13,0	13,7	12,6	14,1	14,6	14,0	14,1	14,0	13,9	14,1	13,7
Koks	2 t/h	1,9	1,6	2,0	1,5	1,9	1,9	1,9	1,9	1,8	2,0	1,9	2,0
Prozessl.	3 m³/h	40.108	28.082	38.840	29.965	40.267	48.481	39.777	40.687	39.404	41.034	39.713	40.243
SDHL-L.	4 m³/h	3.389	43	324	0	1.820	37	3.401	3.405	68	301	3.383	339
Erdgas	5 m³/h	716	725	1.083	428	846	1.378	694	742	1.047	1.180	702	1.111
Ausgang	**Y**												
Wälzoxid	1 t/h	5,5	5,7	6,2	5,5	5,5	6,4	5,5	5,6	6,1	6,3	5,5	6,2
Zink	2 t/h	3,4	3,6	4,0	3,5	3,4	4,1	3,4	3,4	3,9	4,0	3,4	4,0
Schlacke	3 t/h	9,4	7,6	7,9	7,2	9,3	8,7	9,4	9,4	8,3	8,1	9,4	8,0
Kalk	4 t/h	0,6	0,5	0,6	0,5	0,6	0,6	0,6	0,6	0,6	0,6	0,6	0,6
CO2	5 t/h	6,5	6,0	7,3	5,6	6,7	7,8	6,4	6,5	7,0	7,5	6,4	7,4
T Schl.	6 °C	1.040	1.091	1.143	1.092	1.047	1.093	1.039	1.042	1.086	1.145	1.038	1.139
Parameter													
I		15	15	15	15	15	15	15	15	15	15	15	15
T		500	500	500	500	500	500	500	500	500	500	500	500
c1		1,43	1,43	1,43	1,43	1,43	1,43	1,43	1,43	1,43	1,43	1,43	1,43
c2		1,43	1,43	1,43	1,43	1,43	1,43	1,43	1,43	1,43	1,43	1,43	1,43
w		*0,70*	*0,70*	*0,70*	*0,70*	*0,70*	*0,70*	*0,75*	*0,75*	*0,75*	*0,75*	*0,75*	*0,75*
J		5	5	5	5	5	5	5	5	5	5	5	5
Rechenzeit													
Perioden		73	118	100	500	95	129	121	183	159	135	109	135
Dauer	h:min:s	0:09:42	0:19:03	0:12:26	1:44:10	0:11:57	0:19:11	0:21:40	0:30:11	0:26:30	0:24:11	0:14:32	0:15:59

		1	2	3	4	5	6	1	2	3	4	5	6
DB	GE/h	4447,5	4523,5	4445,6	4410,3	4438,5	4424,1	4445,4	4444,7	4523,9	3852,4	3852,3	4445,4
Eingang	**x**												
Restst.	1 t/h	14,4	14,0	14,3	13,8	14,4	14,0	14,2	14,2	13,5	14,1	14,1	14,5
Koks	2 t/h	1,8	1,6	1,9	1,8	1,9	1,8	1,8	1,8	1,7	1,9	1,9	1,8
Prozessl.	3 m³/h	43.329	43.221	42.916	35.841	45.100	39.595	40.044	39.965	33.590	40.248	40.350	44.785
SDHL-L.	4 m³/h	24	0	32	51	47	77	21	18	86	3.402	3.412	3
Erdgas	5 m³/h	1.222	822	1.200	952	1.253	1.040	1.120	1.121	1.090	722	726	1.294
Ausgang	**Y**												
Wälzoxid	1 t/h	6,3	6,1	6,2	6,0	6,3	6,1	6,2	6,2	6,4	5,5	5,5	6,3
Zink	2 t/h	4,0	3,9	4,0	3,8	4,0	3,9	3,9	3,9	4,2	3,4	3,4	4,0
Schlacke	3 t/h	8,5	8,0	8,5	8,1	8,5	8,2	8,4	8,3	7,6	9,4	9,4	8,6
Kalk	4 t/h	0,6	0,6	0,6	0,6	0,6	0,6	0,6	0,6	0,6	0,6	0,6	0,6
CO2	5 t/h	7,4	6,5	7,3	6,7	7,5	7,0	7,1	7,1	5,3	6,5	6,5	7,5
T Schl.	6 °C	1.095	1.100	1.094	1.090	1.091	1.084	1.096	1.097	1.187	1.041	1.042	1.100
Parameter													
I		15	15	15	15	15	15	15	15	15	15	15	15
T		500	500	500	500	500	500	500	500	500	500	500	500
c1		1,43	1,43	1,43	1,43	1,43	1,43	1,43	1,43	1,43	1,43	1,43	1,43
c2		1,43	1,43	1,43	1,43	1,43	1,43	1,43	1,43	1,43	1,43	1,43	1,43
w		*0,80*	*0,80*	*0,80*	*0,80*	*0,80*	*0,80*	*0,85*	*0,85*	*0,85*	*0,85*	*0,85*	*0,85*
J		5	5	5	5	5	5	5	5	5	5	5	5
Rechenzeit													
Perioden		343	500	380	500	305	255	500	500	500	500	500	500
Dauer	h:min:s	0:33:25	1:35:34	0:37:12	1:09:34	0:33:49	0:42:10	1:31:59	1:26:06	2:09:10	1:54:21	0:46:20	0:52:36

		1	2	3	4
DB	GE/h	4367,5	4421,1	4403	4431,9
Eingang	**x**				
Restst.	1 t/h	14,0	13,9	14,2	14,2
Koks	2 t/h	2,0	1,8	1,9	1,7
Prozessl.	3 m³/h	44.107	36.687	40.937	40.141
SDHL-L.	4 m³/h	328	29	38	19
Erdgas	5 m³/h	1.271	1.010	1.158	1.135
Ausgang	**Y**				
Wälzoxid	1 t/h	6,4	6,1	6,2	6,2
Zink	2 t/h	4,1	3,9	3,9	3,9
Schlacke	3 t/h	8,1	8,3	8,5	8,3
Kalk	4 t/h	0,6	0,6	0,6	0,6
CO2	5 t/h	7,8	6,8	7,2	7,1
T Schl.	6 °C	1.147	1.096	1.101	1.099
Parameter					
I		15	15	15	15
T		500	500	500	500
c1		1,43	1,43	1,43	1,43
c2		1,43	1,43	1,43	1,43
w		0,90	0,90	0,90	0,90
J		5	5	5	5
Rechenzeit					
Perioden		500	500	500	500
Dauer	h:min:s	1:22:22	1:23:08	1:33:51	1:21:52

A.3.4 Variation der Beschleunigungskonstanten c_1 und c_2

Mittelwert des Deckungsbeitrages über vier Durchläufe [GE/h]

c_2 \ c_1	1,2	1,3	1,4	1,5	1,6
1,2	3.988	3.996	4.403	4.248	3.995
1,3	3.992	4.139	4.139	4.142	4.134
1,4	4.292	4.000	4.144	4.095	4.150
1,5	4.254	4.143	4.146	4.129	4.124
1,6	3.998	4.132	4.293	4.140	4.422

Maximaler Deckungsbeitrag von vier Durchläufen [GE/h]

c_2 \ c_1	1,2	1,3	1,4	1,5	1,6
1,2	4.397	4.414	4.434	4.436	4.424
1,3	4.417	4.439	4.439	4.461	4.421
1,4	4.465	4.450	4.442	4.446	4.452
1,5	4.415	4.438	4.447	4.434	4.417
1,6	4.437	4.414	4.449	4.440	4.451

Mittelwert der benötigten Rechenzeit über vier Durchläufe [hh:min:sek]

c_2 \ c_1	1,2	1,3	1,4	1,5	1,6
1,2	00:10:07	00:12:38	00:11:35	00:12:03	00:13:27
1,3	00:10:18	00:20:47	00:20:47	00:14:09	00:14:32
1,4	00:18:31	00:12:42	00:13:00	00:13:28	00:38:30
1,5	00:12:13	00:15:20	00:18:08	00:14:25	00:15:10
1,6	00:14:15	00:21:57	00:25:58	00:22:40	00:20:27

Mittelwert benötigter Iterationsperioden über vier Durchläufe [Anzahl]

c_2 \ c_1	1,2	1,3	1,4	1,5	1,6
1,2	85	94	94	101	110
1,3	83	130	130	112	120
1,4	117	95	104	109	231
1,5	98	100	136	122	135
1,6	123	228	230	236	187

233

		1	2	3	4	1	2	3	4	1	2	3	4
DB	GE/h	3.850	3.852	4.397	3.850	3.852	3.846	3.852	4.417	3.849	4.414	4.438	4.465
Eingang x													
Restst.	1 t/h	14,2	14,0	13,8	14,0	14,1	14,2	14,2	13,9	14,2	13,5	14,1	14,4
Koks	2 t/h	1,9	1,9	1,9	1,9	1,9	1,9	1,8	1,8	1,9	1,8	1,9	1,8
Prozessl.	3 m³/h	41.857	40.082	37.606	40.669	40.178	41.924	40.666	37.691	41.961	38.858	40.879	43.406
SDHL-L.	4 m³/h	3.430	3.404	113	1.852	3.407	2.728	3.384	70	1.848	0	57	3
Erdgas	5 m³/h	786	705	936	851	721	864	749	988	908	621	1.104	1.252
Ausgang Y													
Wälzoxid	1 t/h	5,6	5,5	6,0	5,5	5,5	5,6	5,6	6,0	5,6	5,9	6,1	6,3
Zink	2 t/h	3,4	3,4	3,8	3,4	3,4	3,4	3,4	3,8	3,4	3,7	3,9	4,0
Schlacke	3 t/h	9,5	9,4	8,2	9,3	9,4	9,2	9,5	8,2	9,4	7,8	8,4	8,5
Kalk	4 t/h	0,6	0,6	0,6	0,6	0,6	0,6	0,6	0,6	0,6	0,6	0,6	0,6
CO2	5 t/h	6,6	6,5	6,9	6,8	6,5	6,8	6,5	6,9	6,9	6,5	7,2	7,4
T Schl.	6 °C	1.044	1.040	1.076	1.049	1.041	1.054	1.041	1.085	1.050	1.087	1.088	1.101
Parameter													
I		15	15	15	15	15	15	15	15	15	15	15	15
T		500	500	500	500	500	500	500	500	500	500	500	500
c1		*1,20*	*1,20*	*1,20*	*1,20*	*1,20*	*1,20*	*1,20*	*1,20*	*1,20*	*1,20*	*1,20*	*1,20*
c2		*1,20*	*1,20*	*1,20*	*1,20*	*1,30*	*1,30*	*1,30*	*1,30*	*1,40*	*1,40*	*1,40*	*1,40*
w		0,70	0,70	0,70	0,70	0,70	0,70	0,70	0,70	0,70	0,70	0,70	0,70
J		5	5	5	5	5	5	5	5	5	5	5	5
Rechenzeit													
Perioden		73	66	112	90	92	71	82	87	80	171	144	73
Dauer	h:min:s	0:09:24	0:08:33	0:12:18	0:10:14	0:11:22	0:08:48	0:09:57	0:11:06	0:09:38	0:37:36	0:15:52	0:11:00

		1	2	3	4	1	2	3	4	1	2	3	4
DB	GE/h	4.342	4.415	4.410	3.851	3.850	3.852	3.852	4.437	3.851	3.850	3.867	4.414
Eingang x													
Restst.	1 t/h	14,5	13,8	13,9	14,2	14,1	14,1	14,1	14,1	14,1	14,1	13,9	14,0
Koks	2 t/h	2,0	1,8	1,9	1,9	1,9	1,9	1,9	1,9	1,9	1,9	2,1	2,0
Prozessl.	3 m³/h	50.074	37.053	38.744	41.700	41.118	40.464	40.476	40.791	41.762	40.491	40.374	39.199
SDHL-L.	4 m³/h	263	67	102	3.427	1.836	3.401	3.418	59	3.435	1.854	4.133	83
Erdgas	5 m³/h	1.547	971	983	756	883	735	721	1.099	751	856	509	1.022
Ausgang Y													
Wälzoxid	1 t/h	6,6	6,0	6,0	5,6	5,6	5,6	5,5	6,1	5,6	5,6	5,5	6,1
Zink	2 t/h	4,2	3,8	3,8	3,4	3,4	3,4	3,4	3,9	3,4	3,4	3,3	3,9
Schlacke	3 t/h	8,4	8,2	8,3	9,5	9,3	9,4	9,4	8,4	9,4	9,3	9,6	8,4
Kalk	4 t/h	0,6	0,6	0,6	0,6	0,6	0,6	0,6	0,6	0,6	0,6	0,6	0,6
CO2	5 t/h	8,3	6,8	7,0	6,6	6,8	6,5	6,5	7,1	6,6	6,8	6,2	7,0
T Schl.	6 °C	1.155	1.086	1.078	1.040	1.050	1.042	1.041	1.088	1.039	1.051	1.016	1.082
Parameter													
I		15	15	15	15	15	15	15	15	15	15	15	15
T		500	500	500	500	500	500	500	500	500	500	500	500
c1		*1,20*	*1,20*	*1,20*	*1,20*	*1,20*	*1,20*	*1,20*	*1,20*	*1,30*	*1,30*	*1,30*	*1,30*
c2		*1,50*	*1,50*	*1,50*	*1,50*	*1,60*	*1,60*	*1,60*	*1,60*	*1,20*	*1,20*	*1,20*	*1,20*
w		0,70	0,70	0,70	0,70	0,70	0,70	0,70	0,70	0,70	0,70	0,70	0,70
J		5	5	5	5	5	5	5	5	5	5	5	5
Rechenzeit													
Perioden		103	108	91	88	101	99	90	201	77	74	73	153
Dauer	h:min:s	0:12:09	0.14:05	0:12:10	0:10:27	0:11:56	0:11:36	0:11:08	0:22:21	0:09:23	0:09:31	0:09:32	0:22:07

		1	2	3	4	1	2	3	4	1	2	3	4
DB	GE/h	4.403	3.852	3.850	3.852	3.849	3.850	4.450	3.851	3.852	3.846	4.438	4.436
Eingang x													
Restst.	1 t/h	14,8	14,1	14,0	14,1	13,9	14,1	14,4	14,1	14,1	14,0	14,2	14,0
Koks	2 t/h	1,9	1,9	1,8	1,8	1,9	1,8	1,8	1,9	1,9	1,8	1,9	1,8
Prozessl.	3 m³/h	50.952	40.252	39.805	39.751	39.270	40.693	42.609	39.997	40.271	38.857	42.459	38.871
SDHL-L.	4 m³/h	11	3.405	1.810	3.367	1.845	1.820	17	3.308	3.420	2.620	60	40
Erdgas	5 m³/h	1.492	721	834	706	799	879	1.208	639	715	787	1.156	1.059
Ausgang Y													
Wälzoxid	1 t/h	6,4	5,5	5,5	5,5	5,5	5,6	6,2	5,4	5,5	5,6	6,2	6,1
Zink	2 t/h	4,1	3,4	3,4	3,4	3,4	3,4	4,0	3,3	3,4	3,4	3,9	3,9
Schlacke	3 t/h	8,8	9,4	9,3	9,4	9,2	9,3	8,5	9,5	9,4	9,1	8,4	8,3
Kalk	4 t/h	0,6	0,6	0,6	0,6	0,6	0,6	0,6	0,6	0,6	0,6	0,6	0,6
CO2	5 t/h	8,0	6,5	6,7	6,4	6,7	6,7	7,3	6,3	6,5	6,5	7,3	7,0
T Schl.	6 °C	1.098	1.041	1.046	1.037	1.048	1.050	1.097	1.011	1.041	1.055	1.089	1.092
Parameter													
I		15	15	15	15	15	15	15	15	15	15	15	15
T		500	500	500	500	500	500	500	500	500	500	500	500
c1		*1,30*	*1,30*	*1,30*	*1,30*	*1,30*	*1,30*	*1,30*	*1,30*	*1,30*	*1,30*	*1,30*	*1,30*
c2		*1,30*	*1,30*	*1,30*	*1,30*	*1,40*	*1,40*	*1,40*	*1,40*	*1,50*	*1,50*	*1,50*	*1,50*
w		0,70	0,70	0,70	0,70	0,70	0,70	0,70	0,70	0,70	0,70	0,70	0,70
J		5	5	5	5	5	5	5	5	5	5	5	5
Rechenzeit													
Perioden		85	93	70	73	82	88	122	86	96	91	104	107
Dauer	h:min:s	0:15:22	0:16:20	0:13:08	0:13:12	0:10:36	0:11:34	0:12:52	0:15:47	0:15:09	0:13:45	0:16:26	0:15:58

		1	2	3	4	1	2	3	4	1	2	3	4
DB	GE/h	4.414	3.852	3.852	4.410	4.434	4.427	4.391	4.360	4.439	3.848	3.852	4.417
Eingang x													
Restst.	1 t/h	14,3	14,1	14,1	14,0	14,6	14,0	14,7	14,3	14,5	14,2	14,1	14,5
Koks	2 t/h	1,9	1,9	1,9	1,9	1,8	1,9	1,8	2,0	1,9	1,9	1,9	1,9
Prozessl.	3 m³/h	45.898	39.959	39.976	38.833	47.224	40.207	50.591	44.358	45.039	42.224	40.724	47.769
SDHL-L.	4 m³/h	106	3.395	3.397	58	7	82	55	233	32	1.834	3.402	76
Erdgas	5 m³/h	1.204	706	709	1.062	1.374	1.053	1.473	1.366	1.270	901	742	1.305
Ausgang Y													
Wälzoxid	1 t/h	6,2	5,5	5,5	6,1	6,4	6,1	6,4	6,4	6,3	5,6	5,6	6,3
Zink	2 t/h	4,0	3,4	3,4	3,9	4,1	3,9	4,1	4,1	4,0	3,4	3,4	4,0
Schlacke	3 t/h	8,5	9,4	9,4	8,4	8,6	8,3	8,6	8,4	8,6	9,4	9,5	8,6
Kalk	4 t/h	0,6	0,6	0,6	0,6	0,6	0,6	0,6	0,6	0,6	0,6	0,6	0,6
CO2	5 t/h	7,6	6,4	6,4	7,0	7,7	7,1	8,0	7,8	7,5	6,9	6,5	7,7
T Schl.	6 °C	1.078	1.039	1.040	1.095	1.100	1.083	1.101	1.155	1.093	1.046	1.040	1.085
Parameter													
I		15	15	15	15	15	15	15	15	15	15	15	15
T		500	500	500	500	500	500	500	500	500	500	500	500
c1		*1,30*	*1,30*	*1,30*	*1,30*	*1,40*	*1,40*	*1,40*	*1,40*	*1,40*	*1,40*	*1,40*	*1,40*
c2		*1,60*	*1,60*	*1,60*	*1,60*	*1,20*	*1,20*	*1,20*	*1,20*	*1,30*	*1,30*	*1,30*	*1,30*
w		0,70	0,70	0,70	0,70	0,70	0,70	0,70	0,70	0,70	0,70	0,70	0,70
J		5	5	5	5	5	5	5	5	5	5	5	5
Rechenzeit													
Perioden		154	92	166	500	92	115	92	78	129	93	112	184
Dauer	h:min.s	0:15:42	0:10:47	0:18:40	0:42:38	0:10:57	0:14:51	0:10:46	0:09:45	0:22:59	0:15:23	0:17:58	0:26:48

		1	2	3	4	1	2	3	4	1	2	3	4
DB	GE/h	4.433	4.442	3.852	3.847	3.850	4.447	4.433	3.851	4.449	4.445	4.426	3.852
Eingang x													
Restst.	1 t/h	14,4	14,2	14,1	14,0	14,0	14,4	14,4	14,2	14,2	14,4	14,5	14,0
Koks	2 t/h	1,8	1,8	1,9	1,9	1,9	1,8	1,9	1,8	1,8	1,9	1,9	1,9
Prozessl.	3 m³/h	45.380	40.667	40.369	40.322	39.170	44.010	44.931	41.257	40.258	43.748	46.837	39.911
SDHL-L.	4 m³/h	60	42	3.397	2.695	3.297	21	66	3.412	2	31	63	3.402
Erdgas	5 m³/h	1.245	1.115	730	811	618	1.247	1.224	770	1.147	1.229	1.292	706
Ausgang Y													
Wälzoxid	1 t/h	6,3	6,2	5,5	5,6	5,4	6,3	6,2	5,6	6,2	6,3	6,3	5,5
Zink	2 t/h	4,0	3,9	3,4	3,4	3,3	4,0	4,0	3,4	4,0	4,0	4,0	3,4
Schlacke	3 t/h	8,5	8,4	9,4	9,2	9,5	8,5	8,5	9,5	8,4	8,5	8,6	9,4
Kalk	4 t/h	0,6	0,6	0,6	0,6	0,6	0,6	0,6	0,6	0,6	0,6	0,6	0,6
CO2	5 t/h	7,5	7,1	6,5	6,7	6,3	7,4	7,5	6,5	7,1	7,4	7,7	6,5
T Schl.	6 °C	1.088	1.092	1.041	1.052	1.012	1.096	1.087	1.044	1.100	1.094	1.088	1.040
Parameter													
I		15	15	15	15	15	15	15	15	15	15	15	15
T		500	500	500	500	500	500	500	500	500	500	500	500
c1		*1,40*	*1,40*	*1,40*	*1,40*	*1,40*	*1,40*	*1,40*	*1,40*	*1,40*	*1,40*	*1,40*	*1,40*
c2		*1,40*	*1,40*	*1,40*	*1,40*	*1,50*	*1,50*	*1,50*	*1,50*	*1,60*	*1,60*	*1,60*	*1,60*
w		0,70	0,70	0,70	0,70	0,70	0,70	0,70	0,70	0,70	0,70	0,70	0,70
J		5	5	5	5	5	5	5	5	5	5	5	5
Rechenzeit													
Perioden		82	129	110	95	99	233	101	111	496	151	183	90
Dauer	h:min:s	0:11:28	0:15:17	0:14:01	0:11:12	0:15:42	0:31:30	0:12:30	0:12:50	0:53:38	0:16:41	0:22:16	0:11:16

		1	2	3	4	1	2	3	4	1	2	3	4
DB	GE/h	4.343	3.852	4.362	4.436	3.852	3.848	4.408	4.461	4.263	3.820	3.851	4.446
Eingang x													
Restst.	1 t/h	13,4	14,0	14,2	14,1	14,1	13,9	13,8	14,2	13,0	14,2	14,1	14,2
Koks	2 t/h	1,8	1,9	2,0	1,8	1,9	1,9	1,9	1,8	1,9	1,8	1,9	1,8
Prozessl.	3 m³/h	33.561	39.982	47.008	39.410	40.393	38.601	38.581	41.005	31.554	40.168	39.647	39.721
SDHL-L.	4 m³/h	138	3.396	322	49	3.403	3.312	106	31	184	4.103	3.298	17
Erdgas	5 m³/h	811	706	1.375	1.067	725	593	972	1.141	666	785	639	1.113
Ausgang Y													
Wälzoxid	1 t/h	5,8	5,5	6,4	6,1	5,5	5,4	6,0	6,2	5,7	5,6	5,4	6,2
Zink	2 t/h	3,7	3,4	4,1	3,9	3,4	3,3	3,8	3,9	3,6	3,4	3,3	3,9
Schlacke	3 t/h	8,0	9,4	8,3	8,3	9,4	9,4	8,2	8,4	7,9	9,5	9,5	8,4
Kalk	4 t/h	0,6	0,6	0,6	0,6	0,6	0,6	0,6	0,6	0,6	0,6	0,6	0,6
CO2	5 t/h	6,5	6,4	8,0	7,0	6,5	6,2	7,0	7,2	6,4	6,5	6,3	7,1
T Schl.	6 °C	1.077	1.039	1.145	1.090	1.041	1.012	1.077	1.095	1.058	1.044	1.013	1.097
Parameter													
I		15	15	15	15	15	15	15	15	15	15	15	15
T		500	500	500	500	500	500	500	500	500	500	500	500
c1		*1,50*	*1,50*	*1,50*	*1,50*	*1,50*	*1,50*	*1,50*	*1,50*	*1,50*	*1,50*	*1,50*	*1,50*
c2		*1,20*	*1,20*	*1,20*	*1,20*	*1,30*	*1,30*	*1,30*	*1,30*	*1,40*	*1,40*	*1,40*	*1,40*
w		0,70	0,70	0,70	0,70	0,70	0,70	0,70	0,70	0,70	0,70	0,70	0,70
J		5	5	5	5	5	5	5	5	5	5	5	5
Rechenzeit													
Perioden		112	75	101	114	101	81	153	113	128	79	109	121
Dauer	h:min:s	0:12:48	0:10:37	0:11:47	0:12:59	0:12:09	0:10:50	0:18:43	0:14:52	0:15:51	0:09:53	0:12:39	0:15:28

		1	2	3	4	1	2	3	4	1	2	3	4
DB	GE/h	3.851	3.852	4.434	4.380	4.440	3.850	3.843	4.425	4.424	3.852	3.852	3.852
Eingang x													
Restst.	1 t/h	14,2	14,1	14,6	14,9	14,4	14,1	14,0	14,7	14,7	14,0	14,1	14,1
Koks	2 t/h	1,9	1,9	1,9	1,9	1,9	1,9	1,9	1,9	1,9	1,9	1,8	1,8
Prozessl.	3 m³/h	40.197	39.757	47.493	53.325	44.643	40.429	37.656	48.682	48.903	39.791	40.048	39.946
SDHL-L.	4 m³/h	3.270	3.378	11	7	40	1.824	3.210	20	9	3.397	3.380	3.394
Erdgas	5 m³/h	672	705	1.375	1.582	1.247	859	587	1.405	1.426	702	721	737
Ausgang Y													
Wälzoxid	1 t/h	5,4	5,5	6,4	6,5	6,3	5,5	5,3	6,4	6,4	5,5	5,5	5,5
Zink	2 t/h	3,3	3,4	4,1	4,1	4,0	3,4	3,3	4,1	4,1	3,4	3,4	3,4
Schlacke	3 t/h	9,6	9,4	8,7	8,8	8,6	9,3	9,6	8,7	8,7	9,4	9,4	9,4
Kalk	4 t/h	0,6	0,6	0,6	0,6	0,6	0,6	0,6	0,6	0,6	0,6	0,6	0,6
CO2	5 t/h	6,3	6,4	7,7	8,2	7,5	6,7	6,1	7,8	7,8	6,4	6,4	6,4
T Schl.	6 °C	1.013	1.038	1.098	1.101	1.092	1.048	1.007	1.097	1.099	1.040	1.039	1.045
Parameter													
I		15	15	15	15	15	15	15	15	15	15	15	15
T		500	500	500	500	500	500	500	500	500	500	500	500
c1		*1,50*	*1,50*	*1,50*	*1,50*	*1,50*	*1,50*	*1,50*	*1,50*	*1,60*	*1,60*	*1,60*	*1,60*
c2		*1,50*	*1,50*	*1,50*	*1,50*	*1,60*	*1,60*	*1,60*	*1,60*	*1,20*	*1,20*	*1,20*	*1,20*
w		0,70	0,70	0,70	0,70	0,70	0,70	0,70	0,70	0,70	0,70	0,70	0,70
J		5	5	5	5	5	5	5	5	5	5	5	5
Rechenzeit													
Perioden		130	96	157	106	188	141	500	116	184	78	106	71
Dauer	h:min:s	0:15:33	0:11:41	0:16:51	0:13:35	0:19:21	0:15:50	0:41:49	0:13:39	0:21:30	0:09:44	0:13:10	0:09:24

		1	2	3	4	1	2	3	4	1	2	3	4
DB	GE/h	3.852	4.411	4.421	3.852	4.446	3.850	3.852	4.452	3.847	4.417	3.852	4.378
Eingang	**x**												
Restst.	1 t/h	14,1	13,9	13,9	14,2	14,5	14,1	14,1	13,1	14,0	14,2	14,1	13,6
Koks	2 t/h	1,9	1,9	1,9	1,8	1,8	1,9	1,9	1,8	1,9	1,9	1,9	1,8
Prozessl.	3 m³/h	40.683	40.260	38.969	40.407	44.872	41.470	40.834	35.253	40.302	44.598	40.203	34.563
SDHL-L.	4 m³/h	3.427	113	82	3.377	14	1.867	3.408	0	2.697	107	3.403	95
Erdgas	5 m³/h	739	1.021	1.014	742	1.285	887	736	502	818	1.160	729	863
Ausgang	**Y**												
Wälzoxid	1 t/h	5,6	6,1	6,1	5,5	6,3	5,6	5,6	5,7	5,6	6,2	5,5	5,9
Zink	2 t/h	3,4	3,9	3,9	3,4	4,0	3,4	3,4	3,7	3,4	3,9	3,4	3,8
Schlacke	3 t/h	9,4	8,3	8,3	9,5	8,5	9,3	9,4	7,6	9,2	8,4	9,4	8,1
Kalk	4 t/h	0,6	0,6	0,6	0,6	0,6	0,6	0,6	0,6	0,6	0,6	0,6	0,6
CO2	5 t/h	6,5	7,1	7,0	6,5	7,5	6,8	6,5	3,9	6,7	7,5	6,5	6,6
T Schl.	6 °C	1.044	1.077	1.082	1.041	1.098	1.052	1.040	1.107	1.055	1.078	1.043	1.079
Parameter													
I		15	15	15	15	15	15	15	15	15	15	15	15
T		500	500	500	500	500	500	500	500	500	500	500	500
c1		*1,60*	*1,60*	*1,60*	*1,60*	*1,60*	*1,60*	*1,60*	*1,60*	*1,60*	*1,60*	*1,60*	*1,60*
c2		*1,30*	*1,30*	*1,30*	*1,30*	*1,40*	*1,40*	*1,40*	*1,40*	*1,50*	*1,50*	*1,50*	*1,50*
w		0,70	0,70	0,70	0,70	0,70	0,70	0,70	0,70	0,70	0,70	0,70	0,70
J		5	5	5	5	5	5	5	5	5	5	5	5
Rechenzeit													
Perioden		87	106	174	111	144	184	96	500	103	157	147	133
Dauer	h:min:s	0.10:36	0:13:47	0:19:35	0:14:09	0:15:37	0:18:12	0:11:53	1:48:18	0:12:20	0:17:14	0:15:35	0:15:33

241

		1	2	3	4
DB	GE/h	4.393	4.451	4.406	4.438
Eingang x					
Restst.	1 t/h	13,7	14,4	13,8	14,2
Koks	2 t/h	1,8	1,8	1,8	1,9
Prozessl.	3 m³/h	36.874	42.751	36.552	41.852
SDHL-L.	4 m³/h	109	6	81	53
Erdgas	5 m³/h	922	1.224	944	1.142
Ausgang Y					
Wälzoxid	1 t/h	6,0	6,3	6,0	6,2
Zink	2 t/h	3,8	4,0	3,8	3,9
Schlacke	3 t/h	8,1	8,5	8,2	8,5
Kalk	4 t/h	0,6	0,6	0,6	0,6
CO2	5 t/h	6,8	7,3	6,8	7,2
T Schl.	6 °C	1.078	1.099	1.084	1.089
Parameter					
I		15	15	15	15
T		500	500	500	500
c1		*1,60*	*1,60*	*1,60*	*1,60*
c2		*1,60*	*1,60*	*1,60*	*1,60*
w		0,70	0,70	0,70	0,70
J		5	5	5	5
Rechenzeit					
Perioden		134	148	293	173
Dauer	h:min:s	0:15:09	0:18:04	0:30:19	0:18:15

A.4 Ergebnisse zur Entscheidungsunterstützung berechneter Szenarios

A.4.1 Variation der Reststoffzusammensetzung

Szenario			Basisf.	Edelst.	Galvan.	Zinkb.
Eingang	**x**					
Reststoffe	1	t/h	12,9	12,6	13,0	12,4
Koks	2	t/h	1,93	2,06	2,61	1,99
Prozessluft	3	m³/h	32.290	29.540	42.202	29.374
SDHL-Luft	4	m³/h	3.192	2.498	2.686	2.262
Erdgas	5	m³/h	124,5	1,6	776,6	276,8
Ausgang	**Y**					
Wälzoxid	1	t/h	4,89	5,95	7,24	4,75
Zink im Wälzoxid	2	t/h	3,06	3,07	5,50	2,88
Schlacke	3	t/h	8,96	8,01	6,96	9,40
Kalk	4	t/h	0,58	0,77	0,30	1,44
CO2	5	t/h	5,43	4,74	7,48	4,98
T Schlacke	6	°C	968,1	976,9	1.024,0	964,5
Zielfunktionswert						
Deckungsbeitrag		GE/h	**2.500**	**2.341**	**4.653**	**2.181**
Erlöse						
Reststoffe		GE/h	550,1	537,4	552,9	526,5
Zink		GE/h	3.883,3	3.891,1	6.976,6	3.646,7
Kosten						
Koks		GE/h	231,1	247,4	313,0	238,3
Prozessluft		GE/h	50,1	38,3	111,8	37,7
SDHL-Luft		GE/h	20,0	9,6	11,9	7,1
Erdgas		GE/h	54,3	0,7	338,7	120,7
Wälzoxidbeh.		GE/h	1.072,1	1.304,9	1.588,7	1.043,4
Schlacke		GE/h	205,2	183,5	159,4	215,2
Kalk		GE/h	25,3	33,5	13,2	62,7
CO2		GE/h	79,9	69,8	110,0	73,3
Instands.		GE/h	195,4	199,3	229,4	194,0
Rechenzeit						
Perioden			105	95	87	75
Dauer		h:min:s	00:24:33	00:17:42	00:15:57	00:13:57

A.4.2 Variation des Zinkpreises

Szenario			Basisf.						
Zinkpreis [$/t]				667	1000	1333	1667	2000	2333	4500
Eingang	**x**									
Reststoffe	1	t/h	12,9	12,5	12,6	12,6	13,2	13,6	13,7	14,0
Koks	2	t/h	1,93	1,3	1,7	1,9	1,9	1,9	1,9	2,1
Prozessluft	3	m³/h	32.290	20.864,3	26.545,1	29.507,6	33.255,9	35.982,6	38.333,6	44.972,4
SDHL-Luft	4	m³/h	3.192	2.511,4	2.912,8	3.083,8	3.233,2	3.314,8	3.353,3	3.663,3
Erdgas	5	m³/h	124,5	0,0	0,4	2,4	232,9	398,8	560,0	999,8
Ausgang	**Y**									
Wälzoxid	1	t/h	4,89	4,2	4,6	4,7	5,0	5,1	5,3	5,6
Zink im Wälzoxid	2	t/h	3,06	2,7	2,9	3,0	3,1	3,2	3,3	3,4
Schlacke	3	t/h	8,96	8,8	8,8	8,7	9,2	9,4	9,3	9,4
Kalk	4	t/h	0,58	0,5	0,5	0,6	0,6	0,6	0,6	0,6
CO_2	5	t/h	5,43	3,9	4,7	5,1	5,5	5,9	6,2	7,3
T Schlacke	6	°C	968,1	929,8	950,0	958,5	972,9	984,9	1.006,2	1.052,9
Zielfunktionswert										
Deckungsbeitrag		GE/h	**2.500**	**460**	**1.249**	**2.075**	**2.938**	**3.824**	**4.739**	**11.002**
Erlöse										
Reststoffe		GE/h	550,1	530,7	535,9	535,8	563,4	577,1	582,9	595,3
Zink		GE/h	3.883,3	1.498,7	2.443,5	3.346,3	4.376,7	5.394,7	6.452,6	13.103,2
Kosten										
Koks		GE/h	231,1	154,1	198,4	222,0	222,4	227,8	231,9	249,6
Prozessluft		GE/h	50,1	13,5	27,8	38,2	54,7	69,3	83,8	135,3
SDHL-Luft		GE/h	20,0	9,7	15,2	18,0	20,7	22,3	23,1	30,1
Erdgas		GE/h	54,3	0,0	0,2	1,0	101,6	173,9	244,2	436,0
Wälzoxidbeh.		GE/h	1.072,1	927,6	1.006,6	1.036,1	1.089,2	1.124,6	1.166,2	1.235,5
Schlacke		GE/h	205,2	202,0	200,8	200,1	209,6	214,4	212,9	214,6
Kalk		GE/h	25,3	21,7	23,7	24,7	25,3	26,2	26,5	27,6
CO_2		GE/h	79,9	57,5	69,0	74,9	81,0	86,1	91,9	108,0
Instands.		GE/h	195,4	182,9	188,7	191,7	197,5	203,2	215,8	259,5
Rechenzeit										
Perioden			105	72	136	62	161	82	83	66
Dauer		h:min:s	00:24:33	00:14:40	00:21:02	00:12:51	00:26:36	00:14:54	00:15:36	00:12:41

A.4.3 Variation der Behandlungsgebühr für das Wälzoxid

Szenario			Basisf.						
Behandlungsgeb. [€/t]			56	76	96	116	136	156	176
Eingang	**x**								
Reststoffe	1	t/h	12,9	13,3	13,1	13,0	12,9	12,9	12,7	12,6
Koks	2	t/h	1,93	1,9	1,9	1,9	1,9	1,9	1,9	1,9
Prozessluft	3	m³/h	32.290	33.333,5	32.792,0	32.712,9	32.289,6	31.966,9	30.368,9	29.788,1
SDHL-Luft	4	m³/h	3.192	3.236,2	3.212,2	3.197,8	3.192,4	3.171,9	3.112,6	3.086,1
Erdgas	5	m³/h	124,5	237,1	201,5	163,5	124,5	112,1	47,6	3,1
Ausgang	**Y**								
Wälzoxid	1	t/h	4,89	5,0	5,0	4,9	4,9	4,9	4,8	4,7
Zink im Wälzoxid	2	t/h	3,06	3,1	3,1	3,1	3,1	3,1	3,0	3,0
Schlacke	3	t/h	8,96	9,2	9,0	9,0	9,0	9,0	8,8	8,8
Kalk	4	t/h	0,58	0,6	0,6	0,6	0,6	0,6	0,6	0,6
CO_2	5	t/h	5,43	5,5	5,5	5,5	5,4	5,4	5,2	5,1
T Schlacke	6	°C	968,1	973,2	975,5	970,1	968,1	965,8	961,3	957,0
Zielfunktionswert									
Deckungsbeitrag		GE/h	**2.500**	**2.824**	**2.714**	**2.607**	**2.500**	**2.394**	**2.289**	**2.186**
Erlöse									
Reststoffe		GE/h	550,1	563,8	557,1	554,4	550,1	549,1	541,6	536,6
Zink		GE/h	3.883,3	3.941,5	3.926,8	3.905,6	3.883,3	3.867,4	3.804,6	3.768,3
Kosten									
Koks		GE/h	231,1	222,7	226,7	229,4	231,1	228,8	223,4	223,2
Prozessluft		GE/h	50,1	55,1	52,5	52,1	50,1	48,6	41,7	39,3
SDHL-Luft		GE/h	20,0	20,8	20,3	20,1	20,0	19,6	18,5	18,0
Erdgas		GE/h	54,3	103,4	87,9	71,3	54,3	48,9	20,8	1,3
Wälzoxidbeh.		GE/h	1.072,1	927,6	765,2	870,9	971,8	1.072,1	1.172,9	1.256,1
Schlacke		GE/h	205,2	209,8	206,9	206,5	205,2	205,0	202,2	200,6
Kalk		GE/h	25,3	25,3	25,3	25,3	25,3	25,3	25,0	24,8
CO_2		GE/h	79,9	81,2	81,1	80,6	79,9	79,2	76,4	75,3
Instands.		GE/h	195,4	197,6	198,6	196,2	195,4	194,5	192,7	191,1
Rechenzeit									
Perioden			105	115	77	100	101	146	186	93
Dauer		h:min:s	00:24:33	00:20:22	00:15:05	00:18:47	00:17:58	00:24:18	00:28:46	00:17:57

A.4.4 Variation des Preises von CO_2-Emissionszertifikaten

Szenario			Basisf.						
CO_2 Zert.pr. [€/t]			0	5	10	15	20	25	30
Eingang	**x**								
Reststoffe	1	t/h	12,9	1,9	1,9	1,9	1,9	1,8	1,8	1,8
Koks	2	t/h	1,93	33.105,0	32.594,1	32.100,2	31.909,0	31.602,0	30.272,2	29.983,2
Prozessluft	3	m³/h	32.290	3.203,6	3.206,3	3.183,7	3.177,8	3.106,1	3.116,6	3.106,8
SDHL-Luft	4	m³/h	3.192	179,7	110,8	109,6	101,6	203,9	79,7	97,2
Erdgas	5	m³/h	124,5	0,0	0,0	0,0	0,0	0,0	0,0	0,0
Ausgang	**Y**								
Wälzoxid	1	t/h	4,89	3,1	3,1	3,1	3,0	3,1	3,0	3,0
Zink im Wälzoxid	2	t/h	3,06	9,0	8,9	8,9	8,9	9,2	8,9	8,9
Schlacke	3	t/h	8,96	0,6	0,6	0,6	0,6	0,6	0,6	0,6
Kalk	4	t/h	0,58	5,5	5,5	5,4	5,4	5,3	5,2	5,2
CO_2	5	t/h	5,43	970,3	967,9	966,6	965,9	967,1	965,1	966,8
T Schlacke	6	°C	968,1	0,0	0,0	0,0	0,0	0,0	0,0	0,0
Zielfunktionswert									
Deckungsbeitrag		GE/h	**2.500**	**2.580**	**2.550**	**2.521**	**2.491**	**2.462**	**2.433**	**2.405**
Erlöse									
Reststoffe		GE/h	550,1	556,1	548,1	548,6	548,0	563,5	544,8	546,7
Zink		GE/h	3.883,3	3.915,2	3.882,8	3.872,0	3.865,8	3.890,4	3.821,3	3.824,3
Kosten									
Koks		GE/h	231,1	228,4	233,8	231,0	231,3	217,2	220,8	217,8
Prozessluft		GE/h	50,1	54,0	51,5	49,2	48,3	47,0	41,3	40,1
SDHL-Luft		GE/h	20,0	20,2	20,2	19,8	19,7	18,4	18,6	18,4
Erdgas		GE/h	54,3	78,4	48,3	47,8	44,3	88,9	34,8	42,4
Wälzoxidbeh.		GE/h	1.072,1	927,6	1.081,8	1.072,0	1.068,4	1.066,5	1.074,3	1.053,6
Schlacke		GE/h	205,2	206,9	204,2	204,8	204,7	211,0	203,2	203,9
Kalk		GE/h	25,3	25,3	25,3	25,3	25,3	25,3	24,9	24,9
CO_2		GE/h	79,9	0,0	29,8	58,9	88,0	115,3	141,5	168,8
Instands.		GE/h	195,4	196,3	195,3	194,8	194,5	195,0	194,2	194,9
Rechenzeit									
Perioden			105	100	130	94	120	136	126	176
Dauer		h:min:s	00:24:33	00:18:50	00:22:16	00:17:06	00:19:39	00:22:52	00:23:21	00:27:00

B Verzeichnis benutzter Abkürzungen und Formelzeichen

Variablen

Bezeichnung	Beschreibung
B	Basizität
BZF	bester gefundener Zielfunktionswert eines Partikels
C	Konvergenzmaß
d	Euklidische Distanz
DB	Deckungsbeitrag
E	Erlös
ηZink	Zinkausbringung
FDR	Fitness-Distance-Ratio
gB	beste bisher bekannte Position des Schwarms
GBZF	bester gefundener Zielfunktionswert des Schwarms
GE	Geldeinheiten (normierte monetäre Einheit)
K	Kosten
L	Länge der Informationskette einer Nachbarschaft
lB	beste bisher bekannte Position in der Nachbarschaft eines Partikels
m	Masse
p	Preis
pE	Preis für elektrische Energie
pB	beste bisher bekannte Position eines Partikels
R	Matrix mit pseudo-Zufallszahlen auf der Hauptdiagonalen $((R)_{z,s} \in U[0,1], z=s; (R)_{z,s} -0, z \neq s)$

t'	Anzahl an Perioden für die eine Bedingung erfüllt sein muss
V	Bewegungsvektor eines Partikels
X	Position im Lösungsraum → Satz von Prozesseingangsgrößen
Y	Prozessausgangsgrößen

Konstanten

Bezeichnung	Beschreibung
β	Konstante zur Beschreibung der Temperaturabhängigkeit der Wartungskosten
c	Beschleunigungskonstante
c_1	Beschleunigungskonstante der kognitiven Komponente
c_2	Beschleunigungskonstante der sozialen Komponente
E_0	Ausgangsenergiebedarf (mittlerer Energiebedarf eines Gebläses)
χ	constriction factor
V_0	Ausgangsvolumenstrom (mittlerer Volumenstrom eines Gebläses)
w	Beschleunigungskonstante der Schwungkraftkomponente („inertia weight")

Indexmengen

Bezeichnung	Beschreibung
$g = \{1,...,G\}$	Index der im Fließschemasimulationsmodell genutzten Grundoperationen
$i = \{1,..,I\}$	Index der Partikel
$j = \{1,...,J\}J$	Index der Nachbarn eines Partikel
$n = \{n,...,N\}$	Index der Prozesseingangsgrößen $\hat{=}$ Dimensionen des Lösungsraums
$m = \{1,...,M\}$	Index der Prozessausgangsgrößen
$s = \{1,...,S\}$	Index der Spalten der pseudo-Zufallsmatrix R
$t = \{1,...,T\}$	Index der Iterationsperioden
$z = \{1,...,Z\}$	Index der Zeilen der pseudo-Zufallsmatrix R

Abkürzungen

Bezeichnung	Beschreibung
AA	Ameisen Algorithmus
ASI	Aspen Simulator Interface (C# Bibliothek)
Basisf.	Basisfall
BImSchG	Gesetz zum Schutz vor schädlichen Umwelteinwirkungen durch Luftverunreinigungen, Geräusche, Erschütterungen und ähnliche Vorgänge (Bundes-Immissionsschutzgesetz)
BREF	Reference Document on Best Available Techniques
BVT	beste verfügbare Technik
EA	Evolutionärer Algorithmus
EAF	Elektrolichtbogenofen (engl: electric arc furnace)
Edelst.	Reststoff aus der Edelstahlherstellung
EEX	European Energy Exchange
EP	Evolutionäre Programmierung
GA	Genetischer Algorithmus
Galvan.	Reststoff aus der Galvanisierung von Konstruktionsteilen im Anlagenbau
IPPC	Integrated Pollution Prevention and Control Richtlinie 96/61/EG
KrW-/AbfG	Gesetz zur Förderung der Kreislaufwirtschaft und Sicherung der umweltverträglichen Beseitigung von Abfällen (Kreislaufwirtschafts- und Abfallgesetz)
LME	London metal exchange
LS	Local Search
PSO	Partikel-Schwam Optimierung
RCSTR	Grundoperation kinetischer Reaktor
REACH	Verordnung (EG) Nr. 1907/2006 des Europäischen Parlamentes und des Rates vom 18. Dezember 2006 zur Registrierung, Bewertung, Zulassung und Beschränkung chemischer Stoffe
RGibbs	Grundoperation Gleichgewichtsreaktor

RStoic	Grundoperation stöchiometrischer Reaktor
SA	Simulated Annealing
ScS	Scatter Search
SDHL	Patentinhaber für die Prozessmodifikation: Saage, Dittrich, Hasche, Langbein
SQP	Sequentiell Quadratische Programmierung
TEHG	Gesetz über den Handel mit Berechtigungen zur Emission von Treibhausgasen (Treibhausgas-Emissionshandelsgesetz)
TS	Tabu Search
Zinkb.	Reststoff aus der Beschichtung von Konstruktionsteilen in der Bauindustrie
ZF	Zielfunktion

C Abbildungsverzeichnis

D Tabellenverzeichnis

E Literaturverzeichnis

Alan A, Pritsker B (1998) Principles of Simulation Modeling. In: Banks J (Hrsg) Handbook of Simulation - Principles, Methodology, Advances, Applications, and Practise. John Wiley & Sons, Atlanta, 31 - 51.

Andradottir S (1998a) Simulation Optimization In: Banks J (Hrsg) Handbook of Simulation - Principles, Methodology, Advances, Applications, and Practise. John Wiley & Sons, Atlanta, 307 -331.

Andradottir S (1998b) A review of Simulation Optimization techniques. In: Medeiros DJ, Watson EF, Carson JS, Manivannan MS (Hrsg) Proceedings of the 1998 Winter Simulation Conference, Atlanta, 151 – 158

Angeline P (1998) Evolutionary Optimization Versus Particle Swarm Optimization : Philosophy and Performance Differences. In: Porto VW, Saravanan N, Waagen D, Eiben AE (Hrsg) Evolutionary Programming VII: 7th international conference proceedings EP98, Springer Berlin-Heidelberg, San Diego, 601 - 610.

Antrekowitsch J, Griessacher T, Offenthaler D, Schnideritsch H (2008) Charakterisierung und Verhalten von Zink-, Blei- und Halogenverbindungen beim Recycling von Elektrolichtbogenofenstäuben. BHM 2008 (5): 182 - 188

April J, Glover F, Kelly JP, Laguna M (2003) Practical introduction to simulation optimization. In: Chick S, Sánchez PJ, Ferrin D, Morrice DJ (Hrsg) Proceedings of the 2003 Winter Simulation Conference, Boulder, 71 – 78

AspenPlus (2010a) http://www.aspentech.com/products/aspen-plus.cfm. Abruf 2010-10-20

AspenPlus (2010b) AspenPlus Reference, Aspen Technology, Burlington

AspenPlus (2010c) Aspen Physical Property System - Physical Property Methods and Models, Aspen Technology, Burlington

AspenPlus (2010d) AspenPlus - Getting Started Modeling Processes with Solids, Aspen Technology, Burlington

Bale CW, Bélisle E, Chartrand P, Degterov SA, Eriksson G, Hack K, Jung I-H, Kang, Y-B, Melancon J, Pelton AD (2009) FactSage thermochemical software and databases — recent developments. Calphad 2009 (2) 295-311.

Bale CW, Chartrand P, Degterov SA, Eriksson G, Hack K, Mahfoud R Ben, Melancon J, Pelton AD, Pertersen S (2002) FactSage thermochemical software and databases. Calphad. 2002 (2) 189-228.

Balendra S; Bogle IDL (2009) Modular global optimisation in chemical engineering". J Glob Optim 2009 (45): 169-185. doi 10.1007/s10898-009-9401-7

Bardt H (2008) Sichere Energie- und Rohstoffversorgung - Herausforderung für Politik und Wirtschaft? IW-Positionen 36, Beiträge zur Ordnungspolitik aus dem Institut der deutschen Wirtschaft Köln

Barin I, Knacke O (1973) Thermochemical properties of inorganic substances. Verlag Stahleisen, Düsseldorf

Behr A, Agar DW, Jörissen J (2010) Einführung in die Technische Chemie, Spektrum, Heidelberg

Biegler LT (1989) Chemical Process Simulation. Chem. Eng. Prog. 1989 (85):50-61

Biegler LT, Grossmann IE, Westerberg AW (1997) Systematic methods of chemical process design, Prentice Hall PTR, New Jersey

Biegler LT, Hughes RR (1982) Process optimization: a comparative case study. Comput. Chem. Eng. 1982 (7) 645-661

Blackwell TM, Bentley PJ (2002) Dynamic Search with Charged Swarms. Proceedings of Genetic and Evolutionary Computation Conference (2002), 19-26.

Blackwell TM, Branke J (2004) Multi-swarm Optimization in Dynamic Environments. In: Günther RR et al. (Hrsg) Applications of Evolutionary Computing Springer-Verlag Berlin Heidelberg, 489-500.

Blackwell TM, Branke J (2006) Multiswarms, Exclusion, and Anti-Convergence in Dynamic Environments. IEEE Transactions on Evolutionary Computation 2006 (4) 459-472.

Boeringer DW, Werner DH (2004) A Comparison of Particle Swarm Optimization and Genetic Algorithms for a Phased Array Synthesis Problem. IEEE Transactions on Antennas and Propagation 2004 (3) 771 - 779.

Branke J (2006) Nature-Inspired Design and Optimization of Complex Systems, Karlsruhe

Busch A, Kamp M, Kiani-Kreß R (2010) Weltmacht der Rohstoffkonze. Wirtschafts-woche. http://www.wiwo.de/unternehmen-maerkte/weltmacht-der-rohstoffkonzerne-445112/ Abruf 2010-11-29

Byrne RP, Bogle IDL (2000) Global Optimization of Modular Process Flowsheets. Ind. Eng. Chem Res. 2000 (39) : 4296-4301. doi 10.1021/ie990619d

Clerc M (2006) Particle Swarm Optimization, ISTE Ltd, London

Clerc M, Kennedy J (2002) The particle swarm - explosion, stability, and convergence in a multidimensional complex space". IEEE Transactions on Evolutionary Computation. 2002 (1) 58-73.

Coath G, Halgamuge SK (2003) A comparison of constraint-handling methods for the application of particle swarm optimization to constrained nonlinear optimiza-tion problems. The 2003 Congress on Evolutionary Computation, 2003. CEC '03, 2419 - 2425.

Coello Coello CA (1998) A Comprehensive Survey of Evolutionary-Based Multiobjec-tive Optimization Techniques. Knowledge and Information Systems 1998 (1) 269 - 308.

Coello Coello CA, Lechuga MS (2002) A Proposal for Multiple Objective Particle Swarm Optimization. Proceedings of the 2002 Congress on Evolutionary Com-putation, 1051 - 1056.

Corsten H (2004) Produktionswirtschaft – Einführung in das industrielle Produk-tionsmanagment, 10. Aufl. Oldenbourg, München Wien

de Vegt M (2008) Die Dynamik des Partikel-Schwarm Verfahrens, VDM, Saarbrücken

Dyckhoff H, Spengler T (2010) Produktionswirtschaft - Eine Einführung, 3. Aufl. Springer, Heidelberg Berlin. doi 10.1007/978-3-642-13684-9

Eberhart RC, Shi Y (1998) Comparison between Genetic Algorithms and Particle Swarm Optimization. In: Porto VW, Saravanan N, Waagen D, Eiben AE (Hrsg) Evolutionary Programming VII: 7th international conference proceedings EP98. 611 - 616.

Eberhart RC, Shi Y (2001) Tracking and optimizing dynamic systems with particle swarms. Proceedings of the 2001 Congress on Evolutionary Computation, Ieee, 94-100.

Eberhart RC, Shi Y (2001) Particle swarm optimization - developments, applications and resources. Proceedings of the 2001 Congress on Evolutionary Computation, Ieee, 81 - 86.

EEX (2010) https://www.eex.com/de/Marktdaten/Handelsdaten/Emissionsrechte/ EU%20Emission%20Allowances%20|%20Spotmarkt/EU%20Emission%20 Allowances%20Chart%20|%20Spotmarkt/spot-eua-chart/2009/0/0/1y. Abgerufen 2010-09-20

Engels B (2003) Integrierte Logistik- und Verwertungsplanung beim Produktrecycling - dargestellt am Beispiel von Gerätebatterien. Dissertation. VDI-Verlag, Düsseldorf

EUROFER und IZA-Europe (2002) Zinc Recycling, Brüssel

European Commission (2001) Integrated Pollution Prevention and Control (IPPC) Reference Document on Best Available Techniques in the Non Ferrous Metals Industries

European Commission (2010) Critical raw materials for the EU - Report of the Ad-hoc Working Group on defining critical raw materials.

Fellner & Ziegler, von Escher W (1919) Verfahren und Ofen zum Rösten von Zinkblenden, anderen Schwefelerzen und schwefelhaltigem Material. Patent Nr. DE000000312383, Reichspatentamt

Fieldhouse M (1993) The pooling problem. In: Ciriani T,Leachman RC (Hrsg) Opti- mization in industry: mathematical programming and modeling techniques in practice. Wiley,Chichester, 223–230.

Floudas CA, Gounaris CE (2009) A review of recent advances in global optimization. J Glob Optim 2009 (45): 3–38. doi 10.1007/s10898-008-9332-8

Fraunhofer-Institut für Umwelt-, Sicherheits- und Energietechnik UMSICHT (2008) Recycling für den Klimaschutz - Ergebnisse der Studie von Fraunhofer UMSICHT und INTERSEROH zur CO_2-Einsparung, INTERSEROH AG, Köln

Frazier PI (2010) Decision-theoretic foundations of simulation optimization. http://people.orie.cornell.edu/pfrazier/pub/frazier_weor.pdf. Abruf am 2010-10-08

Fröhling M, Bartusch H, Rentz O (2007) Integrated Planning of the Recycling of EAF dusts. In: Hilty LM, Edelmann X, Ruf A. (Hrsg) R'07 World Congress - Recovery of Materials and Energy for Resource Efficiency. Empa Materials Science and Technology, St.Gallen

Fröhling M, Bartusch H, Schwaderer F, Schultmann F (2009) An inter-company approach to improve resource and energy efficiency and reduce greenhouse gas emissions in metal industries by linking Flow sheet models. Erzmetall 62 (5): 288 - 298

Fröhling M, Rentz O (2010) A case study on raw material blending for the recycling of ferrous wastes in a blast furnace. Journal of Cleaner Production 2010 (18): 161-173

Fröhling M, Schwaderer F, Rentz O (2008) Ein nichtlinearer Ansatz zur mehrperiodigen Ressourcenallokation beim Zinkrecycling in Wälzrohren. In: Mattfeld D, Günther H-O, Suhl LL, Voß S (Hrsg) Informations- und Kommunikationssysteme in Supply Chain Management, Logistik und Transport, DSOR Beiträge zur Wirtschaftsinformatik, Paderborn, S. 187-206.

Fröhling M, Schwaderer F, Bartusch H, Rentz O (2010) Integrated planning of transportation and recycling for multiple plants based on process simulation. EJOR 2010, im Druck, doi:10.1016/j.ejor.2010.04.031

Frohberg MG (1994) Thermodynamik für Werkstoffingenieure und Metallurgen - Eine Einführung, 2. Aufl., Deutscher Verlag für Grundstoffindustrie, Leibzig Stuttgart.

Fu MC (2002) Optimization for simulation: Theory vs. Practice. JOC 14(3): 192 – 215

Fu MC, Chen C-H (2008)Some topics for simulation optimization. In: Mason SJ, Hill RR, Mönch L, Rose O, Jefferson T, Fowler JW (Hrsg) Proceedings of the 2008 Winter Simulation Conference, Madison, S. 27-38.

Futterer E, Munsch M (1990) Flow-Sheeting-Programme für die Prozeßsimualtion. Chem.-Ing.-Tech. 1990 (62): 9-16 doi 10.1002/cite.330620104

Garrard A, Fraga ES (1998) Mass exchange network synthesis using genetic algorithms. Computers & Chemical Engineering 1998 (12) 1837-1850.

Gautam R, Seider WD (1979a) Computation of phase and chemical equilibrium: Part I. Local and Constrained Minima in Gibbs Free Energy, AIChE Journal. 1979 (6) 991-999.

Gautam R, Seider WD (1979b) „Computation of phase and chemical equilibrium: Part II. Phase-splitting". In: AIChE Journal. 1979 (6) 999-1006.

Gautam R, Seider WD (1979c) Computation of phase and chemical equilibrium: Part III. Electrolytic Solutions". In: AIChE Journal. 1979 (6) 1006 - 1015.

Gendreau M, Potvin J-Y (2010) Handbook of Metaheuristics, 2. Aufl. Springer US, New York

Glover F (1977) Heuristics for Integer Programming Using Surrogate Constraints. Decision Sciences. 1997 (1) 156-166.

Glover F (1998) A Template For Scatter Search And Path Relinking. In: Hao J-K, Lutton E, Ronald E, Schoenauer M, Snyers D (Hrsg) Artificial Evolution - Third European Conference AE '97, Springer Berlin Heidelberg, Nimes, 13-54.

Goh CK, Tan KC, Liu DS, Chiam SC (2010) A competitive and cooperative co-evolutionary approach to multi-objective particle swarm optimization algorithm design. European Journal of Operational Research, Elsevier B.V., 2010 (1) 42-54.

Goldberg DE (1989) Genetic Algorithms in Search, Optimization, and Machine Learning. Addison-Wesley Pub. Co., Reading

Gruhn G, Hartmann K, Kardos J, Helfricht R, Dietzsch L, Kauschus W (1976) Systemverfahrenstechnik I – Modellierung und Simulation verfahrenstechnischer Systeme. VEB Deutscher Verlag für Grundstoffindustrie, Leipzig

Gruhn G, Hartmann K, Kardos J, Helfricht R, Dietzsch L, Kauschus W (1977) Systemverfahrenstechnik II – Bewertung, Optimierung und Synthese verfahrenstechnischer Systeme. VEB Deutscher Verlag für Grundstoffindustrie, Leipzig

GTT Technologies (2010) http://gttserv.lth.rwth-aachen.de/gtt Abruf 2010-10-29

Guo YW, Li WD, Mileham AR, Owen, GW (2009a) Applications of particle swarm optimisation in integrated process planning and scheduling. Robotics and Computer-Integrated Manufacturing 2009 (2) 280-288.

Guo YW, Li WD, Mileham AR, Owen, GW (2009b) Optimisation of integrated process planning and scheduling using a particle swarm optimisation approach. International Journal of Production Research 2009 (14) 3775-3796.

Gutermuth W (1995) Stand, Probleme und zukünftige Weiterentwicklung von kommerziellen Simulationsprogrammen aus Sicht der Anwender. In: Schuler H (Hrsg) Prozesssimulation VCH Verlagsgesellschaft mbH, Weinheim

Haase M, Fröhling M, Schweinle J, Susanto A, Schultmann F (2010) Identification of key factors for profitability and environmental effects of a lignocellulose biorefinery. In: Proceedings 11th European Workshop on Lignocellulosics and Pulp (EWLP), August 16 - 19, Hamburg, 21 - 24

Heinen K-H (1997) Elektrostahlerzeugung, 4. Aufl. Stahleisen Verlag, Düsseldorf

Heppner F, Grenander U (1990) A stochastic nonlinear model for coordinated bird flocks. In: Krasner S (Hrsg) the Ubiquity of Chaos. AAAS Publications, Washington DC

Hillier F S, Liebermann G J (2002) Operations Research – Einführung, 5. Aufl. Oldenbourg, München Wien

Holland JH (1992) Adaptation in natural and artificial systems, 2. Aufl. MIT Press, Cambridge

Hu X, Eberhart RC, Shi Y (2002) Adaptive particle swarm optimization: detection and response to dynamic systems. Proceedings of the 2002 Congress on Evolutionary Computation. CEC'02, Ieee, 1666-1670.

Hu X, Eberhart RC, Shi Y (2003) Engineering optimization with particle swarm. Proceedings of the 2003 IEEE Swarm Intelligence Symposium. SIS'03 , Ieee, 53-57.

Hu X, Shi Y, Eberhart RC (2004) Recent Advances in Particle Swarm. In: Proceedings of the 2004 congress on evolutionary computation, Portland OR: 90-97

Klatt UK, Marquardt W (2009) Perspectives for process systems engineering – Personal views from academia and industry. Comput. Chem. Eng. 2009 (33): 536-550. doi 10.1016/j.compchemeng.2008.09.002

Kallrath J (2002) Planning and scheduling in the process industry. OR Spectrum 2002 (24): 219–250

Kemfert C (2008) Kosten des Klimawandels ungleich verteilt: Wirtschaftsschwache Bundesländer trifft es am härtesten. Wochenbericht des DIW 2008 (12-13): 137 - 142.

Kennedy J (1997) The particle swarm: social adaptation of knowledge. Proceedings of 1997 IEEE International Conference on Evolutionary Computation (ICEC '97), Ieee, 303-308.

Kennedy J (1998) The Behavior of Particles. In: Porto VW, Saravanan N, Waagen D, Eiben AE (Hrsg) Evolutionary Programming VII: 7th international conference proceedings EP98. Springer Berlin-Heidelberg, 581 - 589.

Kennedy J (1999) Small worlds and mega-minds: effects of neighborhood topology on particle swarm performance". Proceedings of the 1999 Congress on Evolutionary Computation-CEC99, Ieee, 1931-1938.

Kennedy J (2006) Swarm Intelligence. In: Zomaya AY (Hrsg) Handbook of Nature inspired and innovative Computing - Integrating Classical Models with Emerging Technologies, Springer Science+Business Media, Sydney, 187 - 218.

Kennedy J, Eberhart RC (1995) Particle Swarm Optimization. In: Proc. IEEE int'l conf. on neural networks Vol. IV, 1995, 1942 – 1948

Kennedy J, Mendes R (2002) Population structure and particle swarm performance. Proceedings of the 2002 Congress on Evolutionary Computation. CEC'02, Ieee, 1671-1676.

Kennedy J, Spears WM (1998) Matching algorithms to problems: An experimental test of the particle swarm and some genetic algorithms on the multimodal problem generator. In Proceedings of the 1998 IEEE International Conference on Evolutionary Computation, ICEC'98, Anchorage, 78-83

Kerdoncuff P (2008) Modellierung und Bewertung von Prozessketten zur Herstellung von Biokraftstoffen der zweiten Generation. Dissertation, Universitätsverlag Karlsruhe, Karlsruhe.

Kistner K-P, Steven M (2001) Produktionsplanung, 3. Aufl., Physica, Heidelberg

Kumar A, Demirel Y, Jones DD, Hanna MA (2010) Optimization and economic evaluation of industrial gas production and combined heat and power generation from gasification of corn stover and distillers grains. Bioresource technology, Elsevier, 2010 (101) 3696-701.

Kunze C, Spliethoff H (2010) Modelling of an IGCC plant with carbon capture for 2020. Fuel Processing Technology Elsevier, 2010 (91) 934-941.

Kiani-Kreß R (2010) Geplatztes Eisenerz-Duopol freut Stahlkocher kaum. Wirtschaftswoche. http://www.wiwo.de/unternehmen-maerkte/geplatztes-eisenerz-duopol-freut-stahlkocher-kaum-444710/ Abruf 2010-11-29

Lang Y-D, Biegler LT (1987) A unified algorithm for flowsheet optimization. Computers & Chemical Engineering 1987 (11) 143-158.

Liu J, Fan X, Qu Z (2007) An Improved Particle Swarm Optimization with Mutation Based on Similarity. In: Third International Conference on Natural Computation (ICNC 2007), Ieee, 824-828.

London Metal Exchange Limited (2010) Special High Grade Zinc price graph. http://www.lme.com/zinc_graphs.asp. Abruf am 2010-06-28

Lohe B, Futterer E (1995) Stationäre Flowsheet-Simulation. In: Schuler H (Hrsg) Prozesssimulation VCH Verlagsgesellschaft mbH, Weinheim

Louis D, Strasser S (2008) Microsoft Visual C# 2008 – Das Entwicklerbuch. Microsoft Press Deutschland, Unterschleißheim

Ludwig T, Stratmann K (2010) Alarmstufe Rot bei Zink und Nickel. Handelsblatt. http://www.handelsblatt.com/politik/international/rohstoffe-alarmstufe-rot-bei-zink-und-nickel;2573978 Abruf am 2010-11-29.

Lützerath A, Friedrich B (2009) Aufbereitung von Wälzschlacke im Elektroofen. In: 2. Seminar Vernetzung von Zink und Stahl, GDMB Heft 118, Leoben

Mahfouf M, Chen M-Y, Linkens DA (2004) Adaptive Weighted Particle Swarm Optimisation for Multi-objective Optimal Design of Alloy Steels. In: Yao X, Burke E, Lozano JA, Smith J, Merelo-Guervós JJ, Bullinaria JA, Rowe J, Tino P, Kabán A, Schwefel H-P (Hrsg) Parallel Problem Solving from Nature - PPSN VIII 8th International Conference, 762-771.

Mager K, Meurer U (2000) Recovery of zinc oxide from secondary raw materials: new developments of the waelz process. In: Stewart DL, Daley JC, Stephens RL (Hrsg) Fourth international symposium on recycling of metals and engineering materials, TMS, Warrendale, 2000, 329-344

Marquardt W (1995) Modellbildung als Grundlage der Prozesssimulation. In: Schuler H (Hrsg) Prozesssimulation VCH Verlagsgesellschaft mbH, Weinheim

Marsaglia G (2003): Random Number Generators. Journal of Modern Applied Statistical Methods. 2003 (1) 2 -13.

Mendez C A, Cerda J, Grossmann I E, Harjunkoski I,und Fahl M (2006) State-of-the-art review of optimization methods for short-term scheduling of batch processes. Computers & Chemical Engineering, 2006 (30) 913-946. doi:10.1016/j.compchemeng.2006.02.008

Morad N, Zalzala A (1999) Genetic algorithms in integrated process planning and scheduling. Journal of Intelligent Manufacturing 1999 (10) 169 - 179.

Mostaghim S, Teich J (2003) Strategies for Finding Good Local Guides in Multi-objective Particle Swarm Optimization (MOPSO). Proceedings of the 2003 IEEE Swarm Intelligence Symposium SIS'03, 26 - 33.

Munawar A, Wahib M, Munetomo M, Akama K (2008) A Survey: Genetic Algorithms and the Fast Evolving World of Parallel Computing. In: 2008 10th IEEE International Conference on High Performance Computing and Communications, Ieee, 897-902.

Nareyek A (2001) Local Search for Planning and Scheduling. In: Lecture Notes in Computer Science, Springer-Verlag Berlin Heidelberg, Berlin

Nebl T (2007) Produktionswirtschaft. 6. Auflage. Oldenbourg Wissenschaftsverlag. München

Neumann K, Morlock M (2002) Operations Research, 2. Auflage. Carl Hansen. München Wien

Nissen V (1997) Einführung in Evolutionäre Algorithmen - Optimierung nach dem Vorbild der Evolution, Vieweg, Braunschweig, Wiesbaden

Oters F (1989) Metallurgie der Stahlherstellung. Springer, Berlin Heidelberg

Packowski J (1996) Betriebsführungssysteme in der Chemsichen Industrie: Informationsmodellierung und Fachkonzeption einer dezentralen Produktionsplanung und –steuerung, Gabler, Wiesbaden

Panda S, Padhy NP (2008) Comparison of particle swarm optimization and genetic algorithm for FACTS-based controller design. Applied Soft Computing. 2008 (4) 1418-1427.

Pant M, Thangaraj R, Abraham A (2009) Particle Swarm Optimization : Performance Tuning and Empirical Analysis". In: Abraham A, Hassanien A-E, Siarry P, Engelbrecht A (Hrsg) Foundations of Computational IntelligenceVolume 3 - Global Optimization, Springer-Verlag Berlin Heidelberg, 101-128.

Pareto V (1896) Cours D'Economie Politique, volume I und II, F. Rouge, Lausanne

Parsopoulos KE, Vrahatis MN (2001) Particle Swarm Optimizer in noisy and continuously changing environments. In: Hamza M (Hrsg) Artificial intelligence and soft computing, IASTED/ACTA, Anaheim, 289–294.

Parsopoulos KE, Vrahatis MN (2002) Particle Swarm Optimization Method for Constrained Optimization Problems. Proceedings of the Euro-international Symposium on Computational intelligence 2002.

Parsopoulos KE, Vrahatis MN (2004) On the Computation of All Global Minimizers Through Particle Swarm Optimization. IEEE Transactions on Evolutionary Computation, 2004 (3) 211-224.

Paul RJ, Chanev TS (1998) Simulation optimisation using a genetic algorithm. Simulation Practice and Theory 1998 (6) 601-611.

Pawlek F (1983) Metallhüttenkunde, Walter de Gruyter, Berlin - New York

Pedersen MEH (2010a) Tuning & Simplifying Heuristical Optimization, Dissertation, Southhampton. http://www.hvass-labs.org/people/magnus/thesis/pedersen08thesis.pdf, Abruf 2010-10-18

Pedersen MEH, Chipperfield AJ (2010b) Simplifying Particle Swarm Optimization. Applied Soft Computing 2010 (2) 618-628.

Pedersen MEH (2010c) Good Parameters for Particle Swarm Optimization By Particle Swarm Optimization Meta-Optimization. Bericht http://www.hvass-labs.org/people/magnus/publications/pedersen10good-pso.pdf, Abruf 2010-10-18

Pedersen MEH (2010d): RandomOps - Pseudo-Random Number Generator Source-Code Library for C# The Manual Revision. 1.2. http://www.hvass-labs.org/projects/randomops/ Abruf 2010-11-23

Penkuhn T (1997) Umweltintegriertes Stoffstrommanagement in der Prozeßindustrie – dargestellt am Beispiel der operative Produktionsplanung der Ammoniak-sysnthese, Dissertation, Peter Lang Frankfurt am Main, Berlin, Bern, New York, Paris, Wien

Penkuhn T, Spengler T, Püchert H, Rentz O (1997) Environmental integrated production planning for the ammonia synthesis. EJOR 1997 (97) 327-336. doi 10.1016/S0377-2217(96)00201-9

Peram T, Veeramachaneni K, Mohan CK (2003) Fitness-distance-ratio based particle swarm optimization. Proceedings of the 2003 IEEE Swarm Intelligence Symposium. SIS'03, Ieee, 174-181.

Poli R, Kennedy J, Blackwell T (2007) Particle swarm optimization – An overview. Swarm Intell 2007 (1): 33 – 57. doi 10.1007/s11721-007-0002-0

Rahmat-Samii Y (2003) Genetic algorithm (GA) and particle swarm optimization (PSO) in engineering eelectromagnetics. In: 17th International Conference on Applied Electromagnetics and Communications, 2003. ICECom 2003, Ieee, 1 - 5.

Rameshkumar K, Suresh RK, Mohanasundaram KM (2005) Discrete Particle Swarm Optimization (DPSO) Algorithm for Permutation Flowshop Scheduling to Minimize Makespan. In: Wang L, Chen K, Ong YS (Hrsg) Advances in Natural

Computation First International Conference, ICNC 2005 Proceedings, Part III, Springer-Verlag Berlin Heidelberg, Changsha, 572 - 581.

Ray T, Liew KM (2002) A Swarm Metaphor for Multiobjective Design Optimization. Engineering Optimization. 2002 (2) 141-153.

Rentz O, Fröhling M, Nebel F, Schultmann F, Engels B (2006) Integrierter Umwelt-schutz in der Metallerzeugung: Simulationsgestützte operative Produk-tionsplanung zur Optimierung metallurgischer Abfallverwertungsprozesse, Universitätsverlag Karlsruhe, Karlsruhe

Rentz O, Schultmann F, Spengler T, Sieverdingbeck A, Engels B (1999) Prozessintegri-erter Umweltschutz in der Eisen- und Stahlindustrie – Stoff- und Energi-estrommanagement in integrierten Hüttenwerken mit Hilfe flowsheeting-basierter Prozesssimulation. Abschlussbericht des BMBF-Forschungsvorhabens „Prozeßintegrierte Umweltschutzmaßnahmen in der Eisen- und Stahlindustrie – Teil 2 – Förderkennzeichen 01RV9701, Institut für Industriebetriebslehre und Industrielle Produktion (IIP), Karlsruher Institut für Technologie (KIT)

Reynolds C W (1987) Flocks, herds and schools: a distributed behavioural model. Computer Graphics 21(4):25-34

Rütten JT (2009) Ist der Wälzprozess für EAF-Staub noch zeitgemäß? Stand der Tech-nik und Herausforderungen. In: 2. Seminar Vernetzung von Zink und Stahl, GDMB Heft 118, Leoben

RWI Essen, Fraunhofer-ISI und BGR (2006) Trends der Angebots- und Nachfragesitua-tion bei mineralischen Rohstoffen. Endbericht Forschungsprojekt Nr. 09/05 des Bundesministeriums für Wirtschaft und Technologie (BMWi)

Saage E, Hasche U (2004) Optimization of the Waelz Process at the B.U.S Zinkrecy-cling Freiberg GmbH. Erzmetall 2004 (57) 138-142

Schmitz D, Ruh A (2009) Der SDHL-Wälzprozess: Ein komplexer Prozess – in aller Kürze. In: 2. Seminar Vernetzung von Zink und Stahl, GDMB Heft 118, Leoben

Schultmann F (2003) Stoffstrombasiertes Produktionsmanagement – Betrieb-swirtschaftliche Planung und Steuerung industrieller Kreislaufwirtschaftssys-teme, ESV, Berlin

Schultmann F, Engels B, Rentz O (2004) Flowsheeting-based simulation of recycling concepts in the metal industry. Journal of Cleaner Production 2004 (12) 737-751.

Schutte JF, Reinbolt JA, Fregly BJ, Haftka RT, George AD (2004): Parallel global optimization with the particle swarm algorithm. International journal for numerical methods in engineering. 2004 (61) 2296-2315.

Schott GL (1964) Computation of Restricted Equilibria by General Methods, The Journal of Chemical Physics 1964 (7) 2065 - 2066.

Shen C, Wang L, Li Q (2007) Optimization of injection molding process parameters using combination of artificial neural network and genetic algorithm method. Journal of Materials Processing Technology 2007 (2-3) 412-418.

Shi Y, Eberhart RC (1998a) A modified particle swarm optimizer. In: Evolutionary Computation Proceedings, 1998. IEEE World Congress on Computational Intelligence, Ieee, Anchorage, 69 - 73.

Shi Y, Eberhart RC (1998b) Parameter Selection in Particle Swarm Optimization. In: Porto VW, Saravanan N, Waagen D, Eiben AE (Hrsg) Evolutionary Programming VII 7th International Conference, EP98, Springer Berlin_Heidelberg, San Diego, 591 - 600.

Siarry P, Michalewicz Z (2008) Advances in Metaheuristics for HardOptimization. Springer-VerlagBerlinHeidelberg, New York

Sieverdingbeck A (2001) Zur Planung einer emissionsarmen Produktion in der Eisen- und Stahlindustrie. Dissertation. VDI Verlag, Düsseldorf

Sofilic T, Novosel-Radovic V, Cerjan-Stefanovic S, Rastovcan-Mioc A (2005): The mineralogical composition of dust from an electric arc furnace. Materiali in Tehnologije 2005 (39): 149-154.

Srinivas M, Patnaik LM (1994) Genetic algorithms: a survey, Computer 1994 (6) 17-26.

Stahlinstitut VDEh und Wirtschaftsvereinigung Stahl (2010) Rohstahlerzeugung nach Verfahren. http://www.stahl-online.de/wirtschaft_und_politik/ stahl_in_zahlen/Rohstahlerzeugung_in_Deutschland_nach_Verfahren.pdf. Abruf am 2010-09-10

Statistisches Bundesamt Deutschland (2010a) Beschäftigte und Umsatz der Betriebe im Verarbeitenden Gewerbe: Deutschland, Jahre, Wirtschaftszweige (WZ2008

2-/3-/4-Steller) Tabelle 42271-0002. https://www-genesis.destatis.de/genesis/online. Abruf 2010-12-06

Statistisches Bundesamt Deutschland (2010b) Erzeugung von Roheisen, Rohstahl, Walzstahl, Stahlrohren Tabelle 42311-0001. https://www-genesis.destatis.de/genesis/online. Abruf 2010-09-10

Stubbe G, Harp G, Hillmann C, Scholl W (2008) Schließung von Stoffkreisläufen beim Einsatz von verzinktem Schrott im Oxygenstahlwerk. Stahl und Eisen 128 (2): 55 – 60

Swisher JR, Hyden PD, Jacobson SH, Schruben LW (2000) A survey of simulation optimization techniques and procedures. In: Joines JA, Barton RR, Kang K, Fishwick PA (Hrsg) Proceedings of the 2000 Winter Simulation Conference. 119-128.

Talbi G (2009): Metaheuristics - From Design to Implementation, John Wiley & Sons, Lille.

Tang L, Liu J, Rong A, Yang Z (2001) A review of planning and scheduling systems and methods for integrated steel production. EJOR. 2001 (133) 1-20.

Trelea IC (2003) The particle swarm optimization algorithm : convergence analysis and parameter selection. Information Processing Letters, 2003 (6) 317-325.

Turkdogan ET (1996) Fundamentals of Steelmaking, University Press, Cambridge

U.S. Geological Survey (2010): Mineral commodity summaries 2010. Washington.

van den Bergh F (2001) An Analysis of Particle Swarm Optimizers, Dissertation, http://upetd.up.ac.za/thesis/available/etd-05032006-160549/unrestricted/00thesis.pdf. Abruf 2010-10-15

Veeramachaneni K, Peram T, Mohan C, Osadciw LA (2003) Optimization Using Particle Swarms with Near Neighbor Interactions. In: Cantú-Paz E et al. (Hrsg) Genetic and Evolutionary Computation — GECCO 2003, Springer Berlin-Heidelberg, 110 - 121.

Verein Deutscher Eisenhüttenleute VDEh (1981) Schlackenatlas, Verlag Stahleisen, Düsseldorf

Verein Deutscher Eisenhüttenleute VDEh (2008) Eisen-Effizienzindikator. http://www.stahl-online.de/wirtschaft_und_politik/Umwelt_und_Energie-politik/Nachhaltigkeit/Bilder_2008/Leitbild_Nachhaltigkeit_November_2008_Eisen_Effizienzindikator_gro%C3%9F.jpg. Abruf 2011-03-01

VDI-Gesellschaft Verfahrenstechnik und Chemieingenieruwesen GVC (2006) VDI-Wärmeatlas, Springer, Berlin Heidelberg New York

Voß S (2001) Meta-heuristics : The State of the Art. In: Nareyek A (Hrsg) Local Search for Planning and Scheduling. Berlin: Springer-Verlag Berlin Heidelberg. 1-23.

White CW, Seider WD (1981) Computation of phase and chemical equilibrium, part IV: Approach to chemical equilibrium, AIChE Journal 1981 (3) 466-471.

Wilson E O (1975) Sociobiology: The new synthesis, Belknap Press, Cambridge

Wirtschaftsvereinigung Metalle (2010) Metallstatistik 2009, Berlin

Wozny G (1995) Simulation in der Verfahrensentwicklung. In: Schuler H (Hrsg) Prozesssimulation VCH Verlagsgesellschaft mbH, Weinheim

Zäpfel G, Braune R, Bögl M (2010) Metaheuristic Search Concepts A Tutorial with Applications to Production and Logistics, Springer-Verlag Berlin Heidelberg, Linz

Zäpfel G (1989) Strategisches Produktions-Management, de Gruyter, Berlin

Zäpfel G (1982) Produktionswirtschaft – Operatives Produktions-Management, de Gruyter, Berlin

Zhang H, Li H, Tam CM (2006) Particle swarm optimization for resource-constrained project scheduling. International Journal of Project Management 2006 (1) 83 - 92.

Zhao X, Rong G (2005) Blending Scheduling under Uncertainty Based on Particle Swarm Optimization Algorithm. Chinese Journal of Chemical Engineering 2005 (4) 535 - 541.

Zhigljavsky A, Žilinskas A (2008) Stochastic Global Optimization, Springer US, New York. doi: 10.1007/978-0-387-74740-8